1% 인연의 힘

# 1% 인연의 힘

| | |
|---|---|
| 초판 1쇄 인쇄 | 2015년 11월  4일 |
| 초판 1쇄 발행 | 2015년 11월 11일 |
| 지 은 이 | 이재운 |
| 펴 낸 이 | 이춘원 |
| 펴 낸 곳 | 책이있는마을 |
| 기    획 | 강영길 |
| 편    집 | 이경미 |
| 교    정 | 마경호 |
| 본문 디자인 | 배기열 |
| 관    리 | 정영석 |

| | |
|---|---|
| 주    소 | 경기도 고양시 일산동구 장항2동 753 청원레이크빌 311호 |
| 전    화 | 031)911-8017 |
| 팩    스 | 031)911-8018 |
| 이 메 일 | bookvillage1@naver.com |
| 등 록 일 | 1997년 12월 26일 |
| 등 록 번 호 | 제10-1532호 |

ISBN 978-89-5639-236-3(03320)

이 도서의 국립중앙도서관 출판예정도서목록(CIP)은 서지정보유통지원시스템 홈페이지(http://seoji.nl.go.kr)와 국가자료공동목록시스템(http://www.nl.go.kr/kolisnet)에서 이용하실 수 있습니다.(CIP제어번호: CIP2015029281)

성공한 사람들의 1%

# 1% 인연의 힘

이재운 지음

책이있는마을

# PART 3 거둘 것인가, 기다릴 것인가

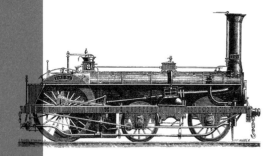

이 책의 바닥을 흐르는 이론은 'The Biocode of G & SCN(Galaxy and Supra-Chiasmatic Nucleus)', 즉 바이오코드다.

바이오코드의 기초 이론이 된 생체 시계는 저자가 1990년, 소련 의학자 V. M. 딜만의 저서 『The Grand Biologica Clock』을 번역 출간하면서 우리나라에 처음 들여온 개념이다. 저자는 생체 시계에 관해 오랜 동안 연구하면서, 인간의 마음이 일어나는 원리인 바이오코드를 개발하고 체계화했다.

바이오코드는 생체 시계 원리에 따라 Galaxy와 SCN이 영향을 받는 천문 및 기후 정보를 바탕으로, 약 10만 명의 성격 유형을 통계 처리해 얻은 값으로, 고유 성격과 변화된 성격 등 마음의 무늬를 이중 진단하는 도구다.

G는 원래 생물학자들이 식물과 동물의 주기 현상에 영향을 미치는 미지의 에너지 혹은 그 무엇을 가리키기 위해 임의로 설정한 용어, X로부터 출발하여 갤럭시의 G로 확대된 것이다. 바이오코드에서는 'G코드'로 나타나는데, 주로 천문학의 대상인 우주 현상 내지 에너지 등이다.

그리고 SCN, 즉 시신경 교차상 핵은 체외와 체내 정보를 토대로 생명체를 통제하는 생체 시계를 가리키는데, 이 SCN의 역할 중 가장 중요한 것이 두뇌를 이용해 마음을 만들고, 이를 조정하는 것으로 알려져 있다. 따라서 SCN의 원리에 따라 마음이 만들어지고 조정된다는 전제하에 개개인의 바이오코드가 만들어진 것이다.

따라서 이 책에 등장하는 사람들의 이름 뒤에 바이코드가 네 자리 숫자로 표기된다. 바이오코드를 배운 사람들이라면 이 숫자만 보고도 그가 왜 그런 생각을 하고, 왜 그런 행동을 하는지 추론이 가능하리라고 믿는다. 다만 바이오코드 학습 서적이 아니기 때문에 자세한 설명은 붙이지 않는다.

지동설을 주장한 갈릴레오 갈릴레이[1210]는 종교 재판을 받으면서 소신을 잠시 번복하지만, 같은 주장을 한 지오다노 브루노[0810] 신부는 소신을 지키기 위해 화형을 선택한다. 혁명에 성공한 피델 카스트로[0240]는 종신 대통령이 되고, 최고 동지인 체 게바라[0430]는 영화를 뒤로한 채 죽음이 일상인 볼리비아 혁명 전선으로 뛰어든다. 전투 명령을 받고도 이순신[0520]은 왕명을 거부하여 투옥되지만, 원균[1210]은 칠전량 바다로 나가 싸우다 죽는다.

이처럼 동일한 상황에서 다른 길을 선택하는 것은 그 사람의 '마음' 때문이고, 이 마음은 자연환경에 따라 생성되거나 변화된다는 것이 바이오코드의 전제다. 즉 천문 및 기후 등에 적응하려는 신체 반응이 마음으로 나타나고, 이에 따라 우리 마음은 스트레스를 방어하기 위해 어떤 타입인가로 쏠리는 것이다.

마음은 변화와 적응의 결과로서 서로 다른 피부색, 서로 다른 키, 서로 다른 체중 같은 것이다. 한국인한테 있는 광대뼈가 가까운 중국인에게는 없고, 중국인 다리는 곧고 길지만 한국인 다리는 짧고 휘어 있다. 몽골인 코는 납작하지만 이탈리아인의 코는 벌떡 서 있다. 몽골인의 광대뼈는 폐렴을 막기 위해 찬 공기를 데운 다음에 폐로 보내려는 환경 적응의 결과고, 짧고 휜 다리는 유목 민족의 흔적이며, 납작한 코는 찬 공기를 덜 마시려는 노력의 결과다. 이런 변화가 생긴 것은 바로 마음이 있었기 때문이며, 이 마음이 세상을 변화시키고 역사와 문명을 창조했다.

바이오코드, 즉 인간의 마음은 성격이라는 고유 특질을 갖기는 하나 고정 불변한 것은 아니다. 정해진 것이 아니라 언제든지 변화가 가능한 것이다. 청둥오리는 자연 상태에서 일 년 중 초봄이 되면 하루나 이틀 사이에 스무 개가 넘는 알을 낳지만, 다른 때에는 알을 낳지 않는다. 하지만 이 청둥오리를 축사로 옮겨 매일 사료를 주면 완전히 달라진다. 알을 하나씩 매일 낳게 된다. 봄뿐만 아니라 여름, 가을, 겨울에도 낳는다. 한꺼번에 스무 개씩 급히 낳는 일도 없다. 청둥오리의 생체 시계(SCN)가 새 환경을 읽고서 마음을 바꾸고, 이어 바뀐 마음에 따라 몸을 바꾼 것이다.

이 책이 시종일관 주장하는 것은 생각이 개인과 집단, 국가의 운명을 가른다는 것이다. 성공도 실패도 마음을 잘 쓰고 못 쓴 차이일 뿐, 운명이나 팔자가 아니다. 그러므로 외부 환경에 대해 더 이상 수동적으로 대응하지 말고 자기의 마음을 잘 들여다보면서 생각을 일으키면 자신에게 맞는 길을, 자신이 가장 잘할 수 있는 방법을 찾을 수 있다고 믿는다.

*이름 뒤에 적은 숫자 4자리는 성격을 144 타입으로 나눈 바이오 코드로서 해당 인물의 고유 코드를 표기한 것이다. 이 코드로 조건에 대한 반응, 판단, 행동을 어느 정도 예측할 수 있다. 바이오코드를 학습한 상담사, 강사, 독자들의 이해를 돕기 위해 등장인물의 코드 목록을 부록으로 덧붙이며, 본문에서는 코드를 달지 않는다. 자세한 내용은 '다음 카페 바이오코드 연구소'에 있다. 바이오코드를 달지 않을 때, 더 생각해 보고 나중에 결정한다.

이재운

PART 1

# 지금 인연이
# 문을 두드리고 있다

잡을 것인가, 놓을 것인가

# 1
## 인연은 문을 열어 달라 청하는데
## 주인은 듣지 못하네

살아가다 보면 인간은 누구나 예기치 못한 행운 혹은 불운을 만날 수 있다. 복권이 당첨되거나 혹은 갑작스런 항공기 사고, 교통사고, 기타 주인공의 의지와 전혀 다르게 일어나는 사건·사고 때문에 인생이 엉망이 되는 수도 있다. 그러나 이런 걸 가리켜 정해진 운명이니, 팔자니 하고 말할 수는 없다. 이성과 의지가 있는 인간의 핑계로서는 너무 나약하지 않은가.

사실 모든 '우연한 사건'조차 워낙 많은 사람들 간의 사회적 관계와 인간 외의 다양한 물리 작용이 복잡하게 작용한 카오스의 결과일 뿐, 정말 '순수하게 우연한 것'은 아무것도 없다.

갑작스런 변화를 상징하는 기상 분야의 경우에도 이런 연구는 계속 있어 왔다.

### :: 나비 효과, 인연은 카오스다

1979년, 미국 워싱턴에서 에드워드 로렌츠[0525] 교수가 발표한 기상학 논문의 제목이다. 이 논문이 발표되면서 '나비 효과(butterfly effect)'란 말이 널리 퍼지고, 이것이 곧 '카오스 이론'의 실마리가 되었다. 비 내리는 것, 눈이 오는 것, 구름이 끼는 것 등이 인간의 의지와 상관없이 우연히 형성되는 기상 변화가 아니라 실제로 분석이 가능한, 어떤 원인이 있다는 뜻이다. 미래의 기상 변화를 예측한다는 것은 매우 어려운 일이지만 각국의 기상학자들이 부단히 노력한 결과, 오늘날에는 상당한 예측 능력을 갖게 되었다.

원인이 없는 것은 예측이 불가능하지만, 원인이 있는 것은 예측이 가능한 것이다. 이 말을 뒤집으면 이 세상에는 원인이 없는 일이란 있을 수 없고, 따라서 모든 현상 역시 예측이 가능할 수도 있다는 말이 된다. 일본 동북 대지진이나 대서양 쓰나미 등 천재지변조차 그 원인을 알아낼 수 있다.

또한 지금 좋은 인연으로 보이는 것이 나중에 독이 되고, 지금 나쁜 인연으로 보이는 것이 나중에 약이 되는 일은 매우 흔하다. 굳이 새옹지마 고사를 들지 않더라도 우리 주변에도 그런 일은 흔해 빠진 다반사다.

국무총리 후보로 지명되었다는 청와대 전화를 받을 때만 해도 뛸 듯이 기뻐했을 사람들 있지 않은가. 그처럼 처참하게 유린당할 줄 모르고 어깨 으스대며 카메라 앞에 나서다니, 정녕 한 치 앞을 모른다는 그 사실이 놀라울 따름이다.

유럽에 페스트가 창궐하여 수천만 명이 죽어 나갈 때, 아이작 뉴턴[0660]은 휴교령이 떨어진 대학교를 떠나 고향으로 피신한다. 그렇지만 이 긴 휴식 시간에 뉴턴은 그가 평생 발견한 모든 것을 다 깨닫게 된다.

로버트 고더드[0645]는 기관지염, 늑막염 등에 걸려 2년이나 유급했다. 하지만 그는 2년간 도서관에 틀어박혀 수학, 천문학, 공학 등을 집중적으로 공부하여 훗날 액체 연료 추진 로켓을 발명하는 밑천으로 쓴다. 하지만 언론과 미국 정부는 고더드가 발명한 로켓을 거들떠보지 않는다. 그는 우울한 인생을 살고 만다. 이때 그의 로켓 기술의 가치를 알아본 나치 독일이 베르너 폰 브라운[1215]을 데려다가 집중 개발을 시켜, V2 로켓 수천 발을 런던 심장부로 날려 버린다. 이후 독일이 패망하자 미국은 허둥지둥 개발에 나서게 된다.

나비 한 마리 바라보듯이 세상을 설렁설렁 봐서는 안 된다. 쓰레기통 뒤지던 생쥐에서 디즈니랜드가 나오고, 와플에서 나이키가 나오고, 거울에서 엘리베이터가 나오고, 지저분한 광부들의 해진 옷에서 리바이스가 나왔다.

::  참새를 잡았을 뿐인데 4천만 명이 굶어 죽다

나비의 날갯짓이 실제로 토네이도처럼 변하는 사회 현상도 있다. 중국에서 실제로 일어난 일이다.

참새를 잡은 것하고, 흉년이 들어 중국인 4천만 명이 굶어 죽은 것하고 무슨 관련이 있을까.

1958년, 대약진 운동의 일환으로 공산주의 실험을 하던 모택동[0560]은 곡식 낟알을 쪼아 먹는 참새를 보고 '해로운 새'라고 손가락질하면서, 없애라고 지시했다.

머릿속에 '곡식을 훔쳐 먹는 참새'라는 이미지因가 떠오르자, 모택동은 참새를 모두 퇴치하면緣 곡식이 줄어들지 않아 인민이 배불리 먹을 수 있다果고 계산한 것이다. 이처럼 지도자의 진단이나 예측은 아무리 사소한 일이라도 너무나 중대한 결과를 불러올 수 있다.

모택동의 이 하찮은 지시로 중국 전역에 참새 잡이 광풍이 불기 시작했다. 참새가 땅에 내려앉지 못하도록 시끄러운 꽹과리나 북을 두드려대기도 하고, 참새 알을 보는 즉시 깨서 프라이팬에 던져 버렸다. 버드나무 가지에 꿴 참새구이는 큰 인기를 누렸다. 일시적이지만 일단 참새가 줄어드니 곡식을 쪼아 먹는 참새가 보이지 않았다. 모택동이 만족하고 중국인들도 일단 만족했다.

하지만 이상하게 흉년이 들기 시작했다. 메뚜기 같은 해충이 들끓어 멀쩡한 작물도 다 자라지 못한 채 죽어 버렸다. 처음에는 참새와 흉년 사이에 아무런 관련이 없는 줄 알았다. 위대한 지도자 모택동을 원망할 수는 없고, 그저 하늘만 탓하면서 중국인들은 허리띠를 졸라맸다. 하지만 해를 거듭해도 해충은 사라지지 않고 갈수록 창궐했다. 태양을 가릴 듯한 시커먼 먹구름이 몰려올 때면 우우우웅– 하는 울음소리가 들리고, 이어 메뚜기가 소나기처럼 논과 밭으로 떨어져 내렸다. 이들이 지나간 들판에는 아무것도 남지 않았다.

마침내 중국 농경지의 절반이 피폐해졌다. 해충을 잡아먹는 참새가 있어야 병이 돌지 않고 벌레가 줄어드는데 참새가 없으니 해충이 창궐하고, 이 해충들이 곡식을 다 갉아먹은 것이다. 참새는 알곡이 다 익은 다음에 쪼아 먹기라도 하지만, 이 해충들은 싹부터 갉아먹기 시작하여 알곡이 매달리지도 못하게 했다. 특히 메뚜기는 뿌리까지 갉아 버려 작물을 아주 못쓰게 만든다.

결국 흉년이 거듭되어 참새 잡이 4년 동안 중국인 4천만 명이 굶어 죽었다. 참새를 가리켜 해로운 새라고 말한 지 4년 만에 모택동은 너무나 끔찍한 재앙 앞에서 국가 주석직을 사임했다. 모택동은 자신의 국민들을 그렇게나 많이 죽일 생각은 추호도 없었다. 하지만 그는 국민들을 배불리 먹이기는커녕 무려 4천만 명을 굶어 죽도록 한 것이다.

인간 세상은 인간·동물·곤충·기상 조건 등 수많은 변수가 휘몰아치고, 거기서 복잡한 인과관계를 형성하며 매일매일 다른 삶을 살아간다. 이 말은 대단히 차원 높은 직관을 포함하고 있다.

마주치는 이웃, 기상 조건 등은 종종 상수와 변수로 뜻하지 않은 변화를 일으킨다. 심각한 재난, 질병은 물론 이익을 다투거나 권리를 독점하거나 인격을 겨루는 상황이 올 수도 있다.

바이오코드와 바이오코드가 만나면 반드시 충(衝)·원진(怨嗔)·합(合) 등 복잡한 관계가 동시에 형성된다. 여기서 갈등이 일어나든 협동이 일어나든 제3의 코드가 개입하고, 이어 수많은 코드들이 뒤섞여 흙탕물처럼 호호탕탕 흘러간다.

사실상 밤하늘의 별처럼 많은 코드가 뒤죽박죽 '나'를 둘러싸고 저마다 다른 말을 시끄럽게 외쳐댄다. 누군 비타민을 먹으라 하고, 누군 먹지 말라 한다. 누군 햇빛을 피하라 하고, 누군 쬐라 한다. 누군 무조건 여당이고, 누군 무조건 야당이다. 뿐이랴.

그러다 보니 고민이 있어도, 난제가 있어도 이를 해결할 길을 찾기는 대단히 어렵다. 코드별로 사안을 보는 시각이 다르고, 또 관계 형성에 따라 말이 달라질 수 있으며, 환경은 수시로 변하기 때문이다.

인연을 말하기는 결코 쉽지 않다. 모택동이 참새를 잡으라고 한 것은 인민을 생각한 따뜻한 마음에서 비롯된 것이지만, 결과적으로 그 인민 수천만 명을 죽이는 무서운 악연으로 작용했다. 좋은 인연인 듯했지만 결국 악연이었던 것이다.

사람을 하나하나 들여다보면 그저 그렇다. 칭기즈 칸은 어린 시절에 쥐를 잡아먹으며 도망 다녔고, 스탈린은 술주정뱅이 아버지에게 얻어맞으며 자랐다. 우리 인생의 단면을 바라보면 얼마나 비참하며, 또 얼마나 우쭐거렸던가.

탄소 C, 수소 H, 산소 O가 따로따로 있으면 흔해 빠진 그저 그런 원자에 불과하다. 원자가 독립적으로 존재해 가지고는 파괴력을 갖기 어렵다. 문제는 이 원자들이 뭉쳐 분자를 이루면 전혀 달라진다는 사실이다. 탄소나 수소, 산소로는 상상할 수 없는 힘을 만들어 내기 때문이다.

아래에 열거한 분자 중 어느 하나라도 탄소, 수소, 산소 외에 다른 원자를 갖고 있는지 살펴보라. 너무나 흔해 빠진 3가지 단순 원자로 결합되었을 뿐인데 이처럼 다양한 물질이 되는 것이다.

물 $H_2O$

에탄올 $C_2H_6O$

메탄올 $CH_3OH$

메탄 $CH_4$

과산화수소 $H_2O_2$

포도당 $C_6H_{12}O_6$

글루코오스 $C_6H_{12}O_6$

폴리에틸렌 $(CH_2CH_2)n$

설탕 $C_{12}H_{22}O_{11}$

벤젠 $C_6H_6$

경유 $C_{17}H_{38}$

가솔린 $C_8H_{18}$

부탄 $C_4H_{10}$

프로판 $C_3H_8$

탄산 $H_2CO_3$

일산화탄소 $CO$

이산화탄소 $CO_2$

탄소·수소·산소가 몇 개씩, 어떻게 결합하느냐에 따라 녹는점·끓는점·비중이 달라지고, 완전히 새 물질처럼 변한다. 약이 되기도 하고 독이 되기도 한다. 작은 차이가 엄청난 차이를 만들어 낸다. 모든 것이 완벽하게 달라진다. 이 3가지 원소에 질소 N이라도 더 붙는 날이면 다이너마이트$C_3H_5(NO_3)_3$ 등 상상할 수 없는 변화가 생긴다. 하물며 사람이 두 명, 세 명, 네 명 모인다는 게 얼마나 큰 사건인가. 누구를 만나느냐에 따라, 어떤 사람들이 결합하느냐에 따라 완전히 다른 집단으로 바뀐다. 이제 그 이야기를 할 것이다.

### :: 육이오 전쟁의 승패를 가른 토지 개혁

육이오 전쟁을 예로 든다면, 북한의 김일성[1125]과 박헌영[1225]은 한 달이면 남한을 완전 점령할 수 있다고 확신했다. 자만심이 아니라 그런 신념을 가질 수 있을 만큼 해방 이후 남한 내에는 공산주의자가 들끓었다.

당시 북한은 김일성을 내세우면서 지주들의 땅을 무상 몰수하여 소작인들에게 무상 분배를 하여, 그쪽 국민들에게서 열렬한 지지를 받았다. 서른세 살에 불과한 청년 김일성이 북한의 지도자로 우뚝 서게 된, 결정적인 사건이 바로 토지 개혁이다. 소작인 생활로 입에 풀칠하던 농노(農奴) 68만 가구에, 하늘에서 뚝 떨어지듯 갑자기 귀한 농토가 생긴 것이다. 김일성이 가짜든 진짜든 따질 필요도 없고, 젊었든 늙었든 역시 따질 바가 아니다. 그가 들어오면서 68만 가구에 꿈만 같던 전답 4,500평이 생겼으니 이 기쁨을 무엇에 비하랴. 김일성은 이러한 농민들의 열렬한 지지에 힘입어 마음껏 육이오 전쟁 아니, 그가 주장하던 통일 전쟁을 준비할 수 있었다. 김일성은 해방 조국을 차지하려는 꿈因을 갖고, 소작인 68만 가구를 충성심 강한 전사로 끌어들일 목적으로 무상 몰수·무상 분배緣를 실시했던 것이다. 김일성은 이러한 계산이 통일果로 결실이 되리라고 확신했던 듯하다. 하지만 인연의 법칙은 그리 단순하게 작용하지 않는다. 너무나 오묘해서 웬만한 사람은 잘 계산할 수가 없다. 인연까지는 보고 차지할 수 있지만, 그 결실果은 인간의 계산대로 호락호락 만만히 열리지 않는다.

북한이 이런 상황이었기 때문에 남한의 농민들, 특히 소작인들은 이 소식을 듣고 은근히 김일성의 북한을 동경할 수밖에 없었다. 공산주의라는 게 저렇게 좋은 것이구나 하고 남한의 농민이며 소작인들이 기대에 부풀었다. 이런 상황이었으니, 김일성이 '내려가기만 하면 남한 인민들이 다 환호할 것'이라고 믿은 것도 결코 이상한 일이 아니다.

당시 남한은 지주, 재벌, 친일 고급 관료들이 모여 한민당을 결성하고 있었다. 일본은 조선을 강점하면서 통치 대리인을 두었는데, 이들이 바로 지주들이요 친일 고급 관료들이었다. 기독교와 불교 인사들 중 상당수도 일본의 앞잡이 노릇을 하고 있었다. 유일신을 믿는 기독교가 일본 귀신을 모셔 놓은 신사에 가서 참배를 한다거나, 독신주의를 표방하는 불교 승려들이 결혼을 하여 가정을 이루는 등 친일 행각은 뿌리를 깊숙이 내리고 있었다. 이러한 한민당의 정점에 이승만 세력이 있고, 더 위에 미 군정이 있었다. 이들은 일치단결하여 이승만을 대통령으로 삼아 자신들의 방패와 방죽으로 삼았다.

1946년 3월, 북한에서 무상 몰수, 무상 분배 방식의 토지 개혁이 이뤄졌다는 소문을 들은 남한 농민들은 동요하기 시작했다. 거지처럼 살던 소작인 한 가구에 무려 4,500평이라는 무지무지하게 넓은 땅이 생긴 것이다. 손바닥만 한 땅도 갖고 있지 못하던 북한 소작인들 입장에서는 천지개벽이 이뤄진 것이다. 최제우, 강증산 등이 말하던 개벽이 바로 그런 것이라고 말하는 사람도 있었다. 그러니 남한의 소작인들이 북한을 어떻게 생각했을지는 뻔하다. 당장이라도 38선을 넘어가 그 땅을 받고 싶었을 것이다. 그렇잖아도 북한은 일제 시절에 중공업 중심지로 발전시킨 곳이라 전기, 비료 등 모든 것이 남한보다 월등했다. 공장 등 산업 시설도 많아서, 일제 때에 노예처럼 일하던 북한 노동자들이 이제는 주인이 되어 직접 공장을 경영하는 그런 세상이 되었다잖은가.

하지만 지주들, 특히 친일 지주들의 이익을 대변하고 있던 한민당은 버티고 버티다가 1950년에 이르러, 하는 수 없이 유상 몰수·유상 분배라는 타협안을 슬그머니 들고 나왔다. 지주들이 갖고 있는 땅을 국가가 사서 소작인들에게 판매하는 방식이다. 자유 경제를 당연시하는 미 군정이 있는 한, 남한에서 무상 몰수·무상 분배라는 공산주의식 토지 개혁은 일어날 수가 없었다. 유상 몰수·유상 분배는 무상 몰수·무상 분배보다는 훨씬 더 약한 정책이긴 하나, 그만해도 당시로서는 파격적인 아이디어였다. 지주들 입장에서는 불만스럽지만 그나마 다행이고, 소작인들 입장에서는 공짜가 아니라 섭섭하지만 그래도 땅을 가질 수 있는 기회를 얻은 셈이다.

3정보, 즉 9천 평이 넘는 토지는 그 토지에서 나는 생산량의 1.5배를 땅값으로 계산, 국가에서 5년 분할 상환 지가 증권을 지주에게 주고 사들인 것이다. 사실 성질 급한 친일 지주들은 이미 싼값에 땅을 처분한 사람들이 많았다. 북한에서 무상 몰수, 무상 분배했다는 소문이 돌면서 겁을 집어먹은 친일 지주들은 나라에 뺏기기 전에 땅을 바겐세일해 버렸다. 그나마 어디냐는 계산이었다.

지주들과 친일 관료, 친일 군인을 지지 기반으로 삼은 이승만 정권은 이렇게 친절하게 지주들의 땅을 사들여, 소작인 가구당 1천 평씩 잘라 팔아 주었다. 그 대신 소작인들에게는, 정부가 지주에게 갚아야 할 돈을 5년간 나눠 대신 내도록 한 것이다.


여기까지만 보면 북한이 성공하고 남한이 그보다 못한 것처럼 보인다. 친북 학자들 중에서는 이런 점을 들어 북한은 소작인들에게 없던 땅을 무려 4,500평씩이나 나눠 주고, 노동자들에게는 공장을 빼앗아 주었다고 찬양하기도 한다. 남한의 이승만 정권은 자신들의 지지 기반인 친일 지주들 입장을 대변하여 무상으로 빼앗지 않고, 그것을 사서 소작인들에게 팔았다고 비판하는 것이다.

하지만 인연의 법칙은 봄과 여름을 지나 가을이 저물어야 그 결실이 제대로 열렸는지, 익었는지, 당도는 높은지 보여 준다. 장밋빛 정책이야 얼마든지 내걸 수 있지만, 그것이 가져올 결과는 그들 마음대로 되는 게 아니다. 모든 우주 법칙이 총동원되어 이 인연을 계산하고 이끌기 때문에, 호락호락한 개인의 염원대로 나아가질 않는다.

이 토지 개혁을 실시한 게 1950년 4월 6일, 북한의 김일성이 소련제 탱크 등 모든 전쟁 준비를 마치고 날짜를 헤아리고 있을 때였다. 유상 몰수·유상 분배 방식의 토지 개혁은 농사를 시작하기 전, 즉 육이오 전쟁이 나기 전에 마무리되어 남한의 소작인들은 평생 가져 보지 못한 자신들의 땅에 모를 심고, 감자를 심고, 고추를 심었다.

이런 소작농이 무려 180만 가구였으니 땅을 준 이승만[1120]에 대한 지지도는 하늘을 찌를 듯했다. 1946년에 김일성이 북한 소작인들로부터 받은 환호에는 미치지 못하지만, 그래도 열화 같은 지지였다.

하지만 냉정하게 그 결과果를 상상해 보자.

북한은 무상으로 땅을 받은 대신 생산량의 30%를 영원히 국가에 바치는 방식이지만, 남한은 생산량의 30%를 5년만 갖다 내면 영원히 개인 소유가 되는 방식이다. 이 차이는 엄청나다.

육이오 전쟁이 일어나자 자기 땅을 갖게 된 남한 농민들은 이 토지를 지키기 위해 나섰다. 이것이 바로 김일성이 오판하게 된 결정적인 원인이다. 만일 남한이 전쟁 이전에 토지 개혁을 이뤄 내지 못했다면, 우리는 아마도 김일성의 도발을 물리칠 길이 없었을 것이다. 북한군이 내려오기 무섭게 우리 농민들이 인민군을 대대적으로 환영하였을 것이기 때문이다.

더구나 남한 지주들은 돈을 받고 땅을 수용당했기 때문에 불만이 크지 않았지만, 북한 지주들은 그야말로 벼락 맞듯이 생짜로 빼앗겼기 때문에 전쟁이 나기 전부터 38선을 넘기 시작하여, 전쟁 중에 대거 월남하는 사태가 벌어졌다. 북한에서 내려온 분들이 유독 반공 정신이 투철한 원인도 이 때문이다. 북한에서는 지주들이 땅을 그냥 다 빼앗겼지만, 남한의 지주들은 땅 판 돈으로 공장을 세우거나 산업 분야에 투자하는 등 이승만 정권에 발맞추어 시대에 맞는 자본가로 성장해 가고 있었다.

게다가 무상 분배 4년차에 이른 북한 농민들은 여전히 생산량의 30%를 국가에 바쳐야 하고, 이후로도 계속 내야 했다. 즉 지주의 얼굴이 친일파나 양반 관료에서 공산당으로 바뀌었을 뿐, 그들의 처지는 하나도 달라지지 않은 것이다. 그나마 협동 농장 체제로 바뀐 뒤부터 내 땅이라는 개념마저 박탈당해, 북한이 경제적으로 몰락하는 원인이 된다.

한편 500년 사직의 고려를 무너뜨리고 신생국 조선을 창업한 이성계[1150]가 토지 개혁 하나로 '이(성계)밥'을 먹게 된 농민들의 열렬한 지지를 받으며 왕실을 단박에 안정시킨 것처럼, 남한의 이승만은 친일파를 처벌하는 대신 감싸 안고, 임시 정부 요인들을 왕따시키고도, 마음껏 독재하며 대통령 자리를 지킬 수 있었다.

이처럼 인연을 잡든 안 잡든 마음대로지만 그 결과는 우주가 합리적으로, 예외 없이, 한 치의 빈틈없이 결정한다는 사실을 잊어서는 안 된다. 김일성은 장님 문고리 잡듯 대충 계산하다가 뜻밖의 화(禍)를 입었고, 민심에 쫓겨 달아나며 버티다 마지못해 시늉만 한(북한에 비해) 이승만은 뜻밖의 행운을 잡은 것이다.

## :: 우리 만남은 우연이 아니야

인연을 만나지 못해서 일이 잘 안 풀린다고 말하는 사람들이 있다.

결단코 그런 인연이란 없다. 어디서 듣도 보도 못한 귀인이 흰말을 타고 홀연히 나타나 금화를 한 자루 쥐여 주거나, 도깨비방망이로 고래 등 같은 기와집을 지어 주지는 않는다. 있다면 그것은 기적이고, 우주가 하도 넓다 보니 벼락 맞을 확률로 그 비슷한 일이 '남에게' 일어나기는 한다. 결국 인연이란, 아주 사소한 것이라도 그것을 어떻게 보고 이용하느냐에 따라 결과가 달라지는 것이다.

생쥐, 와플, 천막, 거울, 부채, 모래, 사과….

이런 것들도 인연으로 알고 유심히 들여다보고 가꾸다 보면 정말 운명을 바꿀, 좋은 인연이 되기도 하는 것이다. 선원에 면벽 참선이라는 수행이 있는데, 아무것도 없는 빈 벽이라도 한 10년 들여다보면 달마 선사처럼 깨달음을 얻을지도 모른다.

생쥐를 본 사람은 수없이 많지만, 그 징그러운 쥐를 보고 미키마우스 캐릭터를 떠올린 사람은 월트 디즈니[0155] 뿐이다. 생쥐는 그에게 디즈니랜드 왕국을 선물했다.

와플을 보거나 먹은 사람은 수없이 많지만, 그걸 보고 운동화 뒷굽을 떠올린 사람은 빌 바우어만밖에 없다. 와플은 그에게 세계 최고의 스포츠용품 전문 회사 나이키를 선물했다.

흔해 빠진 천막에 앉아 쉬거나 일한 사람은 부지기수다. 하지만 그 질긴 천을 보고 예리한 돌 조각으로 그어도 잘 안 찢어지는 옷을 상상한 사람은 리바이스[0110]밖에 없다. 그는 천막으로 청바지를 만들어 냈고, 이 천막은 리바이스라는 거대 의류 회사를 그에게 선물했다.

엘리샤 오티스[0735]가 신개발품인 엘리베이터를 백화점에 처음 설치하자, 느리고 좁고 답답하다는 승객들의 불만이 쏟아져 들어왔다. 머리 좋은 기술자들이 해결책을 찾느라 허둥지둥할 때, 건물 청소를 하던 한 여성 관리인이 화장실 거울에서 그 답을 찾아다 주었다. 화장실에 들어온 여성들이 거울을 보느라 시간을 지체하는 걸 보고 엘리베이터에 거울을 달아 보라고 권한 것이다. 과연 아무것도 없던 엘리베이터에 거울을 달자 승객들은 아무 불평 없이 잘 타고 다녔다.

토머스 에디슨[0710]은 전구의 필라멘트 실험을 하다가 아는 사람이

더울 때에 쓰라고 선물한 일본산 대나무 부채를 보고, '저것도 태워 보자'고 생각하여 최고의 탄소 필라멘트를 발견했다.

이처럼 사소해 보이는 물건들이 어마어마한 인연의 씨앗이 되기도 한다. 대개의 발명, 발견이란 이처럼 주변에서 실마리가 열리는 경우가 대부분이다. 해몽이 필요할 만큼 엄청난 꿈을 꾸거나, 굳이 엄청난 전문성이 필요한 경우는 매우 드물다.

다만 꼭 필요한 것이 있는데, 닭을 잡아먹는 사막여우에게조차 말을 걸어 보는 용기쯤은 있어야 한다.

어린 왕자가 사막여우더러 놀자고 하니까 "난 너하고 놀 수가 없어. 난 길들여지지 않았단 말이야." 하고 거절한다. "길들여진다는 게 뭐냐?"라는 어린 왕자의 질문에 사막여우가 이렇게 설명한다. 마치 인연을 다루는 법을 알려 주는 것처럼 들린다.

"길들여진다는 건 관계를 맺는다는 뜻이야. 넌 내게 아직 수십만 명의 다른 아이들과 같은, 그저 그런 어린아이일 뿐이야. 난 네가 필요하지 않고. 너 역시 내가 필요하지 않아. 너에게는 내가 수십만 마리의 다른 여우들과 같은 여우에 불과하니까. 하지만 네가 나를 길들인다면 우리는 서로 필요해질 거야. 너는 나에게 이 세상에서 유일한 아이가 될 거야. 나는 너한테 세상에 단 하나밖에 없는 여우가 될 거고."

그러자 어린 왕자가 말한다.

"무슨 말인지 알겠어. 내가 돌보는 꽃이 하나 있는데…, 그 꽃이 날 길들인 것 같아."

그렇다. 인연은 아무 관련이 없어 보이는 대상에 관심을 갖는 것으로부터 시작되는 것이다. 들꽃 한 송이를 자세히 들여다보며 대화를 나누는 것, 나뭇가지에 앉아 지저귀는 새를 바라보며 인사를 건네는 것, 이런 사소한 일조차 인연을 부르는 의식이다. 월트 디즈니가 징그러운 쥐를 보고 "저리 가! 저리 가!" 소리쳤다면, 이 쥐는 월트에게 미키마우스를 선물하지 않았을 것이다. 하지만 그림을 노동으로 알고 헉헉거리며 그리던 월트의, 그 쓸쓸하고 희망 없는 사무실에 살그머니 들어온 생쥐는 반짝이는 까만 눈을 이리저리 호기심 있게 굴리다가 마침내 이 사무실에서도 가장 쓸모없는 것들만 모아 놓은 지저분한 쓰레기통을 발견하고는, 그걸 뒤져 자그마한 빵 부스러기를 찾아 맛있게 먹는다. 월트는 그림을 그리다 지친 눈으로 잠시 이 생쥐를 보고는, 굳은 얼굴을 펴면서 씨익 하고 한 번 웃었다. 생쥐를 보고 한 번 웃어 준 이 인연으로 그는 미키마우스를 얻은 것이다.

에디슨이 전구를 발명했다고 하지만, 그 정도는 누구나 할 수 있다. 전깃줄 두 가닥을 맞대면 불꽃이 인다는 걸 안 사람들은, 그 빛을 오래 묶어 두면 가스등이나 촛불보다 더 밝게 이용할 수 있으리라고 상상했다. 이 정도는 누구나 했다. 그런데 전깃줄 가닥은 너무 쉽게 불에 타버렸다. 그래서 불꽃은 잠시 일었다가 꺼지곤 했다.

에디슨은 이 현상을 인연으로 잡아 보려고 애썼다. 전깃줄을 잇는 필라멘트 물질이 잘 타지만 않으면 되는데, 문제는 너무 쉽게 탄다는 것이었다. 그때 에디슨은 초등학생도 아는 상식을 떠올렸다. 즉 불꽃이 생긴다는 것은 산소가 있어 산화한다는 뜻이고, 이 산소를 없애면 불꽃이 생기지 않을 수 있다는 생각을 했다. 그래서 그는 유리관으로 필라멘트를 진공으로 감쌌다. 그러고서 전기를 넣으니, 역시 산소 부족으로 필라멘트가 타지 않고 오래도록 빛이 났던 것이다. 이렇게 해서 전구가 탄생했다.

바둑 고수들이 보는 수를 하수들은 절대로 찾아내지 못한다. 설사 점을 정확히 찍어 줘도, 왜 그 자리에 돌을 놓아야 하는지 이해를 하지 못한다. 그래서 그 자리에 돌을 두지 못하는 것이다. 인연을 보는 눈도 마찬가지다. 인연을 보는 눈은 생물학적인 눈이 아니라 두뇌가 보는, 제3의 눈이어야 한다. 그것도 잘 발달한 전두엽이 보는 눈이어야 한다.

어린 왕자에게 사막여우란 월트 디즈니[0155]의 생쥐, 빌 바우어만[1110]의 와플, 리바이스[0110]의 천막, 토머스 에디슨[0710]의 부채, 알프레드 노벨[0550]의 규조토, 아이작 뉴턴[0660]의 사과, 존 플레밍[0955]의 전구 같은 것이다. 이러한 것들이 특별한 물건이라서 그런 게 아니라, 하찮은 물건이라도 길들이면 그 물건이 답을 알려 주는 것뿐이다. 면벽 십 년에 도를 깨닫는 것도 바람벽이 무슨 신통한 재주가 있어 도를 알려 주는 것이 아니라, 그렇게 길들이다 보면 불이법문(不二法門)이 빼꼼히 열리는 것이다.

이 책에서 소개하는 대부분의 사례는 '누구든지 생각할 수 있는 것들'이다.

따라서 인연을 부르고 싶다면 내게 찾아온, 나를 스쳐 가는 그 '흔한 것들'을 눈여겨 바라보고, 그 결과를 예측하면서 키워 나갈 힘을 길러야 한다. 기회는 언제나 누구에게나 공평하게 찾아온다. 그걸 인연으로 만드는 사람이 있고, 그저 흘려 보내는 사람이 있을 뿐이다.

## :: 당신과의 만남은 우주적인 사건이다

자주 강조하는 말이지만, 세상에 정해진 운명이란 없다. 여름 다음에 가을이 온다는 것은 운명이 아니고 원리다. 배꽃이 피어 그 자리에 열매가 맺히는 것 역시 운명이 아니라 원리다. 원리말고도 진리, 섭리, 법칙 등 여러 가지 표현이 있을 수 있다. 터럭만 한 오차도 허용되지 않는, 냉엄하며 철저하며 분명한 수리의 세계다. 인연의 법칙에서는 사랑이나 슬픔, 기쁨, 원한조차도 수치화되어 변수로 작용할 뿐이다.

그래서 인연의 기본 법칙은 간단하고 분명하다. 씨앗, 즉 원인이 되는 '인因'이 있고, 그 열매인 '과果'가 나온다. 여기서 씨앗이란 곧 생각의 씨앗을 말한다. 한 생각이 움직여 세상이 일어나고, 나아가 우주가 벌어진다. 참깨 한 알 속에 우주가 있음을 아는, 그런 생각의 힘이다.

같은 씨앗因을 봐도 진단, 판단, 이해가 잘 안 되면 의미가 없어진다. 그래서 학습, 훈련, 노력이 필요하다. 청계천 복원 사업 아이디어는 고건 시장0105에게는 씨앗因이 되지 못했지만, 이명박 시장0560에게는 씨앗이 되었다. 진단 능력에 따라 좋은 인연도 쓰레기처럼 버려지는 것이다. 그러므로 인연이 없다는 말은 인연을 버렸다는 뜻이다.

보는 눈이 없는 기차 차장은 천재 발명가가 될 어린 에디슨0710을 귀찮은 잡상인으로 보고 따귀나 때려 청각 장애자로 만들고, 한 여인은 자신의 아들이 천재 물리학자 아이작 뉴턴0660이 된다는 것도 모르고 시골에서 농사나 지으라고 닦달한다. 인연의 법칙을 알지 못하는 초등학교 교사는 입학한 지 단 몇 개월도 안 된 에디슨을 불량 학생이라고 보아 퇴학시키며, 끝내 흔들리는 기찻간의 신문팔이로 내몰았다. 고등학생이던 알베르트 아인슈타인0315에게 "이 아이에게서는 어떤 지적 열매도 기대할 수 없다. 학교를 계속 다니면 다른 학생에게 방해가 된다."라고 악평한 교사 같은 사람들이 그런 말을 하는 것이다.

에디슨을 에디슨으로 보지 못하고, 뉴턴을 뉴턴으로 보지 못하고, 아인슈타인을 아인슈타인으로 보지 못하는 눈으로는 눈앞에 아무리 좋은 인연을 들이대도 보지 못하며, 생각이 딴 데 있는 사람은 거짓 인연·가짜 인연을 보고도 자석에 끌리듯 끌려가다 기어이 망한다.

쉰 살은 50년 묵은 관성으로, 서른 살은 30년 묵은 관성으로 자신이 쌓은 관성에 이끌려 가는 사람들이 있다. 주위를 둘러보면 창조적인 생각이라고는 단 1초도 할 수 없는 그 '사람들'이다. 이 '사람들'의 평생에 걸친 배역이란 천재와 성인들을 괴롭히는 역할뿐이다. 천재의 대명사가 된 아인슈타인이나 에디슨을 가르쳐 보고도 아무 생각이 들지 않은 사람들인데 하물며 스쳐 지나가는, 흔해 빠진 남녀노소에게서야 무엇을 볼 수 있을까.

## :: 기회는 무차별로 다가온다

기회에는 차별이 없다. 따라서 누구에게는 인연이 오고, 누구에게는 인연이 오지 않는다는 법은 없다는 뜻이다. 언제나 있으되 언제나 없다. 누구에게나 있으되 누구에게도 없다. 게다가 기회도 인연도 조금만 방심하면 성질이 변하여 행운이 악운으로 변하기도 한다. 인생지사 새옹지마(塞翁之馬)란 말이 있듯이, 운명이란 계산하기가 매우 까다롭고 복잡한 것이다. 복권 당첨자 중 상당수가 채무를 지거나 복지 연금으로 생계를 잇는다는 뉴스는 심심찮게 나온다. 『주역(周易)』에서도 맨 꼭대기에 올라간 건괘(乾卦)를 가리켜 항룡(亢龍) 유회(有悔)라고 해석한다. 올라갈 데까지 올라갔으므로 내려올 걱정밖에 없다는 의미다. 사바나에서 인간보다 더 우월했던 사자·호랑이·코뿔소·악어·하이에나·표범 따위가 지금은 동물원에 갇혀 사는 것도 이런 것이며, 지금은 사라진 인물인 아돌프 히틀러[0120]·사담 후세인[0120]·오사마 빈 라덴[0915]·도조 히데키[0860] 등이 온몸으로 증거해 준 것이다. 태산이 높다 하되 하늘 아래 뫼라는 말처럼 사람이 아무리 잘났기로 호모 사피엔스지 눈이 세 개라도 되고, 다리가 한 짝 더 있는 것이 아니다. 쥐꼬리만한 권력이나 권한을 쥐어 주기만 해도 목이 뻣뻣해지고 어깨에 힘이 들어가는 탐관오리형 인간들이 많다. 그래서 정말 '잘난 사람' 스티브 잡스[0710]는 잘날수록 잘난 체하지 말고, 끝없이 다른 생각을 하라(Think Different)고 권했다. 그는 스탠퍼드대학교 졸업식 축사에서 "늘 배고파라, 늘 어리석어라!" 하는 말을 소개하는 것으로 자신의 인생을 설명했다. 그는 죽을 때까지 성공했다는 생각을 하지 않고 끝없이 연구에 몰두했다.

독일군 장교 에르빈 로멜[0355]은 나치를 이끌며 정계에 데뷔하던 아돌프 히틀러를, 자신을 키워 줄 씨앗因으로 보고 스스로 찾아갔다. 그 결과, 그는 1938년에 친위대장이 되고, 1942년에는 원수로 승진했다. 잘나가는 듯했다.

하지만 이런 상황에서도 이 씨앗因을 기를 여러 가지 처방緣을 계속 찾아야 한다. 악연으로 변하지 않고 선연으로 매듭지어지도록 꾸준히 관리해야만 하는 것이다. 인연은 물만 주면 저절로 자라는 식물이나 동물이 아니다. 솔 씨가 소나무 되는 건 당연한 것이고, 차이가 나봐야 곧게 자라느냐 굽어 자라느냐 차이일 뿐이다. 하지만 인연의 세계에서는 전혀 다른 결과가 나올 수 있다.

인연은 처음 상상했던 것과 다른 모습으로 성장하기도 한다. 사랑해서 결혼한 부부가 칼부림을 하여 죽이는 것 이상으로 엉뚱한 결론으로 끝나, 보는 이까지 당황스럽다. 인연의 세계에서는 솔 씨를 심어 대나무가 나오고, 보리 씨를 심어 호랑이가 나올 수 있다. 고추를 심었는

32

데 젖소가 나오기도 하고, 칼을 묻었는데 빌딩이 나오기도 한다. 정주영[0355]이 훔친 '소 판 돈'은 현대그룹이 되지만, 장발장이 훔친 빵은 평생의 비극인 '레미제라블'이 된다. 바둑 9단일지라도 초반에는 종국을 예상하지 못한다.

시간이 흐르고 공간이 계속 바뀐다면, 인연 또한 쉼 없이 변하는 것이다. 자신이 찾지 않으면 주변에서 원하지 않는 처방緣을 갖다 철썩 붙여 버릴 수도 있다. 그러면 인생도 끌려간다. 한번 끌려가기 시작하면 주도적으로 되돌려 놓기가 쉽지 않다.

로멜도 새로운 처방緣이 필요하다는 것을 인식했다. 그는 전선에 있으면서 연합군을 상대로 완승할 수 없다고 파악하고, 역발상으로 히틀러를 제거하는 처방緣을 시도했다. 그가 처음 진단했던 히틀러란 씨앗因이 이제는 정반대로 죽여야 할 상대로 길러진 것이다.

하지만 그는 도리어 체포되고 1944년 10월 14일에 자살 명령을 받고 음독했다. 만일 히틀러를 죽이려던 그의 시도가 성공했다면 2차 대전의 양상은 달라졌을지 모른다. 또 그가 히틀러를 죽이려 하지 않았다 하더라도, 그는 1년 뒤쯤 전범으로 기소되어 어차피 처형됐을 운명이다.

하지만 모든 사람이 다 로멜처럼 귀를 기울이고 상황을 파악하는 건 아니다. 체 게바라[0430] 같은 인물은 타고난 혁명가다. 그가 어느 위치에 있든 평생 저항하고 개혁해야만 한다. 따지는 눈으로 보면 세상은 얼마나 부조리한가. 또 인생이라는 건 얼마나 부조리한가.

세상은 바라보는 사람의 생각에 따라 반응한다. 아름답기도 하고 지저분하기도 하고, 역동적이기도 하고 무기력하기도 하다. 우리 역사는 자랑스럽기도 하고 창피하기도 하다. 세상이나 역사가 진실로 그런

게 아니라 사람의 마음이 이리저리 움직이는 것이다. 독립군이 가르치는 조선사는 위대하고, 친일파나 일제가 가르치는 조선사는 더럽고 게을렀다.

혜능(慧能) 선사는 깃발이 흔들리는 걸 보고 논리로 다투는 승려들에게 이렇게 말했다.

바람이 움직이는 것도 아니요(不是風動)
깃발이 움직이는 것도 아니요(不是幡動)
다만 그대들의 마음이 움직일 뿐이다(仁者心動)


체 게바라 같은 인물은 자신이 속한 집단이나 사회의 모순점을 짚어내고, 이 모순을 극복하는 것을 목표로 삼았다. 아르헨티나 출신이지만 쿠바의 피델 카스트로0240와 함께 1959년 2월에 쿠데타를 성공시켰다. 거기에서 쿠바의 중앙은행장과 산업부 장관에 임명되었으나, 그는 한가로이 공무원 생활을 즐길 여유를 갖지 못한 인물이었다. 물론 쿠바에서 카스트로를 제치고 그가 대통령이 될 가능성은 없었다. 그가 할 수 있는 일은 카스트로가 대통령으로 있는 쿠바에서 각종 공직을 두루 맡아 가며, 편안하게 여생을 보내는 것이었다. 그는 그럴 수 없었다.

체 게바라는 1965년, 모든 관직을 버리고 달랑 편지 한 장만 남겨놓고 쿠바를 떠나 버렸다. 그러고는 아프리카 콩고의 해방 전쟁과 남미 볼리비아의 게릴라 활동을 주도했다. 그러다가 1967년, 볼리비아 정부군과 교전 중에 사살되었다.

그는 비록 아르헨티나에서 태어났지만 쿠바에서 출세하고 볼리비아에서 죽었다. 볼리비아에서 죽지 않았더라도 그는 어느 전선에선가 죽거나, 살았더라면 계속 싸웠을 것이다.

체 게바라가 보는 씨앗因은 언제나 혁명이고, 처방緣은 전술 전략이었다. 씨앗은 보이는 만큼 보이는 법이고, 처방은 원하는 만큼 구해지는 법이다. 전쟁을 원하면 전쟁이 일어나고, 평화를 원하면 평화가 온다. 지금 이 순간 '내'가 진정으로 원하는 것이 무엇인가 마음을 비춰 보아야 한다.

이처럼 인연의 법칙은 누구에게나 다 똑같이 적용되는 원리가 아니다. 사람마다 다르고, 그때그때마다 달라질 수 있다. 여기에는 분명한 법칙이 있는데, 이 법칙이란 사실 자기 자신을 가장 정확히 읽으면 저절로 보이는 것이다.

그러니 잊지 말자. 기회는 누구에게나 평등하게 온다. 다만 그 기회가 작용하는 인연의 법칙은 개인이 어떻게 준비했느냐에 따라 달라진다. 성공하지 못했다면, 운이 없었다고 말하지 말고 세상을 읽지 못했노라고 고백하는 것이 낫다.

다시 말한다. 생각이 미치지 않으면 아무리 좋은 기회가 찾아와도 소용이 없다. 생각이 없으면 보이질 않는다. 눈앞에 실제로 걸어 다니는데도 보지 못한다. 귀에 분명히 들리는데도 듣지 못한다. 가까이 다가와 어깨를 두드리는데도 아무런 감각을 느끼지 못한다.

인연은 천재일우의 기회일지라도 사실은 여기저기 널려 있다. 에디슨만 대나무 부채를 본 것이 아니라 1억 일본인이 다 썼다. 뉴턴만 사과 떨어지는 걸 본 게 아니라 전 세계 수십억 인류가 다 보았다. 이처럼 인연은 매우 가까운 우리 주변에 있다. 눈만 돌리면 보이는 곳, 손만 뻗으면 닿을 수 있는 곳에 있다. 어쩌면 당신 남편이거나 아내거나 자녀일지도 모른다. 다만 눈길을 주고 손을 뻗는 일에 인색할 뿐이다.

그렇게 잘 보지 못하고, 잘 생각하지 못할 뿐이다. 알아야 알고, 봐야 보이고, 들어야 들리는 법인데 그런 생각을 해 본 적이 없는 사람은 아무리 시간을 줘도 생각해 내지 못한다. 예수를 보고도 보지 못한 그 시대 사람들처럼, 붓다를 보고도 보지 못한 그 시대 사람들처럼 살아서는 안 된다. 우리는 우리들 속의 예수와 붓다를 찾아낼 수 있어야 한다. 어쩌면 우리들 자신 속에서도, 주변만 살펴봐도 위대한 영혼을 찾아낼 수 있을지 모른다. 세상은 살아 있는 반 고흐<sup>0115</sup>를 삼류 작가로 홀대하여 커피 한 잔 대접하지 않았고, 살아 있는 이중섭<sup>0425</sup>은 미쳤다며 셋집도 빌려 주지 않았다.

그러지 말자. 우리는 지금부터 생각하는 훈련, 그래서 흘려 보지 않고 제대로 잘 보는 훈련을 하게 될 것이다.


먼저 가벼운 글 한 편을 읽어 보자.


우리 집 마당에 석류나무 한 그루가 있는데
위도가 높아서 열매는 안 열리고
탐스러운 꽃이 5월 내내 피었다 지는
모습만 볼 수 있습니다.
그러니 내게 석류는 과실나무가 아니라
꽃이나 보는 관상수일 뿐이었습니다.
그런데 올해 이 석류나무에
열매가 세 개나 열렸습니다.
봄철 내내 이상 난동이 이어지더니
그게 석류한테는 약이 된 모양입니다.

그러니 올해만은 과실나무의
본분을 드러낸 셈이죠.

때가 안 되어 능력을 숨기고 있지 않은가,
옆에 있는 친구를 잘 지켜볼 일입니다.

20년 전에 쓴 글이다. 아무리 뛰어난 재능을 갖고 있어도 그 가치를
제대로 보지 못한다면, 결코 그 재능을 꽃피울 수 없다. 사람들은 특히
가까운 사람들의 재능을 잘 알아보지 못하는 경우가 많다. 그것도 살을
맞대고 사는 자식이나 배우자의 능력을 간과하거나 무시하거나 오판하
기 쉽다. 더더욱 자기 자신의 능력은 까마득히 알지 못하거나 엉뚱하게
생각한다. '너 자신을 알라'는 소크라테스의 말이 아니어도, 실제로 자
기 자신이 어떤 사람인지 잘 알지 못하는 경우는 허다하다.

석류를 집 마당 구석에 심기는 했지만 석류의 본성을 잘 알지 못했
다. 석류가 생장하기에 적합한 지역, 온도, 거름 등에 대한 자료가 있
을 테지만 그런 것을 찾아보지 않았다.

결과적으로 석류가 원하는 평균 온도에 미치지 못하는 땅에 이 나
무를 심어, 그 본질을 드러내지 못하도록 실수한 것이다. 이것은 마치
뉴턴더러 이웃집 농장에 가서 품앗이를 하라고 시키는 어머니의 무지
나 다름없고, 에디슨더러 학교 그만두라고 윽박지르는 교사의 오만한
행동과 같은 짓이다. 난 석류나무를 심을 자격이, 멘토가 될 능력이 없
었다.

그러다가 이상 고온이 계속되던 어느 해에 이 석류는 저절로 열매
를 맺었다. 여기서 이상 고온이 나를 대신해 석류나무의 인연이 된 것

이다. 따뜻한 기온이 필요한 석류에 바로 그 기온이 주어졌다. 덕분에 이 석류는 무사히 열매를 맺었다. 추운 땅에서 자라던 석류에 따뜻한 기온이 가해진 것은 마치 아이작 뉴턴[0660]에게 다가온 아이작 배로[0650] 요, 스리니바사 라마누잔[1160]에게 다가온 고드프리 하디[0110], 토머스 에디슨[0710]에게 다가온 역장(驛長) J. U. 매켄지 같은 것이다. 이들을 일컬어 멘토라고 할 수도 있다.

요즘 여기저기 멘토를 맺는 일이 잦은데, 멘토야말로 새로운 관계를 설정한다는 점에서 성공할 수도 있고 실패할 수도 있는 임의 개념이다. 결연(結緣)만으로 멘토가 되는 것은 매우 위험할 수 있다. 살리는 멘토도 가능하지만 죽이는 멘토도 얼마든지 있을 수 있기 때문이다.

상대를 진실로 보지 못하는 멘토는 아무런 의미가 없다. 에디슨을 학생으로 받은 1학년 담임 교사는 결코 좋은 멘토가 아니다. 에디슨 역시 그런 실수를 저질렀다. 니콜라 테슬라[0435]는 최초로 교류 전류를 발견했지만, 그를 고용한 에디슨[0710]은 이를 인정하지 않았다. 테슬라는 뛰어난 천재 과학자였지만 끝내 꽃을 피우지 못했다. 에디슨은 테슬라를 보지 못하고 도리어 그의 천재성을 밟아 버렸다.

반도체 발명가인 윌리엄 쇼클리[1010]는 직원들에게 지각하지 마라, 이래라저래라 간섭하기 바빴다. 장차 쇼클리 회사쯤 사뿐히 즈려 밟고 인텔이란 대기업을 창업하고, 마이크로 프로세서(CPU)를 만들어 전 세계 컴퓨터 시장을 석권하게 될 앤드루 그로브[1240]·고든 무어[0460]·로버트 노이스[0360] 등 여덟 명을 직원으로 데리고 있었지만, 그는 이들의 능력을 보지 못했다. 이들을 제대로 보았더라면 이 전도 유망한 젊은 천재들은 쇼클리를 위해서 마이크로 프로세서를 만들어 냈을 것이다.

## :: 인연을 찾아 떠나는 여행

씨앗이라고 다 싹이 나지는 않으며, 싹이 났다고 다 자라지 않으며, 자랐다고 다 꽃을 피우지 않으며, 꽃을 피웠다고 다 열매를 맺지 않으며, 열매를 맺었다고 다 익는 것은 아니며, 잘 익었다고 값어치가 있는 것은 아니다.

세상은 불가측의 '정해진 운명' 같은 것으로 짜이지 않았다. 눈에 분명히 보인다. 손에 잡힌다. 그뿐만 아니라 합리적이고 원칙적이다. 예외도 반칙도 꼼수도 없다. 혈연·지연·학연도 없다.

누군가를 성공으로 이끌어 줄 기회는 뜻밖에도 매우 가까이 있다. 너무 가까이 있어서 잘 보려 하지 않을 뿐이다. 성공으로 이끌어 줄 인연이란 월트 디즈니[0155]의 사무실 바닥을 기어가는 생쥐일지도 모른다. 고타마 싯다르타에게 깨달음의 계기緣를 만들어 준 샛별일지도 모르고, 나이키 신발을 만든 빌 바우어만[1110]의 눈에 띈 평범한 와플일지도 모른다. 어쩌면 머릿속에 오래전부터 들어 있었는지도 모른다. 하지만 그 진실을 보는 순간 당신의 인생은 완전히 달라질 것이다.

여행이 시작된다.

이 책은 수시로 다가오는 인연을 세 가지 단계로 이해하는 훈련을 도와줄 것이다.

즉 새로 만나는 사람, 새로 맞닥뜨리는 어떤 상황, 처음 보는 물건 등을 인연의 씨앗인 인(因)으로 보자. 인은 곧 진단하고 판단하는 것이다. 잘 진단이 돼야 씨앗因으로 보이고, 그렇지 않으면 기억조차 못한 채 일상의 흐름에 연기처럼 사라지고 말 것이다. 오늘 만난 사람들, 귀에 들려온 소리, 눈에 보인 사물들, 그냥 지나치면 이 생애에서 다시 보고 들을 일이 없다. 하지만 그 무엇인가를 주의 깊게 들여다보면 분명 내게 뭔가 도움이 될 만한 요소를 발견할 수 있을 것이다. 그래서 누구를 만나든 진지하게 대하면서 상대를 진단하고, 내게 유익한 인연이 될 수 있을지를 파악해야 한다. 이 진단 단계에서 흥미가 느껴지면 바로 인연의 씨因를 얻는 것이다.

그런 다음, 오늘 만난 인연을 어떻게 가꿔 나갈 것인가 하는 점이다. 이것은 두 사람 사이가 됐든, 그 사람이 됐든 앞날에 어떤 일이 벌어질지 예측해야 하는 것이다. 진단이 잘못되면 기껏 찾아낸 씨앗因이라도 나쁘게 자랄 수 있는데, 예측을 정확하게 하면 이런 실수는 확률적으로 줄어든다.

직원을 뽑거나 맞선을 보는 것은 그 사람들의 미래를 예측해 보는 것이다. 즉 그 사람이 맺어 줄 열매果가 무엇일지 예측 내지 상상해 보고 확신이 들면 직원으로 뽑고, 맞선 상대를 배우자로 맞고, 그가 내미는 계약서에 서명을 하는 것이다. 미래를 잘못 보면, 즉 그 과果가 어떨지 오판하면 절친한 친구 사이인 정몽주·정도전처럼 목숨을 다툴 수도 있다.

임기 중 2차 대전의 전범인 독일의 아돌프 히틀러를 자결시키고, 일본에 원자 폭탄 두 발을 떨어뜨려 전범 히로히토[0120]를 무조건 항복시킨 미국 대통령 해리 트루먼[0825]조차 예측은 매우 어렵다고 고백했다.

어떤 초등학생의 사후(事後) 분석도 가장 위대한 정치가의 사전(事前) 예측보다 낫다.(해리 트루먼 – 자서전 서문에서)

이제 잘 진단한 씨앗因과 잘 예측한 결실果, 두 가지를 보았다면 마

40

지막은 그 결실이 실제로 맺히도록 처방하여 실천하는 것이다. 이게 처방緣이다. 인과 연이 붙어 인연(因緣)이 되는 것은, 그만큼 인(因)을 가꾸는 연(緣)이 좋아야 과(果)가 잘 맺히기 때문이다. 그런데 사람들은 복권 당첨되듯이 인연이 단박에 오는 것인 줄, 아무 노력을 안 해도 저절로, 운명적으로 오는 것인 줄 잘못 생각한다. 그러나 정해진 운명이란 없다. 정확히 처방하여 처음 예측한 결실果이 진짜 열리도록 열심히 노력하는 것말고 다른 길은 없다.

리바이스[0110]가 청바지果를 만들어 낼 때의 씨앗因이란, 다 만들어놓고도 납품을 하지 못한 채 재고로 쌓여 있는 천막 수십만 장이었다. 그는 광부들이 찢어진 면옷을 바느질하는 광경을 보고 인연을 찾아낸 것이다. 해진 옷을 그냥 입고 갱도에 들어가면 그 다음에는 몸에 상처를 입기 때문에, 광부들은 휴식 시간에 바느질하느라 바빴다. 그의 머릿속에서는 날카로운 돌 조각에 스쳐도 찢어지지 않는 옷이란 상상이 꿈틀거렸을 것이다. 그러니까 광부에 대한 깊은 관심이 씨앗因으로 나타난 것이다.

광부들이 삼삼오오 모여 바느질하는 광경쯤은 미국의 서부에서는 흔한 일이었다. 그러나 다른 사람들은 그냥 지나쳐 버렸기 때문에 아무 진단도 못하고, 그래서 인연의 반쪽인 인을 보지 못한 것이다.

그러나 리바이스는 인을 보자마자 날카로운 돌 조각에 아무리 비벼도 안 찢어지는 자신의 천막과, 그것으로 만든 옷을 상상했다. 이것이 결실果이다. 머릿속에 떠오른 그 이미지다. 진단과 예측이 이뤄졌으면 이제 처방이다.

그는 용기를 얻고 공장으로 돌아가 질긴 천막을 찢어 바지를 만들어 냈다. 너무 뻣뻣하지 않게, 그러면서 입으면 맵시 나게 여러모로 거기에 처방을 가한 것이다. 그것도 같은 면옷 중에서도 미국 기병대가 입던 제복의 엷은 파란색을 적용했다. 이렇게 처방하여 연緣을 충분히 가한 다음, 그는 청바지를 내놓았다. 당연히 대성공했다. 그것이 리바이스다.

이 과정처럼 진단因, 예측果, 처방緣은 인연을 만들어 내는 법칙이다. 이 능력을 기르면 인연은 언제든지 부를 수 있고, 마음대로 만들 수 있다.

# 2
## 두려움의 끝에서
## 뛰어내리면 살 수 있다

:: 맹수가 우글거리는 사바나에서 인간은 어떻게 살아왔나?

사바나의 주인공은 맹수들이다. 사자와 호랑이의 무기는 날카로운 송곳니, 얼룩말과 가젤의 무기는 빠른 발이다. 코뿔소나 하마, 코끼리는 긴 뿔과 두꺼운 가죽으로 무기와 방패를 삼는다.

이 살벌하고 위험한 사바나에 무기가 될 만한 신체 조건이 전혀 없는 인류, 호모 에렉투스가 살고 있다. 뿔이 없으며 이빨도 날카롭지 못하다. 발이 빠르지도 못하며, 그나마 두 발로 뒤뚱거려 토끼조차 뒤따라 잡지 못한다. 살가죽은 약해서 늑대나 하이에나, 자칼 같은 작은 동물의 발톱에도 찢긴다.

생각해 보자. 맹수가 우글거리는 이런 악조건 속에서 나약한 인간이 살아남을 수 있을까?

우리가 일상적으로 겪는, 어떤 절망적인 상황도 이보다 더 심각하지는

–호모 에렉투스 : 사바나에서 살아남아 처음으로 아프리카를 떠난 최초의 인종이다. 두뇌 용적량은 1,000cc다. 사바나의 승리자는 호모 사피엔스가 아니라 호모 에렉투스다. 도구를 사용하고, 불을 이용해 고기를 익혀 먹었다. 기초 언어를 발명하였다.

않을 것이다.

하지만 살아남기 위해서 오직 달아나는 것말고는 아무 대책도 없어 보이는, 이 막막하고 절박한 환경에서 인간은 좌절하지 않고 마침내 위기를 극복해 냈다.

결국 인간은 약육강식의 사바나에서 살아남아 오늘에 이르렀다. 그뿐만 아니라 이제는 사바나의 맹수들을 잡아다가 동물원에 가둬 놓고 아이스크림을 핥아 가며 여유롭게 감상한다. 아니면 초원에 울타리를 쳐 놓고 맹수들이 밖으로 나오지 못하도록 막았다.

인간은 어떻게 무서운 맹수들을 제압하고 만물의 영장이 되었을까?

발톱, 이빨, 날개, 살가죽, 뿔, 빠른 발…. 이런 무기들이 아무것도 없는 벌거숭이 인간은 대체 무엇을 무기로 맹수들과 싸워 이겼을까?

답은 간단하다.

약하기 때문에 강해졌으며, 무기가 없기 때문에 가장 강한 무기를 만들어 냈다. 사바나에서 가장 나약한 동물인 인간이 가진 무기는 그나마 두뇌밖에 없었다. 별로 위협적이지 않으며, 날카롭지도 파괴적이지도 못하지만 그것은 바로 생각하는 무기, '두뇌'가 되었다.

이 두뇌로 땅을 파서 함정을 만들었다. 함정에 빠진 동물은 사자든 하이에나든 달아나지 못한다. 이어서 인간은 창을 만들고, 칼을 만들고, 화살을 만들었다. 또한 불을 발견해 낸 이후로 인간은 맹수들을 방어할 수 있는 확실한 수단을 가졌다. 이후 언어까지 발명하여 맹수와 싸워 이기는 법을 자식들에게 가르쳤다.

사바나에서 맹수들에게 먹히지 않고, 도리어 사바나 짐승들을 잡아먹을 수 있는 방법을 가르친 것이 인류 최초의 교육이다. 사바나의

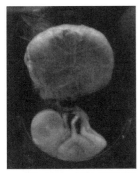

− 40주 아기 : 두뇌 용적량은 700cc다. 두뇌는 몸의 4분의 1을 차지하며, 얼굴에 비해 두개골이 더 크다. 아기는 머리뼈가 굳지 않아 곳곳에 숨구멍이 있다.

다른 짐승들도 일부나마 약간의 교육을 했을 것이다. 하지만 언어를 가진 인간만큼 정교하지 못했다. 의사소통에서도 인간은 정확도가 높았지만, 짐승들은 애매하거나 단순했다.

이후 인류는 사냥감을 불에 굽거나 삶아 먹으면서 두뇌를 더 키웠다. 익힌 고기는 생고기보다 소화 흡수율이 더 높은 덕분에, 두뇌 용적과 기능을 훨씬 더 키울 수 있었다. 인간은 마침내 두뇌 용량을 매우 위험한 1,400cc까지 키웠다. 곧추서는 직립 인간으로서 두뇌를 더 키우면 척추와 경추가 견디질 못한다. 그 최대치가 1,400cc다. 그렇기 때문에 막 출산한 태아들 머리도 크다. 700cc나 된다. 아이가 높은 데서 떨어지면 머리부터 떨어진다. 체중에서 차지하는 두뇌 비율이 너무 크기 때문이다.

이처럼 어떤 무기를 선택했느냐에 따라 사바나에 살던 동물들의 운명이 바뀌었다. 무기를 잘못 선택한 동물들은 멸종되기도 했다. 인간은 네 다리로 걷지 않고 두 다리만으로 서면서 앞발은 손으로 쓰기 시작했다. 이때부터 두뇌가 발달하기 시작하고, 결국 사바나의 최후 승리자가 된 것이다. 처음에는 맹수를 피해 바닷가나 강가를 찾았지만, 이후 인간은 질 좋은 단백질을 섭

− 최근에 멸종된 도도새 : 여행비둘기, 독도강치, 큰바다쇠오리, 시리아당나귀 등 많은 동물들이 환경에 적응하지 못하거나 인간의 사냥으로 사라진다.

취하고 강이나 바다에서 물고기를 잡아먹으면서 두뇌가 획기적으로 커지기 시작한다. 이 두뇌를 더 강화하면서 인간은 완전하고 확실한 승리자가 된다.

## :: 장점을 버리고 모험을 선택하라

그렇다. 인간은 두뇌를 발달시키면서 지혜를 모으고, 다른 집단에 이 지혜를 전파했다. 지식은 핏속에 흐를 수가 없으니 언어로 바꾸어 두뇌에 저장해야 한다. 인수 분해나 미분·적분·언어 등은 DNA에 기록되는 것이 아니라 두뇌에 저장되는 지식이다.

이렇게 인류는 수많은 교류를 통해 지식을 교환했다. 전쟁조차도 지식 교환의 수단이 되었다. 칭기즈 칸이 이끌던 몽골의 '푸른 군대'는 사실상 지식 사냥꾼이었다. 이렇게 탈취한 지식으로 칭기즈 칸은 아시아와 중앙아시아를 정복하고, 유럽의 절반을 차지했다.

이처럼 인간은 두뇌를 무기로 선택하였고, 지금도 마찬가지다. 오늘날 두뇌가 좋은 사람이 사회적으로 높은 지위를 차지하고 부를 거머쥐는 건 대체적인 현상이다. 그래서 두뇌에 더 많은 지식을 담아 주기 위해 교육 제도가 날로 발전하여 현대에는 초등학교 6년, 중·고등학교 6년, 대학 4년 동안 배우도록 한다. 나아가 어린이집, 유치원, 대학원, 그리고 평생 교육까지 이뤄진다. 인간이 이렇게 교육에 열중하는 것은 교육이 잘된 인간이 더 잘 생존하기 때문이다. 이런 사람들이 성공하고, 싸우면 이길 확률이 높기 때문이다.

인간이 만일 두뇌에 지식을 저장하지 않고 일반 동물들처럼 태어난 그대로 자연에 방치된다면, 인간은 도로 원시 시대로 돌아갈 수밖에 없다.

따라서 두뇌가 중요하다는 걸 안 선진국은 세계 각국의 고급 두뇌들을 다투어 유치한다. 미국의 경우, 전 세계의 고급 두뇌들을 끌어들인다. 진공청소기로 빨아들이듯 데려간다. 그래서 이 두뇌들이 미국을 위해 일하도록 이끈다. 지금도 미국은 더 많은 두뇌, 더 좋은 두뇌를 확보하기 위해 최고의 교육, 최고의 연구 기관을 두고 있다. 미국인으로서 노벨상을 수상한 사람은 329명이나 된다. 우리나라가 1개고, 일본이 19개인 데 비하면 엄청나게 많은 것이다.

따라서 더 좋은 두뇌를 가진 개인이 성공하고, 좋은 두뇌를 많이 가진 민족이나 나라가 강국이 된다. 인연의 법칙에서 가장 중요한 것은 씨앗因을 보는 것이다. 하지만 두뇌가 올바르게 계산하지 못하면, 눈으로 보고 귀로 듣고도 그저 스쳐 지나간다. 아무리 보여 줘도 예측果을 하지 못하니 씨앗因으로 보일 리가 없는 것이다.

하지만 힘들거나 지치거나 외로울 때에는 다시 사바나로 들어가자.

여기 사바나가 두려워 정글에 숨어 사는 침팬지가 있다. 뒷다리보다 더 길고 강한 앞발 두 개를 가졌다. 정글에는 과일과 부드러운 나무 순이 널려 있다. 침팬지는 그 강한 앞발과 큰 덩치, 그 아까운 손을 겨우 과일과 나무 순을 따는 용도로만 쓴다.

아마도 앞발로 땅을 짚으며 숲을 달리는 편안함이 있었을 것이다. 달리면서 방향을 돌리기도 좋으리라. 나뭇가지를 잡고 이 나무 저 나무로 뛰어다니는 재미도 있으리라. 하지만 그런 소소한 재미와 습관을 포기해야만 침팬지는 '생각하는 유인원'이 될 수 있다. 뒷발 두 개로도 충분히 걸어갈 수 있건만, 끈기가 없는 침팬지는 금세 엎드리며 앞발로 땅을 짚는다. 사바나로 나가면 다른 동물들을 잡아먹을 수는 있지만, 가끔 보이는 맹수가 무서워 감히 발을 들여놓지 못한다. 정글의 높은 나무에 올라가 있으면서 여린 나무 순을 뜯어 먹거나 열매를 따 먹으면 일단 안전하다. 육식이라고는 기껏 개미를 잡아먹는 것뿐이지만, 여태 그렇게 살아왔다. 그러기를 6백만 년. 그런 사이에 안락한 밀림을 떠나 무시무시한 사바나로 진출한 다른 침팬지 무리는 맹수들에게 쫓길 때에 달아나기 불편하건만, 기어이 앞발을 쳐들어 도구를 잡았다. 이들은 맹수들의 위협에 노출된 채 허겁지겁 도망 다니다가 마침내 인간이 되었다.

인간이 된 침팬지들은 기득권을 다 버리고 맹수들이 득실거리는, 그러면서도 잡아먹을 만한 작은 동물들이 많은 신천지, 사바나에서 새롭지만 위태로운 삶에 도전했다. 그리고 위기를 극복하고 무수한 기회를 잡으면서 만물의 영장인 인간이 된 것이다.

침팬지에서 인간으로 진화하기까지 생물학적으로 어마어마한 사건이 줄을 이었다. 앞발이 손이 되고, 이 손으로 도구를 잡고, 언어를 발명하고, 문자를 발명하고, 불을 발견했다. 그러는 동안 침팬지들은 여전히 강인한 앞발로 열매를 따 먹고, 안락한 밀림에서 6백만 년간 그대로 머물러 있다.

## :: 약하니까 변화를 꿈꾸고, 변하니까 강해졌다

진화론적으로 말하자면, 인간은 더 나은 인간이 되기 위해 끊임없이 변화를 추구했다. 네 발로 걷는 편안함을 버리고 나서야 앞발을 손으로 바꿔 쓸 수 있었다. 동물 교배법인 후배위를 취하지 않고 마주보며 섹스를 하면서 인간은 더 풍부한 감정을 교류하고, 다정하게 대화를 나눌 수 있게 되었다. 짐승 사냥을 하다가 직접 길러 보기로 하여 산짐승을 가축으로 길들이고, 열매를 따러 다니다가 씨앗을 심어 거두는 농사를 생각해 냈다.

다른 사람들이 먼 바다로 나가면 낭떠러지에 떨어져 죽는다며 손사래를 치면서 두려워할 때, 과감히 먼 바다로 나간 콜럼버스 일행은 인디언들의 낙원인 미 대륙을 찾아 기름진 땅을 거저 빼앗을 수 있었다.

부자가 삼 대를 못 간다는 가설은 종종 사실임이 밝혀지곤 한다. 부자의 자녀들이 오래도록 부유한 환경에 빠져 변화에 둔감해지고 부를 지키려고만 하는 순간, 그들보다 더 빠른 속도로 변해 버린 세상은 이들의 부를 간단히 무너뜨린다. 망하지 않은 삼성은 기회가 있을 때마다 어렵다, 위기다, 더 뛰자 하면서 기득권에 머물지 않고 도전 정신으로 버텨 왔다. 왕조가 무너지는 이유 역시 마찬가지다. 하늘의 선택을 받은 천자라는 착각을 하는 순간에 그 왕조는 망한다. 자신이 뒷골목 건달이나 수적 출신이라는 걸 아는 창업자는 강력한 왕권을 행사할 수 있지만 태어나고 보니 왕궁이고, 입고 보니 비단옷이고, 먹고 보니 수라상인 저 후대의 왕들은 사소한 외부 충격에도 쿵 쓰러지는 것이다.

발전하는 인간은 항상 자신의 장점을 버리고 모험을 선택했다. 위기에 맞서 도전한 침팬지들은 인간이 되고, 안전한 밀림에서 나오길 거부한 침팬지는 오늘날 철창 우리에 갇혀 구경거리가 되고 있다.

'지성은 그리스 인보다 못하고, 체력은 켈트 인이나 게르만 인보다 못하며, 기술력은 에트루리아 인보다 못하고, 경제력은 카르타고 인보다 뒤떨어진다는 로마 인이 수백 년간 대제국의 영광을 누릴 수 있었던 비결'은 간단하다. 그들은 약하기 때문에 강했다.

한국은 지정학적으로 유라시아 대륙 동쪽 끝에 붙은 작은 나라이자, 북쪽으로는 여진족·몽골족이라는 강력한 유목 군대의 위협을 받고, 바다 건너로는 더 큰 나라 일본의 침략을 수시로 받아야 하는 곳에 있다. 이런 나라가 망하지 않고 세계 10위권의 경제 대국으로 살아가고 있는 것은 바로 그 숱한 약점들 때문이다. 이웃끼리 만나면 싸우고, 시기하고, 질투하다가도 적이 쳐들어오면 도망갈 데가 없어 싸워야만 했다. 그래서 지금 살아 있는 것이다. 태평성대가 너무 길어지면 그런 나라는 반드시 망한다.

조선 왕조가 개국하여 약 2백 년간 명나라와 밀월 관계를 유지하고, 북쪽의 유목민들은 그 명나라가 대신 눌러 주고, 때마침 일본도 먹고사느라 잠잠하여 긴긴 세월 태평성대가 이어졌다. 군대가 필요 없고 무기가 필요 없었다. 세조 이유[0955]가 조카를 죽여 왕위를 찬탈해도, 연산군이 흥청망청해도, 박원종[11]이 왕을 몰아내고 궁녀들을 데려다 첩으로 쓰고 종으로 써도 나라는 태평했다. 그런 끝에 임진왜란과 병자호란이 연이어 터져 이 나라가 도탄에 빠져 버렸던 것이다. 나라가 망하기 직전까지도 왕과 대신들은 공자 왈 맹자 왈 떠들고, 이발(理發)·기발(氣發) 탁상공론이나 일삼았다. 승리의 순간이 위기며, 행복한 순간이 위기가 될 수 있다는 걸 잊어서는 안 된다.


수천 년간 천혜의 낙원에 살던 인디언 수천만 명은 죽음을 무릅쓰고 먼 바다를 건너온 정복자 수백 명에게 참담하게, 무기력하게 죽었다. 인디언 수천만 명이 죽으려면, 정복자 수백 명이 저마다 매일매일 만 명씩 죽여도 10년간 쉬지 않고 죽여야 할 엄청난 숫자지만, 속절없이 그렇게 죽어 갔다. 모택동이 참새를 쫓다 수천만 명을 굶어 죽게 했듯이, 아메리카 인디언들은 정복자의 총에 맞아 죽은 게 아니라 그들이 몸에 묻혀 들어온 몇 마리 천연두균으로 죽었다. 유럽 선원들은 하도 지저분한 상황에서 버티는 사람들이라서 웬만큼 균이 있어도 병에

50

걸리지 않지만, 천연두균에 대한 면역력이 전혀 없던 인디언들은 접촉만 해도 걸리고, 걸리면 다 죽어 버렸다.

세상의 이치는 간단하다. 죽이려고 하는데 살아나고, 망하게 하는데 성공하고, 잘해 주려는데 원수가 되고, 내팽개치는데 더 잘되는 일이 대단히 많다. 인연의 세계란 너무나 심오하고 복잡해서 인간의 작은 눈으로는 제대로 보기 어렵다.

하늘 높은 곳은 영하 수십 도에 이른다. 햇빛을 받은 땅은 여름철이되면 30도 이상 치솟는다. 그 차이가 임계치를 벗어나는 순간 뜨거운 열기는 하늘로 치솟고, 이 열기에 밀린 찬 공기는 땅으로 끌려 내려온다. 결국 소용돌이가 일어나고 나중에는 태풍이 된다. 그러다가 하늘과 땅의 온도 차가 임계치 내로 접어들면 태풍은 사라지고 바람은 잦아든다.

사람 사회도 마찬가지다. 권력과 부가 소수에 집중되어 너무 오래가면 민중이 봉기하고, 그렇게 하여 왕조가 바뀌고 정권이 바뀌어 왔다. 권력과 부는 결코 영원할 수가 없다.

우리들 자신의 바이오코드는 사실상 아늑한 낙원 같은 것이다. 그렇게 생각하고 행동하는 게 편안하기 때문에 잘 벗어나지 못한다. 하지만 언젠가는 외부의 충격이나 공격을 받게 돼 있다. 그때에는 방어에 취약해진다. 스트레스다.

장점을 버리지 않으면 그 장점에 갇혀 버린다. 단점을 극복하고 미지의 분야에 몸을 던지지 않으면 인간의 가치를 잃고, 유전자를 지키는 생체 시계는 크게 실망할 것이다. 호모 사피엔스의 생체 시계가 실망할 때, 우리 인류에게 닥쳐올 재앙은 보지 않아도 뻔하다.

# 3
# 콜라를 타고 흐르는 인연의 물결

### :: 누가 만들고 누가 팔고 누가 돈 벌었을까?

코카콜라는 매우 복잡한 인연으로 뒤얽힌 상품이다.

코카콜라가 만들어지던 무렵, 입안에서 톡 쏘는 듯한 탄산소다가
큰 인기를 얻고 있었다. 하지만 그대로 마시기에는 불편한 점이 많았
다. 뭔가 부족했다. 여기서 인연의 법칙이 작용한다. 유럽에 산업 혁명
이 일어나면서 소다가 엄청나게 필요해졌다. 소다는 유리 만드는 데도
쓰이고, 세탁·청소에도 쓰이고, 요모조모 쓸모가 아주 많다. 그런데 해
초를 태워 재에서 소다를 생산해 내는 전통 제조법으로는 당시의 폭발
적인 소다 수요를 감당할 수가 없었다. 그러니 가격도 엄청났다. 이것
을 봐야 했다. 봤으면 인연을 찾았을 것이다.

그런 사람이 있었다. 니콜라 르블랑[0905]이 최초로 소금에서 소다를
뽑는 화학 생산법을 발명해 냈다. 하지만 그는 프랑스 혁명으로 내정
이 불안한 가운데 가까스로 세운 공장과 특허까지 빼앗기고, 결국 극
빈자 수용소에 수용되어 우울하게 지내다 끝내 권총 자살을 하고 말았
다. 그가 무엇을 잘못 보았는지는 금방 답이 나온다.

르블랑법에서는 빠진, 미처 보지 못한 그것을 다른 사람이 보았다.
에르네스트 솔베이[1120]다. 그는 르블랑법보다 훨씬 더 간편하고 값싸게

생산할 수 있는 '솔베이법'을 만들어 냈다. 말하자면 르블랑법을 경제적으로 개량한 것이다.

그는 제대로 진단하고 제대로 예측했다. 즉시 세계 소다 시장을 석권하고, 당연히 거부가 되었다. 번 돈으로 마음껏 자선 사업을 하면서 살았다.

이런 과정과 발전을 거쳐 이산화탄소 때문에 톡 쏘는 맛을 가진 소다를 음료에 넣는 기술이 나오고, 미국에서는 1807년에 병에 든 소다수가 판매되기 시작했다.

여기까지가 코카콜라 이전의 상황이다. 이미 소다수가 음료로 팔리는 중이었다. 그러나 이 단순한 소다수는 한 번쯤 마실 음료에 불과할 뿐, 대중의 입맛을 확 끌지 못했다. 더 편하고 맛있고 자주 마실 수 있는 음료가 필요했다.

인, 연, 과 셋 중에서 '맛없는 소다수'라는 인이 사람들 눈에 보인 것이다. 그러면 그 어떤 소다수를 예측하는 과를 보고, 그러기 위한 처방, 즉 연을 붙여야 한다. 설탕을 타든 과즙을 넣든, 그 뭔가가 연이 될 수 있는 상황이었다. 하지만 사람들 대부분은 이렇게 단순한 생각조차 하지 못했다. 왜냐하면 소다수를 대체할 콜라는 이로부터 80년 뒤에나 나왔으니까. 적어도 이 80년간 세상 사람들은 어마어마한 기회가 있었음에도 불구하고 아무도 보지 못한 채 맨송맨송한 소다수를 아주 가끔 홀짝거렸다. 초정 약수, 필례 약수, 오색 약수일 뿐이었다.

그러나 단 한 사람, 소다수보다 훨씬 더 좋은 음료를 상상하는 인물이 나타났다. 존 펨버턴[0335]이다.

약사인 그는 약학 지식을 바탕으로 1886년에 '프렌치 와인 오브 코카(French Wine of Coca)'라는 강장제용 과일주를 만들고(이게 나중에 코카콜라로 발전한다), 칼렙 브래드햄[02]은 1902년에 브래드 드링크(Brad Drink)라는 소화 불량 치료제를 겸하는 혼합 소다수를 만든다(이게 나중에 펩시콜라로 발전한다. 물론 코카콜라가 성공하자 유사 마케팅으로 따라붙은 것이다).

그러니까 펨버턴은 소다수로 와인이 든 과일주를 만들고, 브래드햄은 소화제를 만든 것이다. 과일주라고 해서 끝까지 술이어야만 하고, 소화제라고 해서 끝까지 소화제일 필요는 없다. 심장 치료약인 비아그라가 발기 부전약으로 성공하는 것처럼, 쓰임새는 세상이 정하는 것이지 만든 사람 마음대로 정하는 게 아니다. 일명 뽁뽁이로 불리는 버블랩(Bubble Wrap)도 포장재·완충재로 발명된 것이지만, 한국에서는 유리창에 붙이는 단열재로 쓰인다. 그러므로 과일주와 소화제를 바라보는 대중의 정서에 따라 쓰임새도 달라질 수 있다.

## :: 세상에 변하지 않는 것이란 아무것도 없다

이 세상에 고정된 것, 변하지 않는 것이란 아무것도 없다. 세상에 해가 뜨고 지는 한 그런 일은 없다. 생각이 무한한 것처럼 변화의 기회도 무한하다. 보는 사람은 그 기회因를 가질 것이고, 보지 못하는 사람은 그 기회를 놓칠 뿐이다.

먼저 과일주로 나온 '프렌치 와인 오브 코카'를 보자.

미국의 남북전쟁(1861~1865)이 끝난 뒤에 모르핀 중독자가 된, 가난한 약사 존 펨버턴[0335]은 소다수가 잘 팔릴 수 있는 인기 상품이라는 사실을 알았다. 소다수를 마셔 보니 알싸하니 시원한 느낌이 들었다. 하지만 뭔가 더 강렬한 자극이 있으면 좋을 것만 같았다. 그래서 그는 소다수를 음미하면서 나름대로 새로운 음료를 떠올렸다. 톡 쏘는 소다수에 와인을 넣고 자신의 약학 지식에 따라 코카 잎과 콜라 열매를 갈아 넣은, 새로운 저알코올 와인을 떠올린 것이다. 약사인 그에게 처방, 즉 연緣은 간단했다. 대단한 발명은 아니지만, 일단 만들고 보니 맛이 매우 강렬하고 자극적이었다.

1886년, 그는 이 알코올 음료를 자신의 약국에서 유리잔에 담아 팔기 시작했다. 한 잔에 5센트를 받았다. 그럭저럭 팔려 나갔다. 한번 맛을 들인 사람들은 꾸준히 와서 사 마시기도 했다. 탄산소다와는 다른, 콜라 열매의 쌉싸래한 과일주 맛이 나면서도 음료 같은 시원함이 있었다.

그러던 중 그가 살던 애틀랜타 시에 금주법이 공포되었다. 그러니 콜라 열매로 담근 과일주는 더 이상 팔 수가 없었다. 이렇게 외부 충격이나 자극도 인연의 법칙에서는 대단히 중요한 변수로 작용한다.

5센트씩 파는 재미가 괜찮았는데, 펨버턴은 어쩔 수 없이 알코올을 제거하고 단맛을 더 추가해 내놓았다. 1886년 5월 8일, 이렇게 해서 코카콜라(Coca-Cola)의 원형이 된, 즉 오늘날과 맛이 비슷한 검은 음료가 탄생했다. 금주법이 프렌치 오브 코카의 연(緣)이 된 것이다.

펨버턴이 이 음료를 개발하기 몇 주 전, 아이오와에서 프랭크 로빈슨[05]이란 영업 사원이 찾아와 2도 인쇄기를 사라고 권했다. 가난한 펨버턴은 인쇄기를 사는 대신 그에게 음료 동업을 권했다. 맛을 본 로빈슨은 그러기로 하여 광고 부문을 맡았다.

이때 로빈슨은 이 음료 이름을 코카콜라(Coca-Cola)라고 짓고, 지금도 그대로 쓰이는 필기체 서체를 고안했다. 빨간 바탕에 하얀색 필기체로 쓰인 이 로고가 탄생했을 때, 이 가치를 알아보는 사람은 거의 없었다. 펨버턴의 음료가 씨앗因이라면 코카콜라라는 이름은 또 다른 씨앗因이 된 것이다.

# COCA-COLA

*Coca-Cola*

로고가 생기고 브랜드가 생겨났지만 판매율이 급신장하지는 않았다. 여전히 약국에서 유리잔에 담아 파는 음료이기 때문에, 지나가는 시민들이 들러 사 먹는 정도였다. 하지만 동네에서는 꽤나 인기를 얻었다. 알코올이 제거되면서 여성이나 어린이도 먹을 수 있게 되었다.

이렇게 되면 코카콜라라는 상품은 뭔가 새로운 진단[因], 새로운 예측[果], 새로운 처방[緣]이 필요해진 것이다. 멈추는 순간 모든 것은 생명을 잃는다. 끊임없는 소통과 교류가 생명을 진화시키듯 제품도 그래야만 한다. 안 그러면 죽거나 사라진다.

펨버턴도 생각해 보았을 것이다.

하지만 남북전쟁에서 부상을 입은 뒤부터 자주 통증을 앓았고, 이 통증을 이기기 위해 그는 모르핀 주사를 자주 맞았는데 그러다가 생각이 끊기고, 끝내 중독이 되었다. 그래서 그는 늘 모르핀을 살 돈을 구하느라 헉헉거렸다.

코카콜라를 팔아 가지고는 도저히 궁핍한 생활을 면할 길이 없던 그는 코카콜라를 새로운 시각으로 바라보는 대신, 그 자체를 팔아 당장의 궁핍한 생활을 벗어날 궁리를 했다.

## :: 금 덩어리로 엿 사 먹는다

오늘날 코카콜라라고 하면 어마어마한 브랜드 가치와 기업 가치를 상상하지만, 정작 발명자인 펨버턴은 모르핀이나 마음껏 사서 쓸 수 있기만 해도 좋다며 스스로 무릎을 꿇은 것이다. 코카 잎과 콜라 열매로 만든 음료라서 코카콜라라고 했을 뿐, 그는 대단한 브랜드도 아니라고 생각했다. 좋은 인연을 만들어 놓고도 잘못 판단하고 있는 것이다. 진단因, 예측果, 처방緣이 잘못되었다.

물론 펨버턴만 이런 것이 아니다. 월트 디즈니는 그림을 그리고 싶은 열망에, 단지 그림 값만 받으면서 토끼 캐릭터 오스왈드를 그려 투자자를 대성공시켰다. 나중에 인텔을 일군 '8인의 배신자'들도 한때 페어차일드의 투자를 받은 회사를 일궈 내면서, 결국은 한참 뒤에야 남의 회사를 위해 일했다는 걸 깨달았다. 슈퍼맨을 그린 제리 시겔과 조 슈스터라는 10대 청년들은 잡지에 만화가 실리는 것만도 고마워 덜컥 계약서에 서명했다가, 이후에 발생한 슈퍼맨 저작권 수입을 한 푼도 받지 못했다. 가수, 배우, 기술자, 연구원 등 이런 일은 너무나 흔하다.

1887년, 펨버턴은 동업자인 로빈슨 몰래 코카콜라 권리의 3분의 2를 제조 비법과 함께 팔아넘겼다. 큰돈을 받은 것도 아니다. 펨버턴은 당장의 궁기를 면하기 위해 이 엄청난 발명품을 헐값에 던져 버린 것이다.

뜻밖의 행운을 거머쥔 사람은 엉뚱한 두 명이었다. 물론 이들 역시 코카콜라의 가치를 알아보고 처방전(약국이다 보니 제조법이 아니라 처방전이었다)을 산 게 아니었다. 이들은 이 어마어마한 코카콜라라는 보물을 손에 쥐고도 큰 관심을 두지 않았다. 그저 담보물 정도로 여겨 웃돈을 받고 딴 사람에게 이 행운을 팔아 버렸다. 이들도 펨버턴처럼 코카콜라의 가치를 제대로 읽지 못하고, 그래서 그들이 읽은 만큼 웃돈만 받고 되판 것이다. 그러니 인연이 있다, 없다는 말을 어떻게 할 수 있겠는가.

이런 식으로 코카콜라 처방전을 손에 쥔 사람은 이후 아홉 명이나 되었다. 하지만 이 아홉 명도 역시 웃돈을 얹어 팔아넘길 생각이나 했지, 더 큰 인연이라고 읽지는 못했다.

이때 코카콜라라는 브랜드를 만든 로빈슨이 뒤늦게 이 사실을 알고 적극적으로 나섰다. 펨버턴에게 따져 봤자 이미 소용이 없었다.

그에게 남은 것은 벌써 여러 명이 나눠 가진 처방전, 그리고 극히 부분적인 권리, 즉 코카콜라라는 브랜드와 휘갈겨 쓴 로고 디자인뿐이었다. 하지만 그는 코카콜라의 가치를 가장 잘 알고 있는 사람이었다.

그는 이 상황에서 어떻게 기회를 살릴까 고민해 보았다. 아무리 생각해도 묘안이 떠오르지 않았다. 이미 처방전이 아홉 명에게나 새 버렸기 때문에 경쟁은 불가피하고, 어지간한 돈을 투자해 가지고는 그들을 이겨 낼 도리가 없었다. 그에게는 그렇게 경쟁할 재산도 없었다.

그는 하는 수 없이 돈 많은 사업가를 찾아 나섰다. 자신이 그나마 가지고 있는 권리를 웃돈을 받고 팔아넘길 대상이 아니라, 진정으로 투자할 자본가를 찾은 것이다. 어차피 이 당시는 로고와 브랜드를 판다는 개념이 약할 때라 큰돈을 기대할 수 없는 처지였지만, 그는 코카콜라를 이런 식으로 죽이고 싶지는 않았다. 그대로 둔다면 이 마을 저

마을의 선술집 수준에 머무는 것이다.

프랭크 로빈슨은 알고 지내던 변호사, 존 캔들러(John Candler)를 만나 이 기막힌 사건에 대해 상의했다. 동업자이자 코카콜라 발명가인 펨버턴이 거의 다 팔아먹은 권리를 어떻게 해야 되살릴지 물은 것이다.

로빈슨의 설명을 들은 변호사 존 캔들러는 코카콜라가 매우 가치가 높은 상품이라는 걸 단박에 알아차렸다. 발명자 펨버턴을 비롯해 처방전을 사들인 아홉 명조차 약국이나 가게에서 한 잔 두 잔 팔아먹을 생각만 하고 있을 때, 로빈슨과 존 캔들러는 코카콜라가 갖고 있는 미래 가치를 진단하고 예측한 것이다.

존 캔들러는 코카콜라의 미래를 이해했다. 그러고는 그 무렵에 사업거리를 찾고 있던 그의 형이라면 충분히 해낼 수 있다고 생각했다. 그는 곧 돈 많은 약장수로서 투자 대상을 찾고 있던 친형, 아사 캔들러[1160]에게 이 소식을 전했다. 그의 판단은 적중했다. 아사 캔들러 역시 코카콜라를 정확하게 진단因하고 예측果했다. 그가 평생이라도 바쳐 일굴 만한 대형 사업이라고 본 것이다. 이렇게 해서 코카콜라는 아사 캔들러의 인연이 되었다.

펨버턴은 후회할 기회도 갖지 못했다. 1888년 8월 16일, 아사 캔들러라는 투자자가 코카콜라 처방전을 사들이는 중이라는 소식만 듣고 죽었기 때문이다.

이제 아사 캔들러가 그에게 찾아온 인연을 어떻게 길러 나가는지 보자.

로빈슨의 코카콜라 처방전과 로고, 상표 등을 인수한 캔들러는 변호사인 동생을 불렀다. 처방전을 공유해서는 사업을 키워 봤자 남 좋은 일만 시킬 수 있기 때문에, 이 부분을 명확히 정리해야 할 필요가 있었다. 그는 변호사인 동생을 내세워 법적 소유권 문제를 확실히 했다.

1888년, 그는 마침내 여기저기 흩어져 있던 법적 권리를 모두 사들였다. 이때 처방전을 가지고 있던 아홉 명은 큰 저항 없이 그들의 권리를 되팔았다. 그들은 불과 몇 십 달러에 처방전을 샀기 때문에 몇백 달러를 제시받는 순간, 앞뒤 볼 것 없이 거래에 응한 것이다(이들이 만약 약 30년 뒤인 1919년, 아사 캔들러가 이 권리를 2,500만 달러에 매각하리라는 사실을 미리 알았더라면 어땠을까? 30년간 캔들러가 벌어들인 이익금은 말할 것도 없고). 터무니없이 버티는 사람에게는 코카콜라 로고와 브랜드를 사용할 수 없다는 법적 최고를 해서, 처방전만 들고는 아무것도 할 수 없다는 사실을 협박조로 설명해 주기도 했다. 이렇게 해서 아홉 명의 권리자들도 그들이 무엇을 가지고 있었는지 모르는 가운데 이 어마어마한 권리를 넘겨 버렸다.

우여곡절은 있었지만, 적어도 아사 캔들러는 다른 권리자들보다 코카콜라에 대한 믿음이 훨씬 더 컸다.

이로써 코카콜라와 인연을 맺은 초기 인물들, 즉 발명자인 존 펨버턴, 그로부터 권리를 사들인 아홉 명은 소소한 돈을 받고 엄청난 권리를 포기했다. 코카콜라 로고와 브랜드를 만든 로빈슨은 나름대로 적절한 인수자를 찾아 나선 끝에 자신의 권리를 기대 이상 확보하고, 아울러 캔들러의 사업 파트너로 변신하여 나름대로 인연을 만드는 데 성공했다. 어쨌거나 코카콜라라는 인연의 결실은 아사 캔들러[1160]가 차지했다. 캔들러가 들인 돈은 겨우 2,300달러였다. 실물 가치로 따지면 결코 적은 돈은 아니지만, 캔들러에게는 많은 돈이 아니었다.

## :: 코카콜라의 권리, 겨우 2,300달러?

사실 이런 행운은 도처에 깔려 있다. 코카콜라에 대한 권리가 "겨우 2,300달러였다니!" 하고 놀랄 필요가 없다. 이런 일은 지금도 도처에서 시시각각 일어나고 있으니까.

스마트폰이 나오기 전 약 15년을 지배한 휴대폰 CDMA 특허권도 초기에는 불과 수백만 달러 미만이었다고 한다. 당시 몇 십억 정도 투자할 수 있는 회사는 부지기수였다. CDMA란 씨앗(種)을 길러 준 것은 퀄컴이 아니라 한국의 전자 통신 연구원과 이동 통신사들이었다. 이들이 거국적으로 나서서 이 기술을 상용화·세계화시켜 놓았는데, 그럴 자신이 있었더라면 퀄컴이라는 회사 자체를 인수하거나 지분이라도 대거 매입해야 했지만, 이들은 로열티나 주고 값싸게 쓰려다가 큰 실수를 했다(물론 이것만으로도 큰 이익을 보기는 했지만, 더 큰 이익을 놓쳤다는 의미다). 국내 휴대폰 제조사들이 2002년부터 3년간 퀄컴에 지급한 로열티만 1조 4,000억 원쯤이었다. 이 돈이면 몇 십 번 사고도 남을 돈이다.

어쨌든 1889년부터 캔들러와 로빈슨이 장악한 코카콜라는 엄청난 판매량을 기록하기 시작했다. 약국에서 파는 것이 아니라 소다 파운틴 (soda fountain)이라는 가게를 낸 것이다. 일종의 프랜차이즈로, 개인이 소다 파운틴을 내면 거기에 원액을 공급해 주는 방식이었다. 원액마저도 중간 업자를 통해 공급했다. 당시에는 병 콜라가 없어서 큰 와인 통에 원액을 담아 보냈고, 소다 파운틴에서는 콜라를 시원한 얼음에 채웠다가 손님들에게 한 잔씩 팔았다.

손님이 늘어나고 수입이 된다는 소문이 돌자 소다 파운틴은 자꾸만 늘어났다. 철도의 중심지였던 애틀랜타의 지리적 이점을 안은 코카콜라는 점차 미국 전역으로 퍼져 나가기 시작했다.

막대한 부를 축적하게 된 캔들러는 투자 회사를 따로 차려서 철도·면화·부동산 등에 투자했으며, 애틀랜타 시의 시장으로 당선되기도 했다.

1920년까지 코카콜라는 캔들러 가문과 함께 커 나갔다. 이 사이에 로빈슨은 자신의 지분을 확보하여 나름대로 거액을 모았다.

성공한 코카콜라, 이제는 누구나 코카콜라의 성공을 의심하지 않았다. 그렇다고 끝이 아니다.

머리를 들어 태양이 빛나는 게 보인다면 기회는 지금도 충분하다. 태양이 불타고 있는 한 끝도 시작도 없다. 그래서 무시무종(無始無終)이다. 또한 지금이 끝이고 지금이 시작이다. 시간이 흐르고 공간이 존재하는 한 진정한 '끝'이란 없으며, 무수한 시작만 있을 뿐이다. 성공해도 그게 끝이 아니고, 실패해도 그게 끝이 아니다. 역사든 국가든 기업이든 개인이든 그냥 흘러가는 것이다.

따라서 성공이라고 생각하는 순간, 그 결실果을 또 다른 씨앗因으로 보는 눈이 필요하다.

코카콜라를 통해 시작도 끝도 없다는 걸 볼 수 있다. 미국 전역의 소다 파운틴에 가기만 하면 단돈 5센트에 마실 수 있는 대중 음료 코카콜라, 주인인 아사 캔들러가 거액을 긁어모으는 중이라는 소문이 나고 있었다. 기차를 기다리는 사람들은 역 광장에서 가장 좋은 자리를 차지하고 있는 소다 파운틴을 그냥 지나쳐 갈 수가 없었다. 그렇다면 대부분 경쟁자들은 움츠러들 수밖에 없다.

10만 원 하던 주식이 20만 원이 되는 순간 조정 국면을 맞는다. 왜냐하면 이 주식이 백만 원, 혹은 천만 원이 된다고 생각하기 어렵기 때문이다.

실제로 초창기 제록스기를 출시했을 때, 이 가치를 보고 1천 달러 어치 주식을 샀던 뉴욕의 택시 기사는 나중에 1,500배인 150만 달러에 팔았다. 어림잡아 15억 원이다. 마이크로소프트사나 애플사, 인텔사, 구글사 직원들이 백만장자가 된 방식도 마찬가지다. 하지만 그 사이를 참지 못하고 헐값에 처분한 직원들도 부지기수일 것이다.

여기 성공한 코카콜라를 새로운 씨앗因으로 보는 사람이 나타났다. 1899년, 벤저민 토머스[08]와 조셉 화이트헤드[12]라는 변호사였다. 이들은 코카콜라를 왜 유리잔에만 담아 파는지 의문을 가졌다. 당시에 이미 유리병이 나와 있었는데, 그걸 병에 담으면 여행 중에도 마실 수 있고, 멀리 운반하기에도 편하다고 생각한 것이다.

사실 유리잔으로 한 잔, 두 잔 파는 콜라를 보고 병에 담아 팔면 어떨까 생각한다는 게 그리 어려운 일도 아니다. 하지만 세상일은 항상 이렇다. 다른 사람들이 벌써 다 생각해서 좋은 건 다 차지했을 것 같지만, 막상 중요한 것은 그냥 널려 있다. 아사 캔들러가 미국의 주요 기차역마다 소다 파운틴을 열어 미국인이라면 누구나 한 번쯤 마셨을 이 코카콜라 대중화 시기 10년간, 세상에 병을 보고도 병에 담을 생각을 한 사람이 딱 이 두 사람밖에 없었다는 사실이 정말 놀랍지 않은가. 물론 생각을 한 사람이 더 있었겠지만 그들은 머릿속 잡념으로 가지고 있었을 뿐, 그걸 구체화시키지 못했으니 안 한 거나 다름없다. 뒤늦게 "나도 생각했는데…." 하는 건 필요 없다. 행동이 뒤따르지 않는 생각은 잡념에 불과하다.

변호사 두 사람은 우연한 기회에 누군가가 먼저 말을 했을 것이고, 나머지 한 사람이 의기투합했을 것이다. 이런 일이 있으면 으레 주변에서는 "그게 되겠어?", "캔들러가 바보라서 안 하겠니?", "변호사 일이나 열심히 하는 게 어떻겠어?" 등등 갖은 이유를 대면서 이들이 새 인연을 잡는 걸 방해했을 것이다. 주변 사람들은 대개 새로운 인연을 찾는 길목을 가로막는 방해자들일 뿐이다. 거절 이유, 반대 이유를 들 때에 가장 많이 내세우는 것이 '주변 사람들이 반대해서'다. 이 주변 사람들이 진정 원수라는 걸 깨닫기에는 알고 지낸 세월의 관성을 벗어날 수가 없다. 그래서 3년이나 5년에 한 번쯤은 휴대폰을 잃어버리는 것도 괜찮다. 주소록까지 깡그리 잊고 다시 인연을 맺어 나가는 게 신선할 수도 있다. 인간관계의 초기화, 즉 리셋이다. 알고 지내는 사람의 절반은 사실 아무 도움도 안 되는 걸림돌이다. 가치를 인정하는 사람은 어떻게든 연락해 올 것이다.

변호사 두 사람은 용기가 있는 사람들이었다. 주변의 반대를 물리치고 유리병에 코카콜라를 담아 캔들러를 찾아갔다.

두 사람은 "코카콜라 원액을 공급해 주면 우리들이 유리병에 담아 팔겠습니다." 하고 제안했다.

캔들러는 두 변호사의 제안을 받고 웃어넘겼다. 사실 코카콜라가 팔리는 것은 소다 파운틴이라는 사교 공간, 기차를 기다리면서 잠시 무료한 시간을 달래는 여유, 얼음에 채웠다 내놓아 시원하면서 톡 쏘는 듯한 맛, 인테리어 분위기 같은 것이 중요하다고 여겼기 때문이다. 그걸 병에다 넣어 미지근한 상태에서 마셔 봐야 맨송맨송한 그 설탕물을 어찌 마시랴 하고 한쪽 귀로 흘려 넘긴 것이다. 이런 걸 가리켜 아는 게 병이라고 한다. 붓다는 이런 알음을 벗어나야 진실이 보인다고 설파했다. 지식 그 자체에 매이면 모르는 것보다 더 무서운 경우가 있다.

병 콜라가 비록 운반에 용이하다지만 이미 와인 통처럼 큰 나무통에 콜라 원액을 담아 미국 각지로 보내고 있는 중이라서, 병 콜라가 운반에 더 편하다는 그들의 주장도 잘 들리지 않았다. '그까짓 한두 병 팔아 봐야…' 하는 마음도 있었을 것이다.

그래도 토머스와 화이트헤드는 원액을 공급해 주기만 하면 공장을 세워 병 콜라를 만들겠다, 망하든 흥하든 한번 해 보겠다고 끈질기게 요청했다.

캔들러는 사실 원액만 공급하면 되는 것이다. 소다 파운틴도 각자 주인이 있어 원액을 공급받고 손님들에게 이윤을 붙여 파는 방식이니, 병에 담아 팔든 잔에 담아 팔든 그건 판매자 마음이다. 원액을 많이만 사 가면 캔들러는 돈을 번다.

결국 캔들러는 "잘 안 될 텐데…." 하면서도 정 하고 싶으면 마음대로 하라고 했다. 그렇게 해서 두 변호사는 돈 한 푼 내지 않고 병 코카콜라 사업 권리를 얻어 냈다. 캔들러는 이 권리서에 멋지게 사인을 하면서, 제발이지 코카콜라 원액이나 많이 사 가라고 덕담했다. 그들이 아무리 잘돼 봤자 다른 게 팔리는 게 아니라 자신의 코카콜라가 팔리는 것이기 때문에 걱정할 게 없다고 본 것이다. 전국에서 성업 중인 소다 파운틴이 성공하면 성공할수록 코카콜라 원액이 많이 팔린다는 뜻인 것처럼 병 콜라가 팔리면 원액을 팔아 좋고, 안 팔리면 그들이 손해를 볼 것이니 캔들러 자신은 상관없다고 여유를 부린 것이다.

앞으로 무슨 일이 벌어질까. 이 그림을 보면 보틀러권이 왜 무상으로 넘어가는지 짐작할 수 있다.

- (왼쪽) 소다 파운틴. 지금의 커피숍과 비슷한 분위기에 생맥주를 팔 듯 잔에 콜라를 따른다. (오른쪽) 코카콜라 광고다.

소다 파운틴에서는 코카콜라 원액을 사다가 시원한 탄산소다를 섞어 한 잔에 5센트씩 팔았으니, 병에 담아 판다는 개념이 없었다.

캔들러[1160]는 보틀러들이 코카콜라 원액을 많이 사 주기만 하면 자신의 이익은 변함없다고 본 것이다. 오히려 기차가 닿지 않는 곳에 새로운 시장을 개척해 줄 것으로 믿었다.

캔들러가 이 무렵, 코카콜라로 큰돈을 벌게 된 직접적인 마케팅 방식은 소다 파운틴이라는 판매망에 유통권을 주었기 때문이다. 그런 캔들러인 만큼 변호사들의 제안은 특별할 것이 없었다. 소다 파운틴 판매망 하나 더 늘리는 셈으로 가벼이 받아들인 것이다. 플로리다나 하와이, 괌쯤에 판매점을 신설하는 정도의 인식이다. 소다 파운틴에 주는 마진이나 병 콜라, 즉 보틀러에게 주는 마진이나 결국 같기 때문이다.

캔들러는 그야말로 돈 한 푼 받지 않고 이 권리를 두 사람에게 주었는데, 그가 제시한 전제 조건이란 코카콜라를 컵에 담아 손님에게 직접 서비스하는 소다 파운틴에서 병 코카콜라를 팔아서는 안 된다, 그리고 가격은 한 병에 5센트라는 조항뿐이었다. 한 잔과 한 병의 가격을 5센트로 묶어 놓은 것이다.

결국 벤저민 토머스와 조셉 화이트헤드는 무상으로 병 코카콜라 판매권을 틀어쥐었다.

두 사람은 병 콜라를 생산하면서 여행 중에도 마실 수 있고, 집에서도 마실 수 있다고 선전했다. 물론 가정에 냉장고가 있어야만 가능했기 때문에 처음부터 잘 팔리지는 않았다. 그렇지만 일반 가게에서 얼음 박스에 넣어 두었다가 시원한 콜라병을 파는 건 가능했다. 기차 시간에 늦은 사람은 잔 콜라 대신 병 콜라를 사서 기차에 앉아 마시기도 했다. 가게에 다른 물건을 사러 나온 사람들이 이 병 콜라를 사 가서 가족들과 함께 식탁에 앉아 나눠 마시기도 했다. 선물로도 가능했다. 병 콜라를 사다가 시원한 계곡 물에 담가 놓으면 그런대로 먹을 만했다.

두 사람은 곧 이 판권을 주(州)마다 나누어 되팔아 처음부터 거액을 챙겼다. 이들은 원액을 사다가 여기에 탄산수를 섞어 병 콜라를 만들고, 이 병 콜라 자체를 업자들에게 팔았다. 이 덕분에 코카콜라 원액은 더 많이 팔리게 되었지만, 병 코카콜라 판매에 따른 이익은 보틀러들이 다 가져가 캔들러는 손댈 수조차 없었다. 더구나 병 코카콜라가 인기를 끌기 시작하면서 컵에 담아 직접 파는 소다 파운틴 방식은 더 이상 손님이 오지 않아, 하나 둘씩 문을 닫기 시작했다.

병 코카콜라 사업권을 무상으로 내준 캔들러는 이 결정으로 한 가지 좋은 결과와 한 가지 나쁜 결과를 동시에 얻었다. 병 코카콜라 사업자들, 즉 보틀러들은 코카콜라를 한 병이라도 더 팔기 위해 미국뿐만 아니라 전 세계를 구석구석 돌아다녔다. 이들이 곧 코카콜라 판매의 첨병 노릇을 자청한 것이다. 이에 따라 콜라 원액 판매가 급증했다. 캔들러가 결실果로 보지 못한 것이지만, 어쨌든 기분 좋은 일이었다.

하지만 캔들러는 그에 따르는 보틀러권은 손도 대지 못했다. 그는 코카콜라의 원액만 제공하는 납품 업자일 뿐이었다. 보틀러들이 얼마큼을 얼마에 팔든 관여할 바가 아니었다. 그렇다고 원액을 비싸게 팔 수도 없었다. 모든 콜라가 다 병에 담겨 팔리기 때문에 공급가를 가지고 보틀러들을 조종할 길이 없었다.

이때 아사 캔들러는 기가 막힌 아이디어를 냈다. 자칫하면 보틀러들에게 모든 권한이 넘어갈 위기에서 자기 자신이 처한 상황을 재빨리 읽고, 멋진 처방을 냈다. 바로 콜라 가격을 5센트로 꽉 묶어 버리는 것이었다. 소다 파운틴이든 병 콜라든 똑같이 5센트로 정한 것은 맞지만 보틀러들이 원액 공급가를 깎아 달라고 할 수도 있고, 또 병 콜라 가격을 일방적으로 올릴 수도 있기 때문에 먼저 손을 써서 그럴 기회 자체를 박탈해 버린 것이다.

그는 풍부한 자금력으로 대대적인 광고를 하기 시작했다. 콜라는 한 병에 5센트라는 광고였다. 게다가 용량을 속이지 못하도록 코카콜라 잔을 만들어 전국에 무료로 공급했다. 한 병을 이 컵에 따르면 눈금까지 와야만 한다고 강조했다. 커피를 마시는 사람들 머릿속에 '코카콜라는 5센트'라는 생각이 굳어진 것이다. 그 틀을 누구도 깰 수가 없도록 무차별 광고를 퍼부었다.

결과적으로 보틀러들은 가격을 임의로 조정하는 권한을 빼앗기고, 오로지 마진을 챙기는 중간 업자로 물러나게 되었다. 물론 여전히 어마어마한 이익이 그들에게 떨어졌지만, 아사 캔들러는 한순간에 원액 공급자로 전락할 수 있는 상황에서 마침내 자기 자신을 구한 것이다. 적당한 선에서 공생하는 수밖에 없었다.

이로써 1886년에 한 잔에 5센트 하던 가격은 이후 70년 동안이나

**1** 1905년 광고. 한 병에 5센트라고 못 박고 있다. **2** 1905년 광고. 한 병에 5센트라고 못 박고 있다.
**3** 1936년 광고. 역시 한 병에 5센트라고 못 박고 있다. 더군다나 보틀러들이 용량을 속이지 못하도록 양을 잴 수 있는 컵을 무료로 나눠 주었다.
**4** 1950년 광고. 70년간 일정한 가격이 유지된 것은 특별한 사례이자 경제학에서도 논란거리다. 보틀러권이 넘어가지 않았으면 코카콜라는 가격이 더 올라갔을 것이다.

유지되었다.

물론 70년간 같은 가격을 유지하게 된 데에는 미국의 동전 발행 방식과도 연관이 있다. 5센트 동전 다음은 10센트인데, 주로 자판기에서 많이 팔리는 상황에서 가격을 하루아침에 100%로 올릴 수가 없었던 것이다.

아사 캔들러 시대의 코카콜라는 또 한 가지 중요한 전기를 마련한다. 바로 콜라병 디자인이다.

이 뭉툭한 형태의 병 디자인에 불만을 가진 코카콜라사는 100만 달러라는 거액의 현상금을 걸고 병 디자인 공모에 나섰다.

조건은 두 가지, 한밤중이라도 손에 잡으면 코카콜라 병이구나 알수 있어야 할 것, 깨진 병 조각을 보고도 코카콜라 병이구나 알 수 있어야 할 것.

이때 인디애나 주의 유리병 공장 직원인 알렉산더 새뮤얼슨[10]은 『브리태니커사전』에서 코코아 열매를 보고는(이게 코카 열매인 줄 잘못 알고) 새로운 병을 디자인했다.

새로운 디자인이 더욱 인기를 끌면서 코카콜라는 확실한 강자가 되었다.

또다시 묻는다. 그럼 여기가 끝인가?

이와 같은 모든 질문에 대한 올바른 대답은 단 한 가지뿐이다.

아니다!

코코아 열매 모양을 본뜬 코카콜라 병. 코코아 열매처럼 볼륨을 주고 선을 그어 주었다.

다시 말하지만 인연의 세계에서는 끝이란 없다. 인연과(因緣果)의 과정을 거쳤다 해도 그 결실(果)이 다시 씨앗(因)이 되어 처음부터 다시 인연과 과정을 거쳐야 하고, 이렇게 끊임없이 되풀이된다.

과연 그랬다. 이처럼 어마어마하게 성공한 코카콜라를 또 다른 씨앗(因)으로 보는 사람이 과연 있었다.

## :: 백 년간 흘러가는 코카콜라의 인연

1917년, 코카콜라사를 유심히 관찰하던 뉴욕의 한 투자가가 코카콜라사 매수 의사를 밝혔다. 코카콜라의 미래 가치가 훨씬 더 크다고 판단한 캔들러는 일단 매수 제의를 거절했다. 하지만 69세로 일선 경영에서 물러난 그를 대신한 아들과 조카들은 생각이 달랐다.

"더 이상 어떻게 큰단 말인가?", "이러다 다른 음료라도 나오면 어떡하나? 펩시콜라의 추격도 만만찮은데….."

걱정하기 시작하면 끝이 없다.

상속자들은 스스로 코카콜라의 한계를 자기들이 '아는 만큼' 설정했다. 그러고는 1919년, 71세가 된 늙은 창업자 아사 캔들러 몰래 애틀랜타 출신의 뉴욕 투자가 어니스트 우드러프[1125]에게 2,500만 달러를 받고 매각했다. 1888년에 2,300달러에 사들인 코카콜라를, 31년 만에 그 돈의 1만 배가 넘는 2,500만 달러를 받고 판 것이다. 그 사이 벌어들인 이익이나 해마다 받은 배당금은 여기 포함되지 않는다.

어마어마한 액수다. 1차 세계 대전이 끝나고, 기미 독립 운동이 들불처럼 타오르던 이 해의 2,500만 달러란 천문학적인 거금이다. 이 돈이면 조선이 독립이라도 할 수 있었을 것이다. 하지만 코카콜라를 사는 입장인 우드러프 가에서는 그 이상 몇 배의 가치가 있다고 보았던 것이다.

어니스트 우드러프가 막상 코카콜라를 인수하긴 했지만, 막대한 투자금을 회수할 길이 너무 아득해 보였다. 가치를 높이 보고 사기는 했는데 처방緣이 제대로 붙질 않은 것이다. 그때 어니스트는 아들인 로버트[0155]를 떠올렸다.

아들 로버트는 어려서부터 낙제를 거듭한 열등생 출신이었다. 키가 180센티미터가 넘는 그는 고등학교에서 낙제하고, 간신히 들어간 대학에서는 친구를 고용하여 수학 숙제를 해결했다. 이 학교 저 학교를 전전하다 들어간 에모리대학에서는 학장 명의로 이런 편지가 오기도 했다(1909년).

저는 귀하의 아들 로버트가 새 학기에는 학교로 돌아오지 않는 것이 좋겠다고 생각합니다. 그동안 만족스러운 성적을 내지 못했고, 그것을 보충할 방법도 없기 때문입니다. 로버트는 자신을 향상시키기 위해 노력하지 않으며, 게다가 결석도 잦습니다. 이 모든 것을 생각해 보면, 귀하의 아들은 학생으로서 성공할 가능성이 없어 보입니다. 만일 학업을 지속할 뜻이 있다면, 처음부터 다시 시작하기를 권고합니다.

결국 대학을 중퇴한 로버트는 부자 아버지 밑에서 일하느니 취업자리를 알아보았다. 그렇게 해서 유리 공장에서 일당 60센트를 받으며 모래를 퍼 나르는 일부터 했다. 그 뒤에는 자동차 세일즈맨이 되어 차를 팔러 다녔다. 그는 워낙 수완이 좋아 마침내 화이트모터사의 부사장으로 승진했고, 아버지가 코카콜라를 인수할 당시 그의 연봉은 무려 7만5천 달러나 되었다.

1923년에 33세가 된 로버트를 유심히 지켜보던 아버지 어니스트는 마침내 아들을 불러들였다. 코카콜라를 인수한 지 4년 만이다.

"난 경영 수완이 없는가 보다. 네가 코카콜라사 사장이 되어라. 연봉은 3만5천 달러다."

로버트는 자신의 연봉 7만5천 달러의 절반에도 미치지 못하는 급료를 받기로 했지만, 기꺼이 사장직을 맡았다. 아버지 어니스트가 처음으로 아들 로버트를 인정해 준 것이기 때문이었다.

로버트는 사장이 되자마자 과거 아사 캔들러[1160]가 내주었던 병 코카콜라 권리를 거액을 주고 도로 사들였다. 시간이 가면 갈수록 손해고, 가격을 계속 묶어 가면서 통제하기가 어렵다고 보았기 때문이다. 그러면서 최대의 홍보 작전에 나섰다. 아이들이 좋아하는 산타클로스를 코카콜라 광고맨으로 변신시킨 것이다.

원래 유럽의 산타클로스는 키가 크고 홀쭉한 몸매에 녹색이나 청색 옷을 입었는데, 1930년 무렵에 스웨덴 출신 화가가 코카콜라의 세일즈맨인 뚱뚱하고 수염이 하얀, 빨간 옷을 입은 산타클로스를 만들어 냈다. 말할 것도 없이 이 산타클로스는 코카콜라를 연상시키는 인물이었다.

이 마음씨 좋은 할아버지 산타클로스는 크리스마스 전날 밤, 착한 어린이들에게 장난감 선물을 밤새워 돌리고 나서 코카콜라를 대접받는다는 스토리로 광고가 나갔다. 인기 폭발이었다. 코카콜라는 아이들에게도 더욱 친근하게 팔려 나갔을 뿐만 아니라, 산타클로스 복장도 코카콜라 복장으로 모조리 바뀌었다. 오늘날 우리가 볼 수 있는 산타클로스는 모두 코카콜라 복장 일색이다.

로버트 우드러프의 경영 능력은 2차 대전이 시작되면서 빛나기 시작했다.

2차 대전 이전에 코카콜라는 미국, 캐나다, 쿠바, 독일 등지에 국한되어 팔렸다. 그러다가 1941년에 일제의 진주만 공격으로 태평양 전쟁이 시작되자, 우드러프는 언론을 향해 대대적인 공언을 했다.

"우리 미국의 젊은이들이 전쟁터 어디에 가 있든, 언제나 미국의 어느 가게에서나 살 수 있듯이 코카콜라를 5센트면 마실 수 있도록 하겠습니다. 코카콜라를 운반하는 데 한 달이 걸리든 그 거리가 얼마가 되든, 우리는 국가를 위해 기꺼이 비용과 위험을 감수하겠습니다."

이 전략은 엄청난 파급 효과를 가져왔다. 사실상 미군이 있는 곳까지 코카콜라를 운반하기도 어렵고, 마시고 난 빈 병을 회수하는 것도 쉬운 일은 아니었다. 총기, 탄약 같은 필수품을 보급하기도 어려운 마당에 코카콜라를 최전선까지 수송하기는 거의 불가능했다.

하지만 로버트의 공언이 있자마자 여기저기서 호응이 들어왔다. 특히 미군들이 환호했다. 장병들을 지휘해야 할 사령관들은 코카콜라가 전선으로 갈 수 있도록 적극적으로 길을 터 주었다. 마침내 코카콜라는 전투 보급품 중의 하나로 승격되어, 탄알이나 소총 같은 지위를 얻었다. 게다가 전시에 통제 품목으로 분류되는 설탕 배급권도 무제한 얻을 수 있게 되었다. 미군 보급품으로 들어가는 비전투용 물자는 담배, 추잉껌 그리고 코카콜라뿐이었다.

사실 로버트가 코카콜라를 어느 전선에서나, 언제나 5센트에 마음껏 사 마실 수 있도록 하겠다는 선언이 나오기 전부터 코카콜라를 전선에 보내 줄 수 없느냐는 장교들의 연락이 계속 들어오고 있었다.

장병들의 열렬한 환호에 힘입어 코카콜라사는 유럽 전선에 보틀링 공장 아홉 개를 짓고서 현지에서 직접 생산, 최전선까지 코카콜라를 보급했다. 특히 연합군 사령관인 아이젠하워는 장병들이 맥주보다 코카콜라를 더 선호한다는 사실을 잘 알고, 코카콜라 보급에 가장 적극적이었다.

아이젠하워는 매달 6백만 병의 코카콜라를 생산할 수 있도록, 보틀링 공장을 전선 열 군데에 세우고 운영 인력까지 두라고 요구했다. 이로부터 코카콜라 임원들은 장교에 준하는 기술 고문 자격으로 전선을 누비기 시작했다. '코카콜라 대령'으로 불린 이들은 전쟁 지역으로 달려가 코카콜라를 배급하고, 전선이 이동하면 또 그곳까지 따라가 지친 장병들에게 시원한 코카콜라를 보급했다. '코카콜라 대령'으로 불리던 기술 고문 중 세 명은 전쟁 중 사망했다.

코카콜라는 치열한 공방이 벌어진 이오 섬, 탱크 먼지가 자욱한 북아프리카 초원, 막 상륙 작전을 끝낸 노르망디 해안 할 것 없이 미군이 있는 곳이면 어디든 언제나 5센트에 보급되었다. 필리핀에 보틀러 공장을 세우고, 여기서 코카콜라가 생산되자, 맥아더 사령관은 첫 번째 생산된 코카콜라 병에 자신의 이름을 적어 넣기까지 했다.

전선에서 단돈 5센트에 코카콜라를 마시게 된 미군 장병들은 미국의 위대한 힘에 자부심을 느꼈고, 마치 당장에라도 고향에 와 있는 것 같은 위안을 받을 수 있었다. 전투 중에라도 지친 손을 내밀기만 하면 거기에 언제나 코카콜라가 있었다. 그러면서 전선에서 코카콜라 스토리가 들어오기 시작했다. 코카콜라사는 즉시 이런 이야기를 모아 시리즈 광고로 내보냈다.

수송기 C46이 코카콜라 빈 병을 싣고 비행하는데 적재량 초과로 고도를 잃었다. 타고 있던 기자가 코카콜라 병을 버리라고 요구하자,

조종사는 "콜라만은 절대 안 됩니다. 총이나 지프, 탄약, 곡사포를 버릴지언정 코카콜라 병은 절대로 안 됩니다." 하고 코카콜라 병을 끝까지 사수했다.

유럽 전선에서 부상당한 병사가 야전에서 치료를 받고 있을 때, 간호사가 다가와 "코카콜라를 마시고 싶지 않아요?" 하고 묻자 "농담 마세요. 이 먼 데까지 어떻게 코카콜라가 옵니까?"라고 반문했다. 간호사가 실제로 코카콜라를 건네주자 이 부상병은 펑펑 울면서 콜라를 마셨다.

미군 포로들이 굶주린 상태에서 6주 동안 행군한 적이 있었다. 그러던 중 어느 독일 마을을 지나는데 거의 벗겨진 광고 포스터가 그들의 눈에 들어왔다. 다름아닌 코카콜라 광고였다. 미군 포로들은 이 낡은 광고 포스터에서 눈을 떼지 못했다. 코카콜라 광고를 보니 고향 생각이 나고, 부모와 아내와 연인이 생각나고, 반드시 살아야겠다는 의지가 솟구쳤다.

이처럼 향수병에 시달리던 미군들은 고국에서 마시던 코카콜라를 마음껏 마시면서 원기를 찾았다. 코카콜라가 미군들의 애국심과 향수를 자극한 것이다. 전쟁 중의 코카콜라는 애국심 마케팅으로 엄청난 인기를 누렸다.

미군만이 아니었다. 소련의 게오르기 주코프[0855] 원수도 코카콜라를 잊지 못해 미국 점령 지구 책임자에게 몰래 구해 달라고 부탁했고, 해리 트루먼[0825] 대통령의 특별 지시로 코카콜라는 투명한 병에 무색인 채 만들어져 배달되었다. 이 덕분에 코카콜라는 소련 점령 지구에선 무사히 통과되었다고 한다.

특히 앞서 말한, 2차 대전의 영웅 아이젠하워는 지독한 코카콜라 광이었다고 한다. 그는 코카콜라 사장인 로버트 우드러프와 함께 골프를 치는 친구가 되고, 직접 코카콜라 보틀링 공장에 투자하기도 했다. 마케팅 감각이 뛰어난 우드러프는 1952년에 아이젠하워를 적극 지원하여, 그를 대통령에 당선시켰다. 아이젠하워가 어떻게 해 주었을지는 짐작이 갈 것이다. 재벌에게는 대통령이 방해하지 않는 것만으로도 큰 도움을 받는 것이니….

우드러프는 나중에는 지미 카터[1245]하고도 친했는데, 그는 1970년에 조지아 주 주지사 선거에서 카터가 당선되자 전용기와 리무진 등을 지원했다.

1976년에 대통령 선거에 나선 카터의 지지도가 떨어져 가자, 코카콜라는 마케팅과 홍보 책임자들을 선거 캠프로 보내 대대적인 이미지 광고 작업을 함으로써 결과적으로 카터를 당선시키는 데 혁혁한 공을 세웠다. 이에 대한 화답으로 대통령이 된 지미 카터는 포르투갈, 이집트, 예멘, 수단, 소련, 중국에 코카콜라가 진출할 수 있도록 길을 터 주었다.

이처럼 2차 대전을 통해 코카콜라는 미국의 국민 음료, 나아가 세계인의 음료가 되었다. 그것도 미국인을 하나로 묶고 세계인을 하나로 묶는, '5센트 평등 상품'으로 인간의 가치를 한껏 올려 주었다. 억만장자가 마시는 그것을 노숙자라도 사서 마실 수 있고, 대통령이나 별 다섯 개짜리 원수가 마시는 그것을 말단 이등병이나 지방 시의원도 평등하게 마실 수 있으며, 뉴욕의 신사가 마시는 것을 아프리카의 소도시에서도 마실 수 있다는 것이 코카콜라의 또 다른 이미지가 된 것이다. 이것이 코카콜라를 한 단계 더 발전시킨, 로버트 우드러프의 마케팅 전략이었다.

이제 코카콜라를 또 다른 씨앗因으로 보는 방법이 없는지 찾아보자.

1986년 5월 17일, 코카콜라는 애틀랜타에서 2,300만 달러를 들여 100주년 기념행사를 가졌다. 일회성 잔치 비용으로 2,300만 달러가 쓰인 것이다. 이 돈은 아사 캔들러의 아들과 조카들이 우드러프 가에 회사를 판 대가와 비슷한 액수다.

바로 이런 때에 코카콜라를 또 다른 씨앗因으로 본 사람이 있었다.

투자의 귀재라는 워런 버핏[0640]이다. 그는 코카콜라 100주년 기념행사가 끝난 지 2년 뒤인 1988년부터 이 회사의 주식을 사 모으기 시작했다. 사람들은 버핏이 아무리 투자의 귀재라고 해도 시가 총액 기준 13배에 거래되는 코카콜라 주식은 의미가 없다고 보았다. 일반적인 주식은 보통 수익의 10배 정도였다.

그러나 버핏은 결국 대주주가 되어 코카콜라의 주인이 되고, 그는 빌 게이츠[0750]를 뒤쫓는 세계 최고의 거부가 되었다. 끝이란 없다. 흘러 갈 뿐이다.

# 4
## 와플에서 태어난 스포츠화 나이키

### :: 육상 혁명을 일으킨 와플 한 조각

필 나이트[0210]라는 육상 선수 출신 경영학도가 있었다. 아는 게 육상 뿐인 그는 육상 선수가 신을 수 있는 좋은 운동화를 만들어 팔고 싶었다. 그러자니 디자인은 육상 코치인 그의 스승에게 부탁해야 했다.

그래서 그는 스승인 빌 바우어만[1110]을 찾아갔다. 그는 미국 오리건대 육상팀을 맡아 크게 발전시킨 코치이자, 미국에 '조깅' 바람을 불러일으킨 주인공이다.

필 나이트[0210]는 달리기에 적합한 운동화를 디자인하고, 이것을 일본에서 만들어 와 미국 선수들에게 팔자는 아이디어를 냈다. 필 나이트는 스승에게 오기에 앞서 이 아이디어를 논문으로 냈지만, 경영학 교수에게서 낙제점을 받은 뒤였다. 설명을 들은 빌 바우어만은 필 나이트의 사업 아이디어가 훌륭하고, 육상인으로서 마땅히 해야 할 일이라고 맞장구쳤다.

그렇잖아도 빌 바우어만은 사람들이 달리는 법을 잘 모를 뿐, 알려 주기만 하면 누구나 다 육상 선수가 될 수 있다고 가르치던 사람이다. 그러니 개개인에게 맞는 운동화를 만들어 팔자는 제자의 아이디어를 흔쾌히 받아 준 것이다. 의기투합한 두 사람은 500달러씩 출자하여 정식으로 블루리본스포츠사를 만들었다. 자본금이라고는 겨우 1,000달러지만. 좋은 인연을 만들어 낼 수 있다면 자본금 1,000달러도 많은 것이고, 나쁜 인연을 잘못 판단하여 엮이기 시작한다면 1,000억 원도 휴지가 된다.

일단 나이트는 바우어만이 설계한 운동화를 일본의 타이거사에 주문했다. 1,300켤레였다. 빌 바우어만은 이 운동화를 갖다 팔면서 선수들을 직접 만나 무엇이 부족한지, 뭘 고쳐야 하는지 일일이 의견을 들었다. 1,300켤레가 다 팔렸다. 매출액 8,000달러에 이윤은 250달러였다.

가능성은 충분했다. 하지만 이런 답보 상태는 1970년[10]까지 이어졌다. 뭔가가 더 필요했다. 그들의 현 상황을 씨앗因으로 하는 또 다른 처방緣이 필요했다. 그들이 머릿속으로 그리는 목표果는 물론 신기만 하면 누구나 잘 달릴 수 있는, 꿈의 운동화였다.

그들은 흔하디흔한 운동화 장사꾼이 되고 싶은 마음은 없었다. 그러기에는 이미 한 사람은 성공한 육상 코치이자 조깅 전문가고, 또 한 사람은 대학 교수직을 얻어 출강하고 있었다. 그들이 운동화를 팔려는 것은 육상 선수들에게 꼭 필요한, 좋은 운동화를 보급하자는 계몽적인 목적이 더 컸던 것이다.

그러자니 뭔가 생각을 바꿔야 했다. 그것이 정확히 무엇인지 두 사람은 알 수 없었다. 다만 더 좋은 운동화가 필요하다는 막연한 꿈果이 있었다.

그러던 어느 날이었다. 나이트가 그의 스승인 바우어만을 동업자로 선택한 결과가 드디어 나오게 되었다. 디자인은 어디까지나 빌 바우어만의 몫이고, 제자인 필 나이트는 마케팅을 책임지고 있는 것이다.

늘 더 좋은 육상 선수용 운동화를 머릿속에 담고 다니던 바우어만은 집에 들어가 쉬다가, 마침 아내가 와플을 굽는 것을 보고는 불이 번쩍하는 충격을 느꼈다. 와플이 부풀어 오르면서 가로세로 줄이 그어진 것을 보고, 그는 와플처럼 부풀어 오른 고무 밑창을 떠올렸던 것이다.

그는 즉시 액체 고무를 사다가 와플 제조기에 들이부었다. 성공이었다. 와플처럼 생긴 고무를 댄 운동화를 신고 달려 보니 달리기 시간이 단축되었다. 바우어만은 이 기술을 특허 등록한 다음, 새 밑창을 단 스파이크를 주문 제작해 팔기 시작했다. 과연 이 새로운 운동화는 폭발적으로 팔려 나가기 시작했다.

1971년의 매출은 무려 1백만 달러나 되었다.

두 사람은 마침내 그들이 원하던 인연을 얻었다.

바우어만은 1973년에 대학 육상 코치를 사임하고 운동화의 디자인과 재질 향상에만 종사하기로 하고, 나이트는 대학 강사를 그만두고 경영에만 전념하기로 했다. 그러자니 그간 학교 육상부를 찾아다니면서 직접 세일즈에 나섰던 나이트 대신 누군가가 필요했다. 그래서 나이트는 육상부 시절에 그의 라이벌 선수였다가 전문 세일즈맨이 된 제프 존슨을 영입했다. 두 사람이 고용한 최초의 직원이다.

그 뒤로 육상 코치 바우어만은 연구에만 전념하고, 나이트는 전문 경영인답게 회사 심벌과 브랜드를 연구하기 시작했다. 블루리본스포츠란 이름으로는 더 발전하기가 어렵다고 판단한 것이다.

## :: 우린 너무 두려워한다

필 나이트는 자신의 회계학 강의를 수강하던 여학생에게 그럴듯한 운동화 심벌을 만들어 달라고 주문했다. 포틀랜드주립대학 그래픽 디자인학과 학생이던 캐럴린 데이
비슨은 부메랑이 날아가는 듯한
'스우시(Swoosh)'를 쓱쓱 그려 주
었다. 나이트는 35달러(나이키는 훗 – swoosh는 '쏴 하고 용솟음치다, 쉭 하고 발사하
날 캐럴린을 디자이너로 고용하며 스톡옵션 다'라는 뜻이다.

을 주었는데 2011년 현재 가치는 64만 달러며, 당시에 한 주도 안 팔았다고 현지 신문이 보도

했다. 한편 나이키는 다이아몬드를 박은 황금 스우시 반지도 선물했다)를 데이비슨에게

주었다.

　이 기막힌 심벌을 놓고 나이트는 블루리본 대신 브랜드를 뭐라고

할까 고민했다. 팔콘, 벵갈, 디멘전6 등이 후보였다. 하지만 어느 것도

마음에 들지 않았다.

　이때 최초의 사원이 된 제프 존슨은 그리스 신화에 나오는 승리의

여신 니케(Nike)를 꿈에서 보고는 회사 브랜드를 니케의 미국식 발음인

'나이키'로 하자고 주장하고, 빌 바우어만과 필 나이트는 이에 즉각 동

의했다. 이로써 심벌과 브랜드를 처방緣한 이들은 본격적인 사업에 도

전했다.


　먼저 빌 바우어만은 육상 코치 시절에 데리고 있던 선수인 스티브

프리폰테인[0205]을 나이키 공식 선수로 선정했다. 그 이전에도 바우어만

은 프리폰테인을 위해 오리건대학교 입학 추천서를 써 주기도 하고,

직접 개인용 스파이크를 만들어 줄 만큼 애정을 쏟은 선수였다.

　프리폰테인[0205]은 나이키 공식 선수 1호로서 육상 붐을 일으키는 데

큰 공을 세웠다. 나이키는 프리폰테인 전용 스파이크를 만들어 주면서

브랜드 이미지를 키워 나갔다.

그 뒤로도 나이키는 농구 선수인 마이클 조던[0310]을 위해 '에어 조던'이라는 전용 운동화를 만들어 주면서, 그를 공식 후원 선수로 받아들였다.

이처럼 나이키는 테니스계의 대스타 존 매켄로[1110], 골프 스타 타이거 우즈[0360] 등 뛰어난 스포츠 선수들을 위한 전용 운동화를 일일이 디자인해 만들어 주는 등 후원해 오고 있다.

선수용 운동화 개념을 생각해 내고, 실제로 훌륭한 운동화를 설계하고 생산하는 나이키는 오늘날까지도 빌 바우어만의 이 정신을 사훈으로 기리고 있다. 즉 나이키의 일관된 회사 정신은 '선수를 위해 더 좋은 운동화를 만들어 줘야 한다'는 것이다. 빌 바우어만은 "누구나 육상 선수가 될 수 있다, 단지 방법을 모를 뿐이다."라고 말했다. 그래서 그는 달리는 방법을 알려 주기 위해 나이키 운동화를 만든 것이다.

빌 바우어만의 이런 생각은 다른 분야에서도 얼마든지 응용이 가능한 것이다. 오로지 고객을 생각하고 오로지 국민을 생각한다면, 나이키 같은 맞춤형 운동화를 통해 기록을 갱신시킬 수 있는 것이다. 빌 바우어만은 말했다.

"단지 달리는 법을 모를 뿐이다."

그렇다. 얼마든지 이 말을 응용할 수 있다.

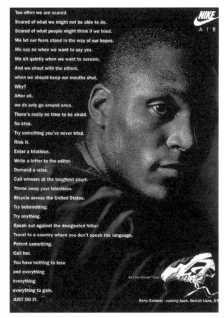

"단지 그리는 법을 모를 뿐이다.", "단지 차는 법을 모를 뿐이다.", "단지 던지는 법을 모를 뿐이다.", "단지 쓰는 법을 모를 뿐이다."

어떠한가. 그래서 나이키는 불가능은 없다고 외친다.


우린 너무 두려워한다.

어쩌면 할 수 없을지 모른다는 사실을 두려워하고,

사람들이 우리가 노력하고 있다는 걸 알까 봐 두려워한다.

우린 우리의 희망 한가운데에 항상 두려움을 갖다 놓는다.

'예'라고 말하고 싶으면서도 '아니요'라고 대답한다.

고함치고 싶을 때에 조용히 앉아 있다.

그리고 침묵을 지켜야 할 때에는 도리어 크게 소리친다.

왜?

단지 한 번 둘러보기라도 하면 되지 않는가.

두려워할 시간은 정말이지 없다.

그러므로 두려움 따위는 멈춰라.

당신이 결코 시도하지 않았던 일을 해 보라.

모든 걸 무릅쓰고라도 해낼 각오를 하라.

트라이애슬론을 해 보라

신문사 편집자에게 편지를 쓰라.

임금 인상을 요구하라.

거친 경기에 나가 승리하라.

텔레비전은 던져 버리라.

자전거로 전국 일주를 해 보라.

봅슬레이를 해 보라.

어떤 것이든 어쨌든 한번 해 보라.

야구장에 나가 타자에게 큰 소리를 질러 보라.

언어가 통하지 않는 나라로 여행을 떠나라.

무언가 특허를 내라.

그 사람에게 지금 당장 전화를 하라.

당신이 잃어버릴 것은 아무것도 없으며, 모든 것을 얻게 된다.

Just Do It!

이 광고를 보면 나중에 나올, 스티브 잡스의 애플 광고를 보는 듯하다.

스티브 잡스나 빌 바우어만이나 다른 사람들이 생각하지 않은 것을 생각해 낸 사람들이다. 다른 사람들이 일상으로 받아들이고, 운명이려니 여기고, 어쩔 수 없다고 포기할 때에 이들은 그것을 극복하기 위해 부단히 애를 쓴 것이다.

PART 2

# 나아갈 것인가,
# 물러날 것인가

천시(天時) · 지리(地理) · 인화(人和)

# 5
## 월트 디즈니, 토끼를 빼앗기고 생쥐를 얻다

### :: 쇠똥, 말똥도 인연이다

씨앗因이 될 수 있는 것은 무엇일까? 따로 있을까?

물론 제한이 없다. 무엇이든, 그야말로 쇠오줌에 개똥·말똥이라도 될 수 있다.

에디슨의 말처럼, 실패가 쌓이다 보면 성공의 씨앗因이 되기도 한다. 그러나 가장 중요한 씨앗因은 역시 자기 자신이다. 자기 자신을 어떤 씨앗因으로 보고 예측果하느냐에 따라 그에 상응하는 처방緣이 따라오기 때문이다. 따라서 노력하지 않는 한 기대할 것 역시 작거나 적다는 걸 알아야 한다.

거액의 복권이 당첨되는 당장의 씨앗因을 얻었다고 하자. 이미 충분히 대비가 되어 있어서, 복권이라는 인연이 와도 거뜬히 소화할 준비가 돼 있다면 좋은 방향으로 흘러갈 수도 있을 것이다. 하지만 미국의 통계에서 보듯이, 거액의 복권 당첨자들 중 거의 전부가 비극적인 삶을 살게 된다. 극빈자 수용소에 들어가야만 하는 경우도 있다. 수백억 원을 쥐여 주어도 그렇게 되는 것이다. 복권이라는 인연을 맞을 준비가 되어 있지 않은 사람들에게 그런 행운은 도리어 독이 된 탓이다. 실제로 복권 당첨자 중 3분의 2는 5년 안에 이 돈을 모두 탕진한다는 통계가 있다.

그러므로 씨앗因을 보지 못하면 처방緣은 당연히 오지 않는다. 인연이 맺어지질 않는 것이다. 좋은 인연이 와도 알아보지 못하고, 알아보아도 쓰지 못한다. 우연이란 없다. 준비가 되지 않은 상황에서 일시적으로 기회가 올 수는 있지만, 그런 인연은 도리어 악연으로 돌변한다. 즉 인연을 다룰 만큼 성숙되지 않은 상태에서 욕심만 앞서 봐야 그 인연이 도리어 그 사람을 응징할 수 있다.

국무총리로 내정되었다가 비참한 상황에서 온갖 망신만 당하고는 물러나는 사람들을 자주 본다. 차라리 그런 씨앗因을 받아들이지 않았다면 평생 악몽에 시달릴 필요가 없었을지 모른다.

인연이란 갑작스럽게 오는 듯하지만 결코 그렇지 않다. 그 갑작스러움을 받을 수 있는 준비가 됐을 때에 그에 걸맞은 인연이 따라오는 것이다. 꽃이 있어 나비가 날아오는 것처럼, 인연을 받아들일 준비가 되면 그 격에 맞는 인연이 공식처럼 반드시 다가온다. 빠를 때에는 번개처럼, 늦을 때에는 느릿느릿 소 걸음으로, 그러나 분명히 온다.

필자가 알던 한 교수는 재단 측과 가깝다는 이유로 어느 날 갑자기 대학 학장이 되었다. 그냥 학장이 됐으면 모르지만, 마침 학과에서 다른 교수들과 크고 작은 다툼이 있던 중이었다. 이 교수가 가진 능력은 어쩌면 평교수직을 유지하기에도 벅찬 것이었는지 모른다. 그렇다면 교수라는 인연을 짊어지고 있는 것도 힘든 상황에서 그는 학장이 되어, 여러 학과의 여러 교수들을 상대해야 하는 위치에 올라섰다.

권위주의 시절의 이야기이므로 그에 걸맞게 이 교수는 힘차게 나아가고, 닥치는 대로 싸우고 마음대로 바꾸었다. 그로부터 2년 만에 학장은커녕 동료 교수와 학생들의 집단 반발로 교수직까지 박탈당했다. 그 뒤 몇 년 안 가서, 이 스트레스를 이기지 못한 그는 쓸쓸히 세상을 떠났다.

굳이 이런 예가 아니어도, 세상에는 분수에 맞지 않는 직위에 오르려다 미끄러진 예를 수없이 볼 수 있다. 원래 악연이 따로 있는 게 아니고, 원래 선연이 따로 있는 게 아니다. 악연인 듯하나 선연일 수 있고, 선연인 듯하나 악연일 수 있다. 박정희와 차지철은 본인들은 선연으로 알았겠으나 결국 악연이 되었다. 정몽주와 정도전 역시 선연으로 알았으나 결국 악연으로 끝났다. 더할 수 없는 동지인 김일성과 박헌영은 결국 김일성이 박헌영을 죽이는 것으로 끝을 맺는다. 지금 손잡고 있는 그 동지가 언제 적으로 돌변할지 진짜 아무도 모른다.

인연을 미처 키우기도 전에 과분한 결실果을 따려고 하는 것은, 마치 익지도 않은 씨앗을 뿌려 싹을 틔우려는 것만큼이나 어리석은 일이다. 씨가 부실하면 가까스로 싹이 틀지는 몰라도 잘 자랄 수는 없다.

국가 지도자들도 마찬가지다. 준비가 되지 않은 인물을 덜컥 대통령으로 뽑아 놓으면 그 과보는 반드시 국민들이 받게 돼 있다. 나라의 크고 작음이 문제가 되지 않으며, 자원의 많고 적음이 문제가 되지 않는다. 오로지 지도자의 생각이 어디로 뻗어 가느냐에 따라 나라는 흥하기도 하고 망하기도 한다. 모택동이 굶기던 인민을 등소평은 배불리 먹게 했다.

이승만의 국민이 곧 박정희의 국민이며, 또 노무현의 국민이며 박근혜의 국민이다. 세종의 국민이 연산의 국민이다. 그런데도 국체(國體)는 현격하게 달라진다. 국민이 씨앗因이라면, 이 씨앗을 싹틔우고 자라게 할 수 있는 처방緣을 갖고 있는 사람이 지도자다. 그는 나라와 국민이 어디로 갈지 예측果할 수 있는 능력을 갖고 있어야 한다. 예측이 안 되는 사람에게는 좋은 처방緣이 있을 수 없기 때문이다.

이렇게 인연의 법칙은 에누리 없이 일어나고 소멸한다. 따라서 무엇이 씨앗因이고 무엇이 처방緣인지, 정확히 보는 눈을 갖는 것이 중요하다. 간절히 생각하거나 유심히 바라보면 보인다.

### ∷ 생쥐도 인연이 될 수 있을까?

여기 생쥐가 인연으로 찾아오는 월트 디즈니 이야기를 보자.

월트는 농장에서 어린 시절을 보냈다. 그의 아버지인 일라이어스[0710]는 '열심히 일하라'고 늘 강조했다. 이 아버지는 '수확을 하면 이윤을 배분해 주겠다'는 약속을 했다. 하지만 농사는 엉망이고, 결국 아버지는 약속을 지키지 못했다.

열아홉 살이던 월트의 큰형 허버트[1260]와 열일곱 살이던 둘째 형 레이먼드[0260]는 아무 보상도 없이 일만 시키는 아버지를 피해 집을 떠나고 ('아무 보상도 없이'라는 말에 나는 동의하지 않지만 전기에 그렇게 나온다), 월트와 셋째 형 로이[0530]만 남게 되었다.

1909년, 그의 나이 겨우 여덟 살 때였다. 아버지는 남은 두 자식에게도 농사일을 강요했다. 조금이라도 게으름을 피우면 바로 회초리를 들었다. 어린 월트[0155]는 늘 침대에 얼굴을 묻고 눈물을 흘렸다. 월트보다 나이가 여덟 살 많고 덩치 좋은 형 로이는 아버지의 매를 어느 정도 참을 수 있었지만, 그는 그렇지 못했다.

이 소년은 가족들이 일터로 나가고 집에 혼자 남을 때면 그림 그리기를 했다. 종이와 연필을 구하기 힘들어 석탄 조각으로 뻣뻣한 화장지에 그림을 그렸다. 대상은 주로 농장의 오리, 닭, 토끼, 돼지 같은 짐승들이었다(이 짐승들이 훗날 디즈니랜드의 캐릭터로 부활했으니 생의 어느 한 순간, 어느 한 장면 소중하지 않은 것이 있으랴).

아버지는 결국 농사일을 포기하고 미주리 주 캔자스시티로 이사했다. 어머니인 플로라[0420]는 그제야 두 아이를 학교에 입학시켰다. 아버지는 그곳에서 신문 배달 구역을 사들여 로이와 월트에게 배달을 시켰다. 그러던 중 열여덟 살이 된 로이마저 집을 나가 버렸다.

월트는 신문 배달을 그만둔 뒤로는 동네 약국에서 아르바이트를 해 미술 도구를 사는 데 썼다. 월트의 학교 성적은 중간 정도였지만, 독서와 미술에 대한 재주와 열정은 남달랐다. 마크 트웨인과 디킨스의 책을 즐겨 읽고 미술을 좋아했는데, 특히 스케치 실력이 뛰어났다. 월트는 연극놀이에도 관심이 많았다.

1912년에 월터 페이퍼라는 친구를 사귀었는데 그도 연극을 좋아해, 둘은 늘 붙어 다녔다. 페이퍼의 아버지는 살이 좀 찐 인자한 사람이었다. 그는 가끔 두 아이를 데리고 영화관에 갔다. 월트는 영화라는 마술을 이때 처음으로 경험하고, 그곳에서 그는 영상으로 찰리 채플린[0120]을 만났다.

이때부터 월트는 '채플린'을 흠모하기 시작했다.

가족들과 함께 시카고로 이사한 월트는 비로소 자신의 뛰어난 재능을 발휘할 수 있는 기회를 만났다. 매킨리고등학교 신문의 삽화를 담당하는 부편집장 자리였다. 월트는 야간에 시카고 예술 아카데미반과 디자인 학교에 다녔다. 펜화 풍자 만화가인 리로이 고셋도 그곳의 강사였다. 그는 수강료를 벌기 위해 이 무렵에 아버지가 일하는 젤리 공장에서 시간외 근무를 하고, 우체국에서 아르바이트를 했다. 그의 아버지는 그가 '만화 따위'나 그리는 것을 달가워하지 않았다. 돈이 생기지 않기 때문이었다.

"쓸데없는 데 신경 쓰지 말고 공장을 경영하는 공부나 해!"

아버지 일라이어스는 아들 월트가 어떤 인물이 될지 아무것도 모르고 있었다. 그렇지만 월트는 스스로 자신을 길러 나갔다. 그림에 관한 한 그는 열정을 포기하지 않았다.

1918년, 미국이 1차 세계 대전에 개입했다.

스물다섯 살이 된 형 로이가 군에 자원 입대하자, 월트도 국제적십자사에 들어가 프랑스와 독일에서 트럭 운전을 했다. 운전병 생활은 곧 짜증이 났다. 그는 뭔가 탈출할 수 있는 길을 찾았다.

'그래, 바로 이거야!'

어려서부터 혼자 있을 때면 늘 하던 일, 바로 그림 그리기였다. 운전을 하는 중간중간, 지루한 시간을 보내기 위해 그는 차 한쪽 면에 동료들의 캐리커처를 그렸다. 허풍쟁이로 알려진 친구 하나가 월트의 예사롭지 않은 그림 솜씨를 지켜보다 좋은 생각을 해냈다.

두 사람은 노획물인 독일산 헬멧을 구해 개당 10프랑씩 받고, 다양한 독일 훈장을 그려 팔았다.

이 일로 돈도 벌었지만, 월트에게는 예술가로서의 재능을 확인하는 계기가 되었다. 군 제대 후, 180센티미터의 건장한 체구로 자란 월트는 젤리 사업이나 같이 하자는 아버지의 제안을 거절한 채 형들처럼 집을 떠났다. 그의 아버지인 일라이어스는 아직 아들의 재능을 보지 못했다.

월트는 상업 예술가의 길을 걷기 위해서 캔자스시티로 가는 기차에 올랐다. 잃어버린 자신의 어린 시절이 담긴 그곳에서 자신의 미래를 펼치고 싶었다.

캔자스시티의 옛집에는 셋째 형 로이와 큰형 허버트가 돌아와 살고 있었다. 그는 캔자스시티에서 풍자 만화가로 일하고 싶었지만 자리를 얻지 못했다. 낙담해 있던 그에게 은행원이던 셋째 형 로이가, 한 광고 대행사에서 미술가를 모집한다는 정보를 전해 주었다.

다음날 월트는 그동안 그린 그림과 스케치를 들고 광고 대행사를 찾아갔다. 즉석 채용이었다. 뛸 듯이 기뻤다. 사실 은행원인 로이가 그 회사의 은행 계좌를 담당하고 있어서 뒤로 손을 써 둔 것이었다.

이 회사에서 월트는 지방 극장 프로그램에 쓸 영화 간판에서부터 카탈로그용 그림을 그리기 시작했다. 하지만 취직한 지 얼마 되지 않은 1920년에 그는 직장에서 쫓겨났다. 해고 사유는 그림에 재능이 없다는 것이었다, 세상에!

그러나 월트는 이때 일생일대의 친구이자 평생 동지를 얻었다. 후에 사업의 중요한 동반자인 어브 아이웍스[0115]를 만난 것이다. 부모가 네덜란드 이주민인 그는 월트와 광고 대행사에서 함께 해고되었다.

## :: 월트 디즈니를 해고하다니

장차 세상을 놀라게 할 월트 디즈니의 영화 사업에서 이들이 얼마나 큰 역할을 해낼지, 광고 대행사에서는 전혀 알아보지 못한 것이다. 이런 두 사람을 재능이 없다고 해고한 것이 바로 그들의 한계다. 이 광고 대행사는 뛰어난 씨앗因을 보고도 그 가치를 알아보지 못하고, 월급이라는 처방緣을 붙이는 것도 아까워 내쳐 버린 것이다. 이런 식으로 해고되는 천재가 어디 이들뿐인가. 토머스 에디슨에게 쫓겨난 니콜라 테슬라, 윌리엄 쇼클리에게 해고되는 구글 멤버들, 스티브 잡스를 해고한 애플사 등 이루 헤아릴 수가 없다.

인간은 절대로 자기 지능 이상의 인물을 알아보지 못한다. 그러니 해고당했다고 해서, 거절당했다고 해서 슬퍼할 이유가 없다. 단지 그 사람이 알아보지 못했을 뿐이다. 당신을 해고한 그 사람이 '당신보다 품과 격'이 낮을 가능성이 절반은 된다.

『로빈슨 크루소』를 쓴 대니얼 디포[11]는 무려 스무 군데 출판사에서 거절당한 뒤에 열세 번째 만난 출판사에서 가까스로 출판을 하게 되고, 여기서 크게 성공한다.

『빨강머리 앤』을 쓴 루시 M. 몽고메리[1055]는 출판사 다섯 군데에서 거절당한 뒤, 화가 난 나머지 원고를 상자에 처박아 두었다. 그런 지 1년 뒤에 다시 이 원고를 꺼내 다른 출판사에 보내 보았다. 그는 일기장에 '드디어 출판사로부터 연락이 왔다. 내 원고를 책으로 내겠다고 한다!'라고 감격적으로 적었다.

더 기가 막힌 경우도 있다. 일류 대학에 떨어져 지방 대학을 다니고, 생후 4개월 된 딸을 데리고 사는 20대 이혼 여성. 생활 보조금으로 월 15,000원을 받아 사느라 보일러를 마음껏 때지 못하고, 너무 힘들어 자살을 꿈꾸고, 글 쓸 곳이 없어 카페에 앉아 뭔가 끼적거리고, 그렇게 쓴 원고를 출판사 열두 군데에 보내지만 거절당했다. 아마도 처음 들어 보는 이름, 그 초췌한 행색 때문이었을 것이다. 혹시라도 다소 우울한 표정으로 카페에 앉아 뭔가 끼적거리는 싱글 맘을 보거든, 그가 4억5천만 부란 초대형 베스트셀러 『해리 포터』의 작가이자 인세로 1조 169억 원을 벌어들일 조앤 롤링[0535]인 줄이나 알기 바란다.

그러니 월트 디즈니에게 그림 솜씨가 없다고 해고시키는 일쯤은 비일비재하다. 수많은 천재들이 부모에게 얻어맞거나 교사들로부터 조롱받고, 직장 상사의 비웃음을 산다. 그러니 비난에 익숙해지고 폄하에 흔들리지 않아야 한다.

해고당한 월트와 아이웍스는 울분을 토했다.

"아무도 우리를 고용하지 않으면 우리 스스로 고용하는 방법도 있잖아?"

이런 식으로 만들어진 회사가 인텔이며 애플이며 마이크로소프트다.

두 사람은 '아이웍스-디즈니 커머셜 아티스트'라는 거창한 이름의 회사를 세우기로 했다. 일감이 없어 피혁 조합의 회보를 만드는 싸구려 일부터 시작했다. 하루도 쉬지 않고 새벽부터 밤늦게까지 일했지만 한 달도 채 안 돼서 가진 돈 135달러를 다 써 버린 뒤, 둘은 사업을 포기했다.

월트는 광고 회사를 수소문해 다시 직장 생활을 했다. 광고를 만화 영화로 만드는 회사였다. 여기서 월트는 영화 제작에 관한 기초 기술을 습득했다. 수석 카메라맨인 지미 로웨리는 월트한테, 필름 한 프레임을 찍고 재배열해서 다시 찍는 기법을 알려 주었다.

월트는 칼 루츠가 쓴 만화 입문서와 인간과 짐승의 동작에 관한 이드워드 마이브리지의 책에 빠져들었다. 또 회사에서 방치한 낡은 카메라를 발견하고는 사장에게 부탁해서 그걸 빌렸다. 월트는 자기가 그린 그림을 찍기 시작했다. 그러고는 저녁마다 집 창고에서 창작 만화 영화를 만들었다. 친구인 아이웍스도 이 일을 도와주었다.

월트는 자기 자신도 모르게 만화 영화 전문 회사, '월트 디즈니'라는 막연한 씨앗因을 키워 나간 것이다.

자신감을 얻은 월트와 아이웍스는 1922년에 래프-오-그램('문법학자들의 웃음'이라는 뜻)이라는 회사를 설립했다. 그러곤 단편 만화 영화를 제작했다. 새로운 주인공을 만들어 내기보다는 '금발 미녀와 곰 세 마리'와 같이 잘 알려진 동화에서 소재를 구했다. 또 어렸을 때에 어머니가 들려준 동화도 약간 고쳐서 영화로 만들었다. 하지만 애쓴 보람도 없이 회사는 파산하고 말았다. 영화 배급자가 파산하면서 회사도 덩달아 무너진 것이다.

월트는 1923년, 카메라를 판 돈 40달러를 들고 기차에 올라탔다. 젊은 영화 제작자가 자금을 지원한다는 소문을 듣고 할리우드로 향한 것이다. 회사 부도로 미완성된 「앨리스의 모험」 필름을 들고 할리우드에 도착한 그는, 직업소개소를 찾아가 연출가 자리를 구했다. 그러나 그는 취직을 하지 못했다. 여러 번 거절당한 끝에 그는 '반드시 스튜디오에 소속되어 일할 필요는 없다'는 생각을 했다.

월트는 영화 배급자인 마거릿 윙클러(여성)에게 편지를 썼다.

방금 만화 영화 분야에서 새롭고 독창적인 방법을 생각해 냈습니다. 살아 있는 주인공과 만화를 결합한 영화를 만드는 것입니다.

윙클러는 월트의 편지에 화답했다. 덕분에 1923년, 월트와 로이 형제는 '디즈니브라더스'라는 애니메이션 스튜디오를 차렸다. 친구인 아이웍스는 계약직 만화가로 이 사업에 참여했다. 윙클러가 대어 주는 제작비로 월트는 모처럼 마음 놓고 만화 영화를 만들 수 있었다.

월트는 1925년 7월 13일, 스튜디오에서 잉크 칠을 하던 릴리언 바운즈[0135]와 결혼했다. 나름대로 재미있는 나날이 계속되었다.

투자자인 윙클러는 이 무렵에 회사 경영권을 남편 찰스에게 넘겨주었다.

1927년, 월트 디즈니는 마침내 검은 토끼 오스왈드를 주인공으로 내세운 '오스왈드' 시리즈를 발표했다. 첫 편인 「전차 사건」이 개봉되자마자 할리우드의 격찬을 받으면서 후속 편 제작이 이어졌다. '오스왈드' 시리즈는 금방이라도 월트에게 명예와 부를 안겨 줄 것만 같았다.

## :: 검은 토끼 '오스왈드'를 놓치다

이때의 월트 디즈니는 만화 영화에 대한 재능만 가진 인물이었다. 그에게 사업 감각이란 아직 낯선 개념이었다. 이 허점을 뚫고 나쁜 인연이 손을 뻗쳤다.

투자자이자 배급 업자인 찰스, 즉 윙클러의 남편은 이 검은색 토끼 '오스왈드'를 유니버설사를 통해 배급하면서 큰돈을 벌었다. 하지만 그는 월트에게는 만화 제작권만을 주고, 만화 캐릭터에 대한 판권은 자신의 소유로 해 놓았다. 월트는 제작비만 받을 뿐이고, 캐릭터 판매를 통한 수입은 모두 찰스 차지였다. 고생은 월트가 하고 돈은 배급 업자와 판매권을 가진 찰스가 독차지한 것이다.

화가 난 월트는 1928년 2월, 뉴욕에 있던 찰스를 찾아가 '오스왈드'의 제작비를 올려 달라고 부탁했다. 하지만 거절당했다. 도리어 '오스왈드' 시리즈의 제작권과 몇몇 제작 스태프까지 빼앗기고 말았다. 투자자가 그만 모든 권리를 낚아챈 것이다. 그가 만난 첫 번째 악연이었다.

인연이라고 다 좋을 수는 없다. 그는 오스왈드 시리즈를 기획하면서 하도 돈이 급해 선뜻 찾아온 투자자를 좋은 인연으로 받아들였다.

결국 이 인연은 월트 디즈니의 허점을 파고들었다. 그는 궁지에 빠졌다. 인연을 보는 눈이 덜 성숙했기 때문에 잘못 판단한 것이다. 사정이 급해 계약서를 제대로 보지 않은 탓도 있었다. 윙클러가 남편인 찰스에게 권리를 양도하지 않았어도 언젠가는 불거질 문제였다. 디즈니 형제는 세상을 좀더 배워야 했다. 이 세상이 어떤 원리로 돌아가는지 그걸 아는 경험과 지식이 부족했다. 그렇다고 완전히 망한 것은 아니다. 그는 너무 화가 나서 이 사실을 인지하지 못했지만, 월트는 이미 성공한 만화 영화 제작자가 돼 있었던 것이다.

겨우 마련한 아이디어를 헐값에 빼앗기는 비단 장수 왕 서방의 곰이 되는 사람이 어찌 이들뿐이랴. 똑같은 실수를 한 예는 너무나 많다. 그 유명한 '슈퍼맨 시리즈'를 기획한 청년들이 있는데, 이들은 월트보다 더 씁쓸한 경험을 했다.

1938년, 미국의 공황기에 제리 시겔[0250]과 조 슈스터[0235]라는 10대 청년 두 명이 있었다. 되는 일도 없고 할 일도 없는 두 사람은 늘 아이디어만 짜내며 살았다. 여자 친구들에게 인기도 없었다. 그럴수록 더 답답했다.

그러다가 가난과 절망에 지친 두 청년은 재미있는 아이디어를 짜냈다. 기발하다면 기발하고 엉뚱하다면 엉뚱한 아이디어였다. 평범하기 짝이 없는 청년이 위기를 만나면 갑자기 초능력을 가진 슈퍼맨으로 변신한다는, 자기만족의 황당한 스토리였다. 자신들이 늘 소망하는 능력을 만화로나마 이렇게 꾸며 본 것이다. 그러면서 스토리를 보강했다. 유치하기는 하지만 S자 적힌 붉은 망토를 입힌다든가, 크립톤 혹성에서 온 초능력자라고 하여 SF를 흉내 낸다든가 하는 이야기를 짜깁기해서 대충 스토리를 만들어 냈다.

두 사람은 만화가는 아니었지만 직접 이야기를 짜고, 그림을 그려 보았다. 처음에는 낙서 수준이었지만 곧 만화 형태로 발전하고, 두 사람은 이 '슈퍼맨'을 어떻게 발전시킬지 연구했다.

슈퍼맨이라는 씨앗因에 처방緣이 될 만한 것이라면, 당시에는 잡지사나 출판사밖에 없었다. 어떤 결실果이 있을 것이라는 예측은 하지도 못했다. 장난 반 호기심 반이었다.

두 사람은 습작을 그려 여러 잡지사와 출판사에 보냈다. 하지만 번번이 거절당했다(이 잡지사와 출판사들은 나중에 잠 못 드는 밤을 보냈으리라). 하긴 누가 봐도 황당한 스토리였다. 중국 무협 영화처럼 위기에 빠지면 하늘을 날아가든가 장풍을 쓰든가, 죽어도 기적의 환단을 먹으면 살아난다든가 하는 수준 낮은 초능력일 뿐이었다.

그러다 가까스로 액션코믹스란 잡지사에 연결되어 연재를 시작했다. 크립톤 혹성에서 온 정의의 사나이 슈퍼맨이 인간관계 속에서 평소에는 '데일리 플래니트' 소속의, 뿔테 안경을 쓴 소심한 신문 기자 클라크 켄트로 등장하나, 위기가 닥치면 몸에 착 달라붙는 타이즈 차림에 붉은색 망토를 펄럭거리는 슈퍼맨이 되어, 하늘을 날며 초능력을 구사해 악당들을 물리친다는 허무맹랑한 내용이었다. 미국 판 무협 영화다.

그런 만큼 이 청년들은 잡지사에서 연재해 준다는 사실만으로도 넙죽 감사하고 또 감사했다. 하지만 천덕꾸러기 신세에서 출발한 이 만화책 『슈퍼맨』은 갑자기 팬들의 인기에 힘입어 베스트셀러가 되었다. 또한 영화로도 제작되었다. 1대 슈퍼맨인 커크 알린[1045]부터 크리스토퍼 리브[0445]를 거쳐 8대 슈퍼맨인 딘 케인[0630]까지, 슈퍼맨 역할을 한 배우는 당시에 최고의 배우라고 해도 과언이 아닐 정도로 인기를 끌었다.

이렇듯 영화와 만화책으로 큰 인기를 얻은 슈퍼맨의 창조자인 제리 시겔과 조 슈스터는 얼마를 벌었을까?

놀라지 말자. 잡지사가 준 원고료 500달러가 그들이 받은 수입의 전부다. 그들은 자신들의 가능성, 미래까지도 헐값에 팔아 버린 것이다. 가난하고 지쳐 있던 이들은 생전 처음 잡지에 연재를 한다는 사실에 흥분한 나머지, 계약서를 제대로 보지 않고 척 서명을 했다. 계약 내용을 알았어도 아마 서명했을 것이다.

국내 굴지의 엔터테인먼트사가 당신의 딸에게 가수의 재능이 있다며 데려간다면, 그들이 내미는 계약서에 서명하지 않고 배기겠는가. 땅값을 시세의 두 배를 주겠다며 계약서를 내민다면? 물론 그 땅에는 아마도 당신이 모르는, 무슨 거창한 계획이 확정되어 있을 것이다.

## :: 생쥐를 인연으로 삼다

슈퍼맨을 빼앗긴 두 사람처럼 월트는 실로 크게 낙담했다.

한창 분노를 삭이고 있던 월트에게 전화가 걸려 왔다. 언제나 월트 디즈니의 정신적 지주가 되었던 형 로이 디즈니다. 사건의 전말을 들은 로이는 월트에게 새 캐릭터를 만들어 디즈니스튜디오를 살리자고 했다.

"오스왈드를 만든 건 너 아니냐? 찰스는 10초짜리 허섭스레기도 만들지 못하는 만화 영화 문외한이야. 낙담하지 마. 까짓것, 새 캐릭터를 만들면 되잖아? 찰스 그 작자는 엄청난 기회를 놓친 거라고. 밑천은 내가 알아볼게. 넌 오스왈드를 만든 월트 디즈니야."

형의 뜻을 따르기로 한 월트는 '오스왈드'에 대한 미련을 완전히 버리고 뉴욕을 떠나 집으로 돌아가는, 멀고 먼 기차 여행 길에 올랐다.

찰스와 결별함으로써 찰스가 이익이고 월트가 손해일지, 월트가 이익이고 찰스가 손해일지 어쨌든 결별이라는 새로운 인연은 작용했다.

사실 이것이 중요하다. 로이는 비록 자신의 형이지만, 그에게는 아주 좋은 인연으로 다가온 것이다.

"절망을 딛고 새 캐릭터를 만들어라, 돈은 이 형이 알아보마!"

이런 말처럼 달콤한 인연도 없을 것이다. 그것도 절대 신임하는 형의 말 아닌가. 인생을 살아가면서 이런 형이나 친구, 선배가 있다는 것은 그 자체가 엄청난 복이다. 이런 환경이 언젠가는 좋은 인연을 불러들여 발전시켜 나갈 수 있도록 도와주는 것이다.

따뜻한 형의 격려가 월트의 능력을 새롭게 일깨워 냈다. 절망 깊이 묻혀 있던 그의 씨앗因을 형 로이가 깨워 준 것이다.

오스왈드를 빼앗긴 채 분노하던 월트는 집으로 돌아가는 기차에서 형이 권한 새 캐릭터로 뭐가 좋을까 구상하기 시작했다. 이윽고 그는 고생스런 캔자스시티 시절 그의 사무실을 떠올렸다. 그때 그 컴컴한 사무실을 자주 들락거리던 생쥐가 퍼뜩 머리에 떠올랐다.

'더럽고 깜깜하고 지저분한 곳만 돌아다니며 누군가가 먹다 버린 음식이나 뒤지는 생쥐에게도 희망이란 게 있을까? 내 처지나 다름없던 그 생쥐에게도 희망이 있을 수 있을까?'

월트는 자신의 처지가 그때 그 생쥐의 처지와 닮았다고 생각했다. 월트 디즈니에게 생각지도 않던 생쥐가 뒤늦게 인연으로 다가온 것이다. 캔자스시티 시절이면 10여 년 전의 일이다. 그때 그 기억 속의 생쥐가 이제야 인연이 되어 나타난 것이다. 생쥐가 늦게 나타난 것이 아

– 왼쪽이 미키마우스고 오른쪽이 오스왈드다. 그놈이 그놈이라고 할 수도 있지만, 다르다면 다르다.

니라 이제야 그 생쥐를 씨앗囚으로 보는 눈이 생긴 것이다.

　월트는 곧 빼앗긴 토끼 캐릭터 오스왈드 대신에 이 생쥐에 자신의 희망을 불어넣기로 결심했다. 그는 생쥐 이미지를 종이에 그리고, 생쥐를 주인공으로 한 애니메이션 스토리를 꾸몄다.

　그런 다음에 친구인 어브 아이웍스에게 이 기본 스케치를 보여 주었다.

　아이웍스는 "월트, 생쥐가 널 너무 많이 닮았어." 하면서 월트의 스케치를 고쳐 그렸다. 그는 토끼 오스왈드의 얼굴에 쥐의 귀를 갖다 붙이더니, 몇 군데 더 손질하여 감쪽같이 생쥐 그림으로 바꿔 놓았다.

　월트는 아이웍스가 고쳐 준 이 생쥐 이름을 '모티머'라고 지었는데, 아내인 릴리언은 이름이 너무 약하다며 '미키'로 바꾸자고 했다. 이렇게 해서 '미키마우스'가 탄생했다. 또한 미키의 애인인 미니도 만들어 냈다.

　'미키마우스' 첫 편은 찰스 린드버그[0210]의 대서양 단독 횡단을 풍자

– 왼쪽이 맨 처음 만든 「정신 나간 비행기」, 오른쪽이 「증기선 윌리」.

한 「정신 나간 비행기」, 그러나 시사회 관객들의 반응은 신통치 않았고, 영화사들도 배급에 나서지 않았다.

두 번째 시리즈는 「질주하는 남부 카우보이」, 역시 관객과 메이저 영화사에서 고개를 저었다. 이제 단 한 편밖에 만들 수 없는 돈이 남았다.

월트는 마지막 승부수를 띄웠다. 세 번째 작품은 「증기선 윌리」였다.

월트는 「정신 나간 비행기」가 왜 실패했는지 연구했다. 단지 움직이는 만화라는 것만으로는 관객들을 감동시킬 수가 없었다. 이 무렵에는 한때 인기를 구가하던 오스왈드도 시들해져 있었다. 뭔가 관객들이 바라는, 다른 게 있다는 뜻이었다.

월트는 그게 뭘까 생각해 보았다. 씨앗因은 좋은데 지금 처방緣이 나쁜 것이다.

역시나 답은 나왔다. 당시 워너브라더스 영화사는 「재즈 가수」라는 영화로 큰 인기를 모았는데, 이 영화는 역사상 처음으로 음성을 도입한 첫 작품이었다. 시사회에서 「재즈 가수」를 본 월트는 즉시 미키마우스를 띄울 처방緣을 만들어 냈다. 만화 캐릭터 '미키'에게도 말을 시키

104

기로 한 것이다.

그때까지 만화 영화는 그림만 있었는데, 녹음을 통해 일반 영화처럼 소리를 더빙하는 아이디어를 낸 것이다. 그러자면 제작비가 모자랐다.

그는 급히 형 로이에게 전후사정을 설명했고, 동생의 진단因을 믿은 로이는 기꺼이 처방緣에 필요한 돈을 마련했다.

제작비를 줄이기 위해 미키의 목소리는 월트가 직접 맡아 녹음했다.

드디어 미키의 목소리가 들어간 「증기선 윌리」가 개봉되었다. 스크린에 '미키마우스'가 나타나 휘파람을 불자마자 관중들은 환호하기 시작했다. 미키마우스가 '찍찍' 우는 소리는 월트 자신의 목소리이기도 했다. 우스꽝스런 소리를 내는 귀여운 생쥐가 할리우드의 주인공으로 탄생한 것이다.

이렇게 하여 월트 디즈니는 씨앗因을 스스로 닦고, 여기에 적극적으로 처방緣을 붙인 끝에 대성공을 거두었다. 월트 디즈니에게 우연한 성공이란 단 한 차례도 없었다. 오로지 스스로 씨앗因을 진단하고, 스스로 처방緣을 구한 결과였다. 이후에도 그는 무수한 결실果을 얻고, 그 결실果을 또다시 씨앗因으로 하는 새 처방緣을 쉼 없이 붙여 '디즈니랜드 왕국'을 건설해 냈다.

물론 그에게는 남들에게 없는, 동생을 끔찍이 사랑하는 형 로이 디즈니가 있었다. 월트 디즈니에게 아들이 없어 디즈니 왕국은 형 로이 디즈니의 아들, 즉 그의 조카가 물려받았다. 이 조카는, 한때 숙부를 절망케 했던 오스왈드 캐릭터를 2006년에 다시 사들임으로써 월트의 묵은 한을 풀어 주었다. 비록 별 가치도 없지만 월트에게는 인생의 한 부분이었으므로.

# 6
# 남이 지쳐 포기할 때, 나는 시작한다
## – 토머스 에디슨

### :: 씨앗에서 열매를 보는 눈을 키워라

소재와 주제를 바꿔 가며 인연 이야기를 거듭 적는 것은 인연의 법칙이라는, 보편적인 이론을 알리기 위해서다. 사람마다 처한 환경이 다르고 관심사가 다르다 보니 취미도 달라지고, 전문성도 달라진다. 모든 사람이 다 같은 걸 좋아할 수도 없고, 다 관심 가질 수도 없다. 다만 자신의 직업·전문성·경험 등으로 볼 수 있는 인연을 놓치지 말고 잘 살펴보고, 그런 다음에는 제대로 기르고 가꿔야 한다.

사실 씨앗因을 보는 눈 중에는 그 자리에서 바로 문제가 해결되는 경우도 있다. 오티스엘리베이터의 경우에 답답하다, 느리다는 고객들의 불만을 한 여성이 간단히 처방해 주기는 했지만, 그것으로 끝이다. 이 여성이 엘리베이터를 발명하거나 만들 수는 없으며, 더더욱 엘리베이터에 거울을 설치해 준 대가로 받은 것도 없다. 그냥 공덕이나 쌓은 것뿐이다.

특히 처방緣을 할 때에는 상당한 지식과 끈기, 집중력, 자본 등이 있어야 할 때가 아주 많다. 에디슨이 전구를 발명할 때, 핵심 이론은 유리관을 덮어씌워 필라멘트가 산화되지 않도록 산소를 빼내는 기술이 가장 중요한데, 누군가가 그걸 상상했다고 쳐도 실제로 연구비가 없으면 실험이 불가능하다. 하지만 그는 4중 전신기 발명으로 이미 큰 돈을 벌어 둔 상태였기 때문에 마음껏 실험을 하고, 직원들을 시켜 수많은 종류의 필라멘트를 구하고, 탄소 필라멘트를 만들기 위해 대나무를 구할 때에는 전 세계에 직원을 파견하기도 했다.

에디슨이라고 하면 발명왕이라고 쉽게 말하지만, 그가 발명왕이 되기 위해서는 수많은 인연을 거쳐서 그 자리까지 올라간 것이다.

필자가 초등하교 1학년쯤일 때, 5학년에 다니던 형이 학교에서 분양해 준 토끼 한 마리를 집에 가져와 동생들을 모아 놓고 일장 연설을 한 적이 있다.

"이 토끼를 기르면 새끼를 낳고, 그러면 한 마리는 학교에 갚고 나머지는 또 기르든지 팔 수 있다. 여러 마리를 기르면 내년쯤이면 토끼를 다 팔아 새끼 돼지를 사고, 이 돼지를 길러 송아지를 사고, 송아지를 기르면 대학도 갈 수 있다."

멋진 계산이었다. 동생들은 박수를 쳤다. 우리 집이 곧 부자가 될 줄로 믿었다.

형은 초등학교에서 분양받은 토끼를 열심히 길러 새끼를 치고, 그러다 새끼 돼지를 사다 기르는 것까지는 차례차례 성공했다. 그 뒤에 고추 농사가 흉년이 들자, 중학교 입학을 앞두었던 형은 돼지를 팔아 가지고는 문제를 해결할 수 없다고 보고 그 즉시 꿈을 집어던졌다. 그 뒤로 모든 게 흐지부지되고, 또 그 꿈을 연속해서 꿀 수 있는 집안 형편이 살아나지 않자 형은 모든 걸 접어 버렸다.

대신에 형은 나를 대학에 보내 주었다. 덕분에 나는 토끼를 기르지 않고도 대학을 나올 수 있었다. 내게는 월트 디즈니의 형인 로이 디즈

니 같은 형이다. 형에게는 로이 같은 형이 없었지만, 내게는 그런 형이
있었다.


　토머스 에디슨은 초등학교 1학년을 다니다 만 괴짜다. 그런 그가
전구를 발명하여 거부가 되고, 오늘날까지도 유명한 세계적인 기업
GE를 이룩했다.

　초등학교만 놓고 보면 토머스 에디슨0710이나 정주영0355이나 우리
형0625은 별 차이가 없다. 정주영이 소 판 돈을 훔쳐 서울로 나와 성공
할 때에 우리 형은 차마 그러지 못했다. 효심이 강한 형은 서당을 다니
면서 아버지 대신 농사일을 도맡고, 그렇게 부모를 봉양하는 것이 더
중요하다고 배웠다. 그러니 1원 한 장이라도 훔쳐 서울로 달아날 생각
은 하지도 않았다. 다만 에디슨은 가난한 살림 속에 어렵게 살았지만
기차가 다니는 도시에서 살았고, 적어도 전보를 주고받는 전신 문화
속에서 살았다. 인연의 세계에서는 환경이나 삶을 대하는 의식이 매우
중요한 것이다.

　에디슨은 전구를 발명한 사람으로 유명하고, 그로 인해 거부가 되
고, GE라는 대기업을 일궈 냈다. 하지만 전구를 아무나 발명할 수 있
는 건 아니다. 최소한 때(天時)와 장소(地理)가 잘 맞아떨어져야 한다. 에
디슨이 태어나 살던 시기는 전기 기술이 폭발적으로 발전할 때다. 전
기란 아무 데나 파기만 하면 금이 나오는 캘리포니아 같은 신천지였
다. 전기를 캐는 광부는 곧 발명가들이었다. 수많은 발명가들이 전기
연구에 몰두했다. 에디슨은 그중의 한 사람이었다.

## :: 인연의 빅뱅이 일어나는 그때 그 자리에 있어라

반도체도 그렇다. 발명되자마자 그 즉시 또 다른 캘리포니아 광산이 되는 것이다. 손만 대면 금맥이 드러났다. 골드러시다. 수많은 사람들이 반도체의 본산인 실리콘 밸리로 몰려들어 광부처럼 금을 캤다. 거기서 억만장자들이 마구 쏟아져 나왔다.

증기 기관이 발명되어 쇳덩어리가 움직이기 시작하자마자 수많은 사람들이 이 새로운 캘리포니아 광산으로 몰려들어 이런 꿈을 꾸고, 저런 꿈을 이루었다. 돛단배뿐이던 바다에 증기선이 떠서 대륙을 마음대로 이동하고, 말 타고 며칠씩 달리던 길을 기차가 단숨에 주파하고, 이어서 자동차와 비행기가 나와 세상을 뒤집어 놓았다. 그사이에 증기 기관이라는 인연의 광산에서 금맥을 잡아 부자가 된 사람은 이루 다 헤아릴 수도 없다.

최소한 전기 기술이 처음 나와 발전할 때, 반도체가 발명되어 쓰임새가 무한대로 뻗어 나갈 때, 증기 기관이 나와 무거운 쇳덩어리가 움직이기 시작할 때에 바로 그 인연의 빅뱅 현장에 있어야만 때와 장소를 잘 찾은 것이다. 빌 게이츠와 스티브 잡스가 컴퓨터에 몰입할 때, 최루탄 가스 마시며 짭새라는 폭력 경찰들에게 쫓겨 골목길을 헤매던 한국 청년들에게는 그런 인연이 찾아갈 수가 없다. 최소한 그 지경을 벗어나 일본으로 미국으로 유학을 다닌 이건희[0610]에게는 인연이 제 발로, 곱게 단장한 맨 얼굴로 찾아와 다소곳이 무릎을 꿇는다. 수많은 사람들이 민주화에 목숨 바쳐 죽어 가던 중에도 이들의 타도 대상이던 독재자와 유착한 아버지 덕분에 반도체 빅뱅이 벌어지던 그때 그 자리에 있었던 이건희는 세계 최고의 기술력을 가진 한국 반도체와 마이크론 기술을 거뜬히 사들이고, 열심히 공부하고 경력을 쌓은 반도체 전문 두뇌들을 어렵지 않게 끌어들일 수 있었다. 이건희같이 뛰어난 사람이라도 아버지가 이병철[1010]이 아니었다면, 아마도 오늘의 삼성이라는 꿈은 이루지 못했을 것이다.

이런 관점에서 보자면, 에디슨은 인연의 빅뱅이 일어나던 바로 그때 그 자리에 있었다. 그리고 4중 전신기 발명으로 돈도 충분히 벌어 연구 자금을 넉넉히 확보하고 있었다. 에디슨이 만일 1847년에 오하이오 주에서 태어나 미시간 주로 이사하지 않고, 1847년에 한양성에서 태어나 부산쯤으로 이사했더라면 전구는 결코 그의 발명품이 되지 못했을 것이다.

에디슨이 살던 포트휴런과 디트로이트를 오가는 기찻간에서 사탕과 신문, 채소 등을 팔았다는 건 널리 알려진 이야기다. 적어도 당시 문명의 중심지인 기찻길 근처에는 있어야 한다. 실수를 해도 거기서 하고, 머리를 써도 거기서 써야 한다. 말은 제주도로 보내고 사내는 서울로 보내라는 말이 바로 그것이다. 코카콜라도 기찻길을 깔고 성공했잖은가. 세계 최강의 군대인 미군을 따라다니며 성장하지 않았던가.

기찻길에서 사탕 팔고 신문 파는 게 어째서 전구를 발명할 만한 위치와 환경이 될까. 어째서 그래야만 인연이 찾아오는 것일까.

물론 맹모삼천지교(孟母三遷之敎)도 중요하지만 맹자의 말처럼, 큰일을 할 사람에게 크고 작은 시련쯤은 다반사로 찾아온다는 '인연의 법칙'은 이해하고 있어야 한다. 알프레드 노벨은 다이너마이트를 발명하던 중 폭발 사고가 일어나 동생이 죽고, 스티브 잡스는 그가 만든 회사에서 쫓겨나고 젊은 나이에 췌장암에 걸린다. 조앤 롤링은 정부 보조금으로 생활하는 싱글 맘으로 버티며 글을 썼고, 아돌프 히틀러는 주

110

린 배를 움켜쥐고 벤치에서 잠을 잤다. 맹자는 한 자도 틀린 말을 하지 않았다.

하늘이 장차 어떤 사람에게 큰 임무를 맡기려 할 때에는 반드시 먼저 그 마음과 뜻을 괴롭히고, 육체를 고단하게 만들고, 육신을 굶주리고 궁핍하게 하며, 하는 일마다 어긋나게 만들어서 무서운 역경에 빠뜨린다. 그렇게 함으로써 그가 분발하여, 강한 인내력을 가지고 능력을 키워서 큰 임무를 맡게 하려는 것이다(天將降大任於斯人也 必先苦其心志 勞其筋骨 餓其體膚 空乏其身 行拂亂其所爲 所以動心忍性 增益其所不能).

"야, 이, 이 녀석아! 어디다 함부로 불을 내!"

기차에서 과자와 신문을 팔던 에디슨은 틈틈이 무슨 실험인가를 한다면서 빈 차량에 들락거렸다. 그러다가 오늘 기어이 불을 낸 것이다.

승무원은 열두 살이 된 에디슨을 끌어다 앉혀 놓고 마구 욕하고 때렸다.

"네놈이 버릇없는 놈인 줄은 내가 진작에 알아봤지. 이 자식아, 초등학교에 입학해서 석 달 만에 퇴학당한 놈아! 오죽하면 초등학생이 다 퇴학당하냐! 이 빌어먹을 새끼야!"

승무원은 소년의 따귀를 사정없이 때렸다. 어찌나 아프게 맞았는지 승무원이 뭐라고 말하는지 잘 들리지도 않았다.

"잘못했어요. 용서하세요."

그래도 승무원은 에디슨의 볼이 시뻘게지도록 두드려 팬 뒤, 씩씩거리며 실험 도구를 발로 걷어차고 때려부쉈다. 에디슨은 이날 어찌나 심하게 맞았던지 청각 장애를 얻고 말았다(이 주장은 에디슨의 말년, 달리는

– 소년 시절의 토머스 에디슨. 딱 신문팔이로 보인다. 하지만 저 어린애가 직접 신문을 제작해 팔았다고 생각해 보라. (사진 : 위키백과사전)

기차에 타려는데 역무원이 귀를 잡은 채 끌어당기는 바람에 청각 장애가 생겼다는 주장으로 바뀐다). 불과 열두 살, 꽃봉오리조차 맺지 않은 어린 새싹이었을 뿐이었는데….

이 소년은 귀가 먹도록 두드려 맞았건만 구경하던 누구도 말려 주지 않았다. 그 어린 소년한테서 신문을 산 손님도 많고, 다른 승무원들도 많았다. 부모도 있었지만 부모는 이 자식에게 신문팔이나 시킬 줄 알지, 이 아이의 미래는 결코 보지 못하는 사람들이었다. 물론 에디슨은 남의 신문만 파는 게 아니라 『그랜드 트렁크 헤럴드 Grand Trunk Herald』라는 신문을 직접 편집하고 인쇄하여, 다른 신문과 함께 팔았다. 이미 남다른 호기심과 재주가 있었던 것이다.

## :: 기회는 반드시 찾아온다

그러던 어느 날, 그에게 엄청난 기회가 왔다.

인연은 참으로 묘한 얼굴로 느닷없이 찾아온다. 기차가 들어오는 선로에 세 살짜리 어린아이가 놀고 있었다.

"어? 위험한데?"

그는 본능적으로 달려가 이 어린아이를 구해 냈다. 자칫하면 기차에 치일 뻔한 것이다.

지미 매켄지라는 이 소년의 아버지인 J. U. 매켄지는 역무원이었는데, 아들을 살려 준 에디슨에게 은혜를 갚는다면서 역사 내 철도 전신소에서 일할 수 있게 해 주었다. 그제야 사탕과 채소, 신문팔이를 그만

두었다.

에디슨은 이곳에서 전신 기초를 배우고, 열아홉 살에 전신으로는 세계 최대 회사인 웨스턴유니언에 취직했다. 하지만 사무실에서 개인적으로 축전지 실험을 하다가 황산을 흘려 아래층의 사장 책상에 떨어뜨린 뒤, 다음날 아침에 해고당했다.

에디슨은 이때 눈여겨본 기술로 왕복 1회선밖에 연락을 주고받을 수 없는 전신을 4회선으로 늘리는 기술을 개발했다. 이른바 4중 전신기다.

하지만 그는 전신 쪽으로 폭발하는 인연의 대열에서는 살짝 비켜섰다. 세상 모든 인연을 그가 다 독차지할 수는 없는 것이다.

그는 다중 전신기로 벌어들인 돈으로 멘로 파크(Menlo Park)에 개인 연구소를 세웠다. 여기서 몇 개의 발명을 하던 끝에 그는 전기램프에 관심을 가졌다.

당시에 전기 생산은 발전기로 가능했는데 공급은 어려웠다. 그럼에도 발전기를 이용해 전기램프를 만든 사람이 있었다. 영국 물리학자인 조지프 스완이 이 무렵에 전구 개발에 성공하였다. 그래 봐야 두 전선을 갖다 대면 불꽃이 일어 주변이 밝아진다는 것 정도의 특허였다. 에디슨은 스완의 이 특허를 사들여 더욱 연구했다. 1800년에 알레산드로 볼타가 빛나는 전선을 선보인 이래, 헨리 우드워드나 매튜 에번스 같은 캐나다 발명가들이 전구를 만들었으며, 이 외에도 험프리 데이비·제임스 보먼 린지·모지스 파머·윌리엄 소여 그리고 하인리히 괴벨까지 전구를 만들었다. 그러나 이들이 만든 전구는 수명이 지극히 짧은 단 몇 초였으며, 생산 단가가 높고 소모 전력도 컸기에 대규모 사업장에 적용하기에는 곤란하였다. 빛을 얼마나 오래 유지하느냐, 생산 단가가 얼마나 저렴하냐가 관건이었다. 그래서 뉴욕 같은 대도시에서는 여전히 가스등을 쓰고 있었다.

## :: 인류를 어둠에서 구해 내다

이런 상황에서 에디슨은 아주 간단한 아이디어를 적용했다.

이에 앞서 에디슨은 한 직원이 전구의 체적을 구하느라 땀을 뻘뻘 흘리는 걸 보다가, "전구를 물에 담가 흘러넘친 양으로 계산해 보게." 라고 하여 간단히 문제를 풀게 한 적이 있다. 이처럼 그는 다른 사람들이 너무 어렵게 접근할 때, 아주 쉽고 간단하게 문제에 접근했다.

에디슨은 당시에 전구에서 아주 쉽고 간단한, 초등학생도 알 만한 문제점을 발견했다. 즉 유리병 속이 진공이 아니라는 사실이었다. 다시 말해, 산소가 남아 있기 때문에 전구의 필라멘트가 너무 쉽게 타 버리는 것이다. 그는 먼저 전구 속을 완전히 진공 상태로 만드는 일부터 시작했다. 산소 때문에 필라멘트가 더 빨리 타 버린다는, 이 기본 상식을 물리학의 대가들은 깜빡 잊고 있었다. 에디슨은 전구 속을 대기 중의 수백만 분의 1 수준까지 진공 상태로 만들었다.

에디슨은 그런 다음 가장 좋은 필라멘트를 만들기 위해 무려 4만 달러를 지출했다. 당시에 일반인은 연구비로 이만한 거금을 쓸 준비가 되어 있지 않았다. 그는 다중 전신기 발명으로 충분한 발명 자금을 보유하고 있었다. 이처럼 어떤 인연은 자본이 넉넉해야 끌어당길 수 있는 분야도 있다. 그래서 무슨 인연이든 찾아왔을 때, 이 인연을 내 것으로 만들기 위해서는 평소의 저축이 필요한 것이다.

에디슨과 그의 조수들은 1,200회나 되는 실험을 거듭했다. 백금 등 모든 금속·비금속을 실험하고, 세상에 존재하는 물질을 다 테스트했다. 녹는점이 가장 높은 백금이 효율적이긴 했으나, 12그램에 28달러나 되는 비싼 물건이라 당연히 제외됐다.

그러던 중 에디슨은 마침내 실마리를 알아냈다. 탄소 필라멘트를 쓰면 전구 수명이 늘어난다는 보도에서 그는 힌트를 얻었다. 누군가가 무심코 이처럼 엄청난 비밀을 신문 기자에게 떠들고 만 것이다.

에디슨은 여러 가지 탄화 물질을 만드는 데 열중했다. 아마사(亞麻絲)·나뭇조각·종이·머리카락 등을 태운 탄소를 다양한 방식으로 꼬아 필라멘트를 만들어 보았지만, 램프는 여전히 깜깜했다. 그러던 중 1879년 10월 21일, 목화로 만든 면사(綿絲)를 태운 재로 만든 필라멘트로 15시간이나 빛을 내게 하는 데 성공했다. 밝기는 촛불 30개 수준이었다. 결정적인 승기를 잡은 그는 이튿날 특허 신청서를 냈고, 1880년 1월 27일에 '미국 제223,898호'로 특허가 났다.

이후에 필라멘트 개량 연구를 계속하던 중, 우연히 일본산 부채를 태워 실험하다가 대나무 재로 만든 필라멘트가 효율이 매우 높다는 걸 알아냈다. 에디슨은 즉시 직원들을 전 세계로 보내 각지의 대나무를 수집하여 실험했다. 그 결과, 일본산 대나무가 가장 효율이 높다는 걸 알게 되었고, 이번에는 일본 각지의 대나무를 수집해 또 실험했다. 그리고 마침내 교토 인근에서 자라는 대나무로 만든 필라멘트로 무려 1,500시간을 밝히는 데 성공했다. 그제야 경제성이 제대로 확보된 것이다.

독일의 역사학자인 에밀 루트비히는 에디슨의 전구 발명에 대해 이렇게 말했다.

"프로메테우스가 불을 발견한 이후, 인류는 두 번째 불을 발견한 것이다. 인류는 이제 어둠에서 벗어났다."

에디슨은 전구를 발명한 뒤인 1880년 12월 17일, 이 전구를 생산하는 회사와 전기를 공급하는 회사를 각각 세웠다. 1882년에 뉴욕의 펄스트리트발전소(Pearl Street Station)에 첫 전기 설비를 시공하고, 9월 4일에는 맨해튼 지역 59개소에 110볼트 직류 전원을 공급, 뉴욕 전역을 밝히기 시작하였다. 이해에 조선에서는 군인들 월급을 열세 달째나 미루다가 겨우 한 달치를 주었는데, 그마저도 탐관오리들이 쌀을 빼돌리고 그만큼 모래와 겨를 섞어 내주었다. 이에 격분한 군인들이 난을 일으키니, 바로 임오군란이다. 군인들은 민씨 일족을 잡아 죽이고, 명성왕후를 지지하던 일본 공사관을 급습, 불을 지르고 닥치는 대로 죽였다. 명성왕후는 여주까지 급히 달아났다. 이런 혼란기에 생길 인연은 국망(國亡)뿐이고, 자칫하다가는 자결하거나 목숨을 빼앗기는 인연밖에 달리 무엇을 구할 것인가. 전구, 그건 먼 나라 이야기다.

에디슨은 이후에도 놀라운 발명을 거듭한다.

하지만 그도 놓친 것이 몇 가지 있다. 높이 올라가면 아래가 안 보이고, 너무 내려가면 위가 보이지 않는다. 너무 앞서면 뒤가 보이지 않고, 너무 느리면 앞이 보이지 않는다. 눈높이가 적당히 맞을 때, 속도가 딱 알맞을 때에 보이는 것만이 인연이 될 수 있다.

그는 발전소를 지으면서 직류를 선택했다. 하지만 직류는 발전소에서 2.4킬로미터 이내 지역에만 공급할 수 있다. 이때 그의 직원이던 니콜라 테슬라가 교류를 발명했지만, 그는 직류가 옳고 안전하다면서 무리하게 고집을 부렸다. 테슬라는 회사를 나가 웨스팅하우스와 손을 잡았고, 결국 교류 송전 방식은 수백 킬로미터 멀리 전기를 공급하였다. 직류, 교류 싸움에서 에디슨은 거의 완패했다.

또 하나, 그가 놓친 것은 전구 속에 있던 비밀이었다.

전구 속의 열이 워낙 높다 보니 유리 안쪽에 검댕이 생겼다. 프린스턴대 출신 조수인 프랜시스 업턴[12]은 이 현상을 없애려고 노력했다. 그는 검댕을 막기 위해 전구 속에 금속판을 넣자고 에디슨에게 제안했다.

에디슨은 업턴의 제안대로 전구에 백금 조각을 봉입해 이를 전압이 걸려 있는 필라멘트와 접속시켰다. 그리고 여기에 백금 조각을 양극에 연결하자, 백금 조각과 필라멘트 사이의 허공에 전류가 흘렀다. 전선이 없는데도 전기가 흐른 것이다. 공기는 전기가 통하지 않으니 당연히 전류가 흘러서는 안 되는 것이 이 무렵의 상식이었다. 에디슨이 이번에는 반대로 음극에 연결하자 전류가 흐르지 않았다.

"이거 뭐지? 유리관은 진공인데 여길 흐르는 전류가 대체 뭐지?"

설명이 안 되는 상황이었다. 에디슨은 어쨌든 이 현상을 특허 등록했다. 하지만 그는 끝내 이 원리가 무엇인지 알아내지 못했다. 하지만 여기서 21세기까지 관통되는, 어마어마한 인연의 빅뱅이 일어난다는 사실을 에디슨은 잘 인식하지 못했다. 그러기에는 전구를 사업화하는 일이 너무 바빴다. 14년 뒤인 1897년, 영국 캐빈디시연구소의 조지프 톰슨[0460]은 이 정체 불명의 전기가 전자의 흐름이라는 사실을 발견하게 된다. 이것이 현대 물리학의 시작이라고 알려진 전자의 발견이다. 말하자면 에디슨이 금속판을 댄 전구는 최초의 진공관인 셈이다. 양극에 대면 통하며 음극에 대면 통하지 않는, 말하자면 전자를 통제하는 첫 기적이 일어난 것이다. 이후에 이 원리를 이용한 진공관이 나와 통신 혁명이 일어나고, 결국 에니악 같은 거대 컴퓨터가 발명된다. 전기가 통하느냐, 통하지 않느냐를 마음대로 조정한 것이 2진법의 신세계를 창조한 것이다. 이후에 진공관은 더 편리하고 작은 반도체로 변신,

– 1904년, 에디슨연구소 고문으로 일하던 존 앰브로즈 플레밍은 전구가 아니라 진짜 진공관을 만든다.

– 둥근 필라멘트 사이에 삐죽 나온 금속판은 단지 검댕을 막기 위해 댄 것이지만 여기서 전류란 전자의 흐름이고, 전자는 음극에서 양극으로 일방 통행한다는 사실을 알게 되었다. 전자가 통하냐, 통하지 않으냐 하는 2진법의 세계가 열린 것이다.

오늘날과 같은 IT 기적이 일어난다. 에디슨의 전구로부터 스티브 잡스의 아이폰에 이르기까지, 얼마나 많은 인연의 법칙들이 숨 가쁘게 작용했는지 정작 에디슨 자신은 까마득히 몰랐던 것이다.

물론 에디슨이 '에디슨 효과'에 집중했다면, 존 플레밍[0955]보다 더 빨리 진공관을 만들어 정류와 증폭 원리를 이용해 라디오도 만들고, 컴퓨터도 만들었을지 모른다. 하지만 주변 여건이 함께 발전하지 않으면 천시(天時)와 지리(地理)를 잃어 괴짜가 되기 쉽다. 그러니 진공관이나 반도체 등은 에디슨과 인연이 없는 시대의 물건이 돼 버리는 것이다.

에디슨이 놓친 게 한 가지 더 있다. 앞서 그는 4중 전신기를 발명해 이름을 날렸는데, 그는 그때 번 돈으로 전구 발명 등에 썼다. 물론 전구 발명으로 엄청난 돈을 다시 벌어들이기는 했다. 하지만 다중 전신기 원리로, 또 에디슨 효과를 이용해 누군가가 전화를 발명해 버렸다. 에디슨은 누군가가 하다가 포기한 마지막부터 다시 시작해 성공했을 뿐이라고 말한 적이 있다. 이 말대로 에디슨이 포기한 그 시점부터 시작

– 우주 생성의 원리가 바로 꼬리를 물고 이어지는 태극과 같다.

하여 플레밍은 진공관을 만들어 내고, 또 에디슨이 간과한 채 잊어버린 그 시점부터 시작하여 알렉산더 그레이엄 벨은 전화를 발명한 것이다. 벨이 3년 동안 끙끙거리며, 150만 달러란 연구 자금을 퍼부어 가며 전화기를 발명하자, 에디슨은 단지 일주일간 고심하여 벨의 것보다 훨씬 더 성능 좋은 전화기를 만들어 냈다. 하지만 특허는 벨의 소유였다. 그는 다만 질 좋은 송신기라는 추가 특허를 겨우 등록했을 뿐이다.

에디슨의 말은 결국 이 세상에 인연의 끝이라는 건 없다는 말이다. 꼬리를 물고 계속 이어지는 것이다.

# 7
# 전신기에서 휴대 전화까지

## :: 생각을 빛의 속도로 전하는 법

인터넷이 20세기 말에 세계를 뒤흔든 기술이라면, 19세기 말에는 전신술이라는 게 있었다. 당시에 인류는 가까이 있는 사람에게는 말과 몸짓·깃발로 정보와 생각을 전하고, 멀리 있는 사람에게는 문자를 이용하여 전했다. 그러자니 정보와 생각을 멀리 보내려면 우편집배원을 이용하거나, 자동차나 기차나 배를 이용하여 편지를 전달해야만 했다. 문제는 몇 달씩 걸리는 시간이었다.

이 무렵에 새뮤얼 모스[1120]라는 화가가 등장했다. 인물 화가인 그가 통신에 눈을 뜬 것은 1811년의 일이다.

이해에 영국 해군은 적국인 프랑스로 뭔가를 운반 중이던 미국 수송선을 공격했다. 하지만 곧 오해가 있었다는 걸 안 영국은 미국에 화해 메시지를 보냈다. 하지만 이 메시지는 영국에서 배를 타고 대서양을 지나 미국의 워싱턴에 이르러야 했으므로, 무려 한 달 뒤에야 미국 고위층에 전해졌다. 하지만 이 메시지가 도착하기 전인 1812년, 미국은 이미 영국에 전쟁을 선포했다.

이렇게 치열하게 싸우다가 2년이 지나서야 두 나라는 오해였음을 서로 이해하여, 가까스로 평화 조약을 체결하고 전쟁을 끝냈다. 하지만 전쟁이 끝났다는 사실을 모르는 해상의 전함들은 조약 체결 뒤에도 격렬하게 싸웠다. 모든 게 통신이 되지 않기 때문에 일어난 일이었다. 이 어처구니없는 전쟁 이야기를 전해 들은 새뮤얼 모스는 어떻게 하면 소식을 빨리 전할 수 있을까 고민해 보았다.

그러던 중 1825년에 그의 부인이 고향 집에서 갑자기 죽었다. 워싱턴에 있는 모스가 이 부음을 편지로 받기까지 1주일이 걸렸다. 장례식이 이미 끝난 시점이었다. 이때 그는 다시 한 번 빠른 통신법이 없을까 고민하게 되었다.

1832년, 그는 마침내 단선 회로를 이용한 전신기를 생각해 냈다. 그러고는 5년간 전신기 개발에 매달렸다. 신호를 길고 짧은 두 종류로 보낼 수밖에 없다고 생각한 그는 모든 알파벳을 점(·)과 대시(−)를 이용해 표기하고, 이 방식에 따라 전기를 끊었다 이었다 하는 방식으로 신호를 보내는 데 성공했다.

하지만 이 당시의 전기 기술은 워낙 초기 단계라서 이 정도 전신기를 만드는 데도 큰돈이 들었다. 그러기 위해 그는 개발 자금을 구하느라 몇 년간 고생했다. 하지만 사람들은 그를 비웃기나 할 뿐 돈을 대어 주는 사람이 없었다. '사람들'은 대개 반대하거나 폄하하거나 거들떠보지 않는다. 하물며 신기술, 신문명, 신문화에 대해서는 더더욱 손사래를 친다.

1838년, 새뮤얼 모스는 국가의 재정 지원을 얻기 위해 의회에서 전신기의 가치에 대해 호소했다.

"인간은 전자기식 전신을 통해 인공 신경 체계를 창조함으로써, 이 땅에서 일어나는 모든 지식을 생각과 같은 속도로 전파할 수 있습니다."

이 연설 뒤에 분위기가 무르익었다. 그가 전신기 개념을 생각해 낸 지 무려 11년이 지난 1843년, 드디어 미국 정부가 나서서 개발비를 부담했다.

1844년 5월 24일에 새뮤얼 모스는 세계 최초로 문자를 전신 신호로 보내는 데 성공했다. 이때 그가 보낸 문구는 'What hath God wrought'로 '하나님이 하신 일은 어찌 그리 크신가'(민수기 23:23)라는 성경 구절이었다.

이 모스 전신법은 그 뒤로 170년간 국제 전신 표준으로 널리 쓰였고, 1997년 1월 31일까지 해상 조난 신호로 이용되었다. 그 밖의 분야에서는 아직도 쓰이는 곳이 많다.

일단 새뮤얼 모스는 미영 전쟁과 아내의 죽음으로부터 통신이라는, 중요하고 절박한 씨앗因을 읽었다. 이것을 당시에 막 생겨난 전기라는 개념을 처방緣으로 붙여 '모스 부호를 이용한 전신기'라는 결실果을 발명해 냈다. 그가 이용한 점과 대시는 결과적으로 0과 1로 된 컴퓨터 발명으로 이어진다.

### :: 모스 부호에 사람의 목소리를 담을 수 없을까?

이때 새뮤얼 모스의 전신기를 또 다른 인연으로 읽은 사람이 있었다. 전신이라는 이 매력적인 씨앗因을 읽고 나름대로 처방緣을 붙이려 노력한 사람 중 역사에 등장한 인물은 모두 네 명이다. 필립 라이스0505, 알렉산더 그레이엄 벨0710, 안토니오 메우치0420, 엘리샤 그레이0735다. 이 사람들은 모스 부호를 통한 글이 아니라 진짜 사람의 목소리를 보내고 싶어했다(쉽게 설명하기 위해 전화기 발명에 필요한 전기 현상 연구에 대해서는 생략한다).

먼저 필립 라이스.

그는 독일의 공업학교 교사였다. 독일의 겔른 하우젠에서 빵집 아들로 태어난 그는 어려서 고아가 되었다. 어렵게 고등학교를 졸업한 그는 기능공 수업을 받고 여러 직장을 떠돌다가, 각고의 노력 끝에 원하던 공업학교 교사가 될 수 있었다. 낮에는 학교에서 학생들을 가르치는 한편, 밤에는 사람의 목소리를 전달하는 기계를 연구했는데, 그가 주로 이용한 도구는 맥주 통 마개·돼지 오줌보·스프링과 바이올린 등 여러 가지 헌 물건들이었다.

맥주 통 마개를 사람의 귀 모양으로 깎은 후, 돼지 오줌보를 붙이고 스프링을 연결하여 '송화기'를 제작한 후, 전자석에 바이올린을 연결한 '수화기'를 만들어서 1860년에 최초의 전화기 실험에 성공했다.

모스가 전신기를 만들어 낸 1844년은 그의 나이 11세 때였다. 그런 만큼 사람의 목소리를 송신하는 기술을 열망한 것은 시기적으로는 매우 적절했다. 그가 최초의 전화기 실험에 성공한 1860년은 그의 나이 불과 27세 때였다. 그는 그리스어의 원격(遠隔 : tele)과 음성(音聲 : phone)을 합쳐 'telephone'이란 말을 처음으로 만들어 내기도 했다.

라이스는 1861년 10월, 프랑크푸르트의 과학자 모임에서 이 발명품을 선보였다. 그런데 웬일인지 사람들은 목소리를 전할 수 있다는 이 기계를 장난감 취급할 뿐, 실용 가치에 대해 관심을 두지 않았다. 장차 인류의 정보 문화를 혁신시킬 이 위대한 발명품을 어느 누구도 알아보지 못한 것이다. 모스 부호를 이용해 글을 전하는 게 아니라 진짜 사람의 목소리를 전하는 기술이 나왔는데도 이랬던 것이다.

전화기라는 이 발명품을 인으로도, 연으로도 봐 주는 사람이 없었다.

모스 전신기를 씨앗因으로 본 라이스가 여기에 자신의 공학 기술이라는 처방緣을 붙여, 전화기라는 결실果을 만들어 내는 데까지는 성공했다. 그러나 이 전화기를 새로운 씨앗因으로 보는 눈이 아직 생기지 않은 것이다.

이처럼 눈으로 뻔히 보이는데도 그것이 큰 씨앗因이라는 걸 알아보지 못하는 수도 있다. 생각이 없으면 눈이 있어도 보이지 않고, 귀가 있어도 들리지 않는 것이다.

필립 라이스는 자신의 전화기를 실용화하기 위해 나름대로 처방緣을 찾으려 애를 썼다. 물론 그 품질이 오늘날의 전화기처럼 성능이 우수하지는 못했겠지만, 어쨌거나 필립 라이스는 끝내 처방緣을 찾지 못하고 가난과 실의에 지친 끝에 폐결핵에 걸리고 말았다. 1874년 1월, 그는 쓸쓸히 세상을 떠나고 말았다. 선구적인 발명가 한 사람이 불행히도 자신의 '때'를 만나지 못하고 사라져 버린 것이다. 그의 발명이 너무 빨라서 결과적으로 천시(天時)를 얻지 못한 셈이다.

나중에 알렉산더 그레이엄 벨이란 미국인 발명가가 최종 승자가 되어 전화기가 보급되기 시작하자, 필립 라이스의 고향에서는 뒤늦게 호들갑을 떨며 흥분했다. 그러고는 묘지에 '전화기의 참된 발명자 − 필립 라이스'라는 비석을 세워 주었을 뿐이다.

라이스의 처지는 금속 활자를 발명해 놓고도 이를 인쇄 문명으로 연결하지 못한 우리나라와 비슷하다. 진주대첩 때에 성에서 날틀을 타고 날았다는 전설 같은 것으로 우리나라가 최초의 비행기 발명국이 될 수는 없는 것이다. 처방緣이 붙지 못하는 씨앗因은 의미가 없다. 일반 씨앗도 보존 연한이 지나면 아무리 땅에 심어도 싹이 나지 않는다. 하물며 인간 사이에 오가는 씨앗因이란 다 때가 정해져 있는 법이다.

그다음으로 전신기를 씨앗因으로 본 두 번째 인물, 안토니오 메우치를 보자.

그는 직장에 나가서도 아픈 아내와 연락하기 위해 전화기를 고안해 냈다. 그런데 이 전화기의 특허를 내려면 250달러가 필요했는데, 안타깝게도 그에게는 이만한 돈이 없었다. 1871년에 임시 특허만 냈다. 라이스가 최초의 전화기를 발명한 1861년으로부터 10년 뒤의 일이지만, 그 역시 불운을 이겨 내지 못했다.

그는 결국 돈을 마련하지 못해 1874년에 특허를 포기하고, 이 기술을 다른 사람에게 파는 데도 실패했다. 그만큼 '전화'를 대단한 발명으로 여기지 않는 풍조가 강했던 것이다. 그 역시 고향에서는 벨의 전화기가 나온 뒤에 뒤늦게 최초의 전화기 발명가라는 유명세를 탔지만, 정작 그에게는 아무 의미가 없었다.

## :: 그레이엄 벨과 엘리샤 그레이의 차이

이제 알렉산더 그레이엄 벨과 엘리샤 그레이가 남는데, 먼저 약간 앞서 발명한 그레이를 보자.

그레이는 일찍부터 전신에 관심을 가졌고, 32세 때에 전신 중계기로 특허를 얻었다. 그리고 이 기술을 바탕으로 전신 장비를 생산하기 위해 '웨스턴 일렉트릭 매뉴팩처링'이라는 회사를 세웠다. 그런 중에 새뮤얼 모스의 전신 기술을 바탕으로 설립된, 웨스턴유니언이란 전신 회사가 나타나 주식의 3분의 1을 사 갔다. 전신에 관한 주도권을 쥐고 있던 웨스턴유니언사는 엘리샤 그레이의 특허가 탐이 났다.

그레이 역시 웨스턴유니언과 함께 그가 꿈꾸던 다중 전신 시스템을 발명하고 싶어 이 기회를 크게 반겼다.

1844년 5월 24일, 새뮤얼 모스가 세계 최초로 전신 실연에 성공한 이래 약 28년 만인 1872년에 드디어 양쪽에서 신호를 주고받을 수 있는 이중 시스템이 출현하고, 당시 전신업계에서는 수많은 신호를 동시에 전달할 수 있는 다중 시스템을 개발하는 것이 최대 관심사로 떠올랐다. 그런데 이때 다중 전신기를 연구하던 그레이는 우연히 전화기에 대한 아이디어를 먼저 떠올렸다. 1874년 어느 날, 그레이는 사촌 동생의 집에 놀러 갔는데 그곳에서 흥미로운 사실을 발견했다.

전기 실험 애호가이던 그의 사촌 동생은 화장실 욕조에 회로 두 개로 구성된 전기 장치를 설치해 놓고 한창 실험을 하고 있었다. 그가 지켜보니 한 회로의 전지가 금속판에 진동을 발생시키면, 그것이 소음을 내면서 유도 코일이 설치된 다른 회로를 열거나 닫는 것이었다.

충격을 받은 그레이는 신호의 전송과 재생에 관한 실험에 착수하고, 이 과정에서 목소리를 주고받을 수 있는 '전화기'의 가능성을 읽어냈다.

마침내 그레이는 워싱턴, 보스턴, 뉴욕에서 그가 발명한 송수신기 설명회를 열었다. 이때 『뉴욕 타임스』는 이 전화기에 대해 이렇게 소개했다.

전신 교환원들은 곧 전선을 통해 자신들의 목소리를 전송할 것이며, 전신을 보내는 대신 서로 말을 주고받을 것이다.

하지만 이상한 일이었다. 필립 라이스가 1861년 10월에 최초의 전화기를 시연했을 때 관중들이 그랬던 것처럼, 또는 1871년에 임시 특허를 낸 안토니오 메우치가 특허를 포기할 때까지 주변에서 아무도 알

아주지 않았던 것처럼 이때에도 주변의 평가는 싸늘했다. 『뉴욕 타임스』가 모처럼 신기술에 대해 호의적인 기사를 내보냈지만, 역시 관심을 갖는 사람이 없었다.

이 당시에 전신업계에서 가장 권위 있다는 잡지인 '더 텔레그래피'는 '말을 전송하는 것은 시간 낭비에 불과하다'며 그레이의 발명을 혹평했다. 무슨 말인지 잘 분간하기 어렵고, 정확하게 문서를 주고받을 수 있는 전신 기술을 대체할 수도 없고, 따라서 실용 가치도 없다고 잘라 말했다. 사람들은 『뉴욕 타임스』 기사보다 『더 텔레그래피』의 기사를 믿었다. 더 기가 막힌 것은 이 발명을 알아보지 못하는 그의 동료들, 또 거대 전신 회사인 웨스턴유니언사조차 관심을 보이지 않고, 그의 특허 변호사마저 전화기는 "과학적으로 신기한 장난감에 지나지 않소."라며 시큰둥했다.

하긴 우리나라에 처음 팩시밀리가 도입됐을 때에 팩시밀리로 받은 문서보다는 구형인 텔렉스 문서를 더 인정하고, 복사기가 도입됐을 때에도 법원이나 정부 기관에서는 밑에 먹지를 대고 베껴 쓴 복사본만 인정하고 복사물은 인정하지 않았다. 이처럼 전신 수신 내용은 법적으로 인정받고 사회적으로도 용인되지만, 전화는 아무 소용이 없었다. 그야말로 장난감에 불과했다.

세상이 다 그렇다고 하면 나약한 개인은 저항력이 떨어져 금세 기가 죽고 만다. 전화기 발명가인 그레이마저 생각을 바꿔 버렸다. 전화기를 대단한 씨앗因으로 읽지 못한 것은 주변 사람들만이 아니고, 그것을 발명해 낸 주인공까지 그랬던 것이다. 결국 혹평에 직면한 그는 전화기를 더 개발하지 않고 창고에 치워 두었다. 그리고는 일종의 '전신 인터넷'이라고 할 수 있는 다중 전신 개발에 전념했다. 이게 1874년[10]

의 일이다.

1861년의 필립 라이스의 최초 전화기 발명, 1871년의 안토니오 메우치의 두 번째 발명, 1874년의 엘리샤 그레이에 이르기까지 13년간 '전화기'라는 이 엄청난 씨앗因, 어쩌면 실용화에 성공하기만 하면 거부가 될 수도 있는 이 씨앗은 사람들과 발명가 자신들의 무관심 속에 아무렇게나 방치되었다. 발명 가능성이 아니라 실제 제품이 나와 있는데도 몰라본 것이다.

## :: 두 시간 차이로 놓친 전화기 특허

그런 중에도 엘리샤 그레이는 시간이 날 때마다 송신기와 수신기를 더욱 향상시키는 연구를 틈틈이 진행했는데, 1876년 2월 11일에 송수신기를 완성해 놓고도 두 달이나 특허 신청을 미루었다. 별로 중요한 씨앗因이라고 평가하지 않았기 때문이다.

이때 알렉산더 그레이엄 벨이라는 사람이 전화기 특허를 신청하려고 준비한다는 얘기를 전해 들었다. 그제야 엘리샤 그레이는 서둘러 서류를 준비해 특허청으로 달려갔다. 1876년 2월 14일에 그는 미루고 미루던 전화기 특허를 신청했는데, 이때 알렉산더 그레이엄 벨의 서류는 그보다 두 시간 전에 접수되어 있었다. 특허의 기준은 무엇보다 시간이 중요한데, 그는 시간을 스스로 놓쳤다.

그러면 전화기를 가장 늦게 발명한 알렉산더 그레이엄 벨이 특허 등록에 성공한 이유를 보자.

인연의 세계에서 가장 중요한 것은 씨앗因을 씨앗으로 보고, 처방緣을 처방으로 보는 눈이다. 시력이 2.0이냐 1.0이냐 하는 문제가 아니라 머릿속에 씨앗因을 보는 시각이 형성되어 있느냐 없느냐 하는 문제다. 그래야만 결실果을 얻지, 인연을 보는 눈이 없으면 어떤 결실도 얻지 못한다. 필립 라이스와 안토니오 메우치·엘리샤 그레이는 전화기 발명이라는 씨앗을 읽는 데는 의지가 있었으나, 여기에 처방을 덧붙여야 한다는 데서는 인식이 부족했다. 어쩌면 그들이 전화기를 씨앗으로 보기는 했으나, 너무 낮게 보았기 때문에 적절한 처방이 붙지 않은 것으로도 볼 수 있다. 씨앗의 가치를 아는 농부라면 충분히 거름을 주어 기를 것이기 때문이다. 하지만 씨앗이 시원찮다고 오판한다면 거름이 아까워서라도 주지 못할 것이다. 아마 이 세 명은 시간, 비용 면에서 처방이 아까웠을 것이다.

그러나 알렉산더 그레이엄 벨은 달랐다. 그의 아버지인 알렉산더 멜빌 벨[0310]은 청각 장애자를 위한 시화법(視話法), 즉 수화(手話)을 창시한 교육자다. 그래서 그는 아버지를 대신해 보스턴에서 농아 학교를 경영하는 중이었다.

이런 인연으로 그는 청각 장애자들의 의사 소통에 관심을 가졌고, 1873년에는 보스턴대학의 음성 생리학 교수가 되었다.

따라서 벨은 전화기를 발명한 다른 사람들처럼 전신을 씨앗因으로 보고 전화기를 결실果로 상상한 게 아니었다. 그가 본 씨앗因은 청각 장애자들이었다. 이들이 어떻게 하면 수화 이상으로 의사 전달을 쉽게 할까 하는 것이 그의 처방緣이었다. 그러므로 전신 기술과는 애초에 아무런 관련이 없었다. 오로지 음성 신호를 어떻게 만들어 내고, 이를 잘 전달하고 수신할 수 있을까 하는 데 모든 관심이 쏠려 있었다. 더구나 그의 어머니와 아내 역시 청각 장애자였으므로 그의 동기는 매우 절실했다.

그는 음성 생리학자로서 마침내 전화라는 개념을 떠올렸다. 하지만 그에게는 기술이 없었다. 그래서 그는 전자기 분야의 대학자인 조지프 헨리[0560]의 조언을 받았다(조지프 헨리 같은 뛰어난 기술자가 전화 발명에 관심이 없었다는 것도 재미있는 부분이다). 그리고도 그는 토머스 왓슨[0105]이라는 성실한 조수를 고용해서야 전화 모형을 만들고, 실험에 나설 수 있었다. 더구나 이 전화기 개발이 청각 장애자들을 위한 것이었으므로, 그가 경영하는 농아 학교의 학부모 두 사람이 팔을 걷어붙이고 재정 지원을 해 주었다. 실제로 알렉산더 그레이엄 벨은 청각 장애자들을 위한 애정이 극진했고, 장애 학생이던 메이블 허버드와 결혼했다.

그는 사업 성공을 위해서, 또는 전신 기술 발전을 위해서 전화기를 발명하려는 게 아니었다. 오로지 청각 장애자들을 위한 정보 전달 방법을 고안하기 위해 실용적인 방법을 찾아 나섰을 뿐이다. 이렇게 해서 전화기 발명에 대한 경쟁은 알렉산더 그레이엄 벨의 승리로 끝났다.

그러면 벨의 전화기 특허라는, 또 하나의 씨앗因은 앞으로 어떤 처방緣을 만나 어떻게 발전해 갈까. 다른 전화기 발명자들이 끝내 처방을 만나지 못해 좌절한 것에 비해 그는 어떤 길을 갔을까.

사실 그 역시 마찬가지였다. 전화를 실용화하기 위해서는 투자자가 필요했다. 그는 자신의 특허를 들고 전신 독점권을 가지고 있던 최대 회사인 웨스턴유니언사를 찾아갔다. 하지만 "과학적인 장난감으로는 훌륭하지만 상업적인 가치는 희박합니다", "전화기라는 것은 통신 수단이 되기에는 결점이 너무 많습니다. 이 도구는 우리에게 별 가치가 없습니다."라는 말을 듣고 거절당했다. 이렇게 해서 대기업인 웨스턴유니언은 스스로 굴러 들어온 복을 걷어찼다.

벨은 1876년 2월 14일에 발명 특허를 냈지만, 대기업 투자자를 찾는 데는 실패했다. 그래도 벨은 실망하지 않았다.

그는 이해 6월에 필라델피아에서 개최된 미국 독립 100주년 기념 박람회에 이 전화기를 출품했다. 이때 큰 행운이 찾아왔다. 브라질 황제가 박람회장 내에 있는 그의 부스에 찾아온 것이다. 그는 벨이 운영하는 청각 장애자 학교를 견학한 적이 있는 인물이었다. 그때의 호감을 가지고 있던 황제는 장애 학교 교장 선생의 발명품인 전화기에 대해 극찬을 아끼지 않았다. 이로써 전화기에 대한 인기는 폭발했다. 자금이 어렵지 않게 모였고, 그는 벨 전화 회사를 세워 전화기 생산에 나섰다.

이때 문제가 생겼다. 벨이 특허를 들고 찾아갔을 때에는 거들떠보지도 않던 웨스턴유니언사가 180도 방향을 바꿨다. 그들은 거의 모든 대기업들이 그러듯이, 먼저 협력 관계에 있던 엘리샤 그레이의 '두 시간 늦은 특허권'을 사들여 그를 압박했다. 특허 소송에 나선 것이다.

그러는 한편, 웨스턴유니언사는 발명가인 토머스 에디슨을 찾아가 더 좋은 전화기를 발명해 줄 것을 요청했다. 그래서 에디슨은 탄소 송화기를 이용한, 벨의 전화기보다 음질이 훨씬 향상된 전화기를 뚝딱 만들어 냈다(벨과 동갑내기인 에디슨은 1주일 만에 뚝딱 만들어 낼 만큼 뛰어난 기술을 갖고도 왜 전화기를 만들 생각을 하지 않았을까. 필요를 느끼지 못하는 위치에 있었기 때문이다. 이미 너무 성공해서 사람들이 알아서 찾아오는 상황이기 때문에 스스로 연락할 필요도 없었을 것이다).

하지만 특허 재판이 시작되면서 웨스턴유니언은 이길 가능성이 없어지자, 에디슨이 만들어 준 탄소 송화기를 벨 전화 회사에 적당히 팔아넘기고 전화업에서 손을 뗐다.

사실상 발명 우선권에 관한 논쟁이 있을 법한 사건이었지만, 엘리샤 그레이나 웨스턴유니언사는 그때까지도 전화가 큰 상업적 가치가 없다고 믿고 있었다. 그냥 훼방이나 놓자고 덤벼든 것에 불과했던 것이다. 하지만 결과는 그렇지 않았다. 1877년 한 해 동안 벨의 전화기는 무려 15만 대나 팔려 나갔다. 웨스턴유니언사는 이 소식을 듣고 또 태도를 바꿨다. 대기업의 변덕은 예나 지금이나 변함이 없다.

다시 소송이 시작되었다. 하지만 전화 발명 목적이 청각 장애자들을 위한 순수한 동기에서 출발한 알렉산더 그레이엄 벨이었던 만큼, 그는 소송으로 엘리샤 그레이를 격침하려 하지 않았다. 그는 법정 밖에서 화해를 제안했다.

조건은 이랬다. 웨스턴유니언사가 전화 사업을 포기하는 대신 벨 전화 회사가 전화 판매로 얻는 이익의 일부를 나눠 준다, 그 대신 벨 전화 회사는 전신 사업에는 절대로 진출하지 않기로 한다는 것이다. 어리석은 웨스턴유니언사는 이 조건만으로도 무슨 큰 성과라도 이룬 양 자축했다. 하지만 전화 사업이 장차 전신 사업을 세상에서 완전히 몰아내리라고는 상상조차 하지 못했다.

이후에 벨은 어마어마한, 정말이지 엄청나게 큰돈을 벌었다. 그리고 그의 초심을 잃지 않고 수익금을 장애자들을 위한 기금으로 쓰고, 과학 발전을 위해 『사이언스』지를 창간하고, 회사를 AT&T라는 대기업으로 발전시켰다. 이 때문에 그는 전화를 가장 늦게 발명했으면서도 가장 큰 영광을 차지했지만, 결코 누구한테서도 비난을 받지 않았다. 시각 및 청각 장애자인 헬렌 켈러[0430]의 부모가 그에게 도움을 청했을 때에 벨은 애니 설리번[0220]이라는 시각 장애자를 가정교사로 추천하고,

이후에 헬렌 켈러는 세상을 들썩거리게 만든 인간 승리의 모델이 되었다. 그는 거부나 발명가가 아니라 죽을 때까지 장애자를 위한 삶을 살았다. 장애자에 관한 일이라면 아무리 작은 일이어도 손수 나서서 해결하려 했던 것이다.

1922년 8월 2일, 벨이 숨지자 전 미국은 전화 시스템을 1분간 정지시켜 그의 죽음을 애도했다. 전화기 발명에 대한 추도가 아니라 장애자를 사랑하고, 장애자를 위해 일생을 바친 그를 추도한 것이다. 노벨이 죽었다고 다이너마이트로 불꽃놀이를 해 주거나, 로버트 오펜하이머[0420]가 죽었다고 핵폭탄을 터뜨려 주지는 않았으니까.

## :: 유선이 있으면 무선도 있다

기왕 전화를 소재로 인연의 법칙을 설명했으니 더 나아가 보자.

즉 이미 성공한 제품인 '전화'도 또 다른 씨앗[因]이 될 수 있다는 걸 보여 준 인물들이 있다는 것이다.

앞서 에디슨이 탄소 입자를 이용한 송화기를 발명해 웨스턴유니언 사에 판 것처럼 전화도 추가로 붙을 인연이 아직 많은, 매우 복잡한 상품이다.

그중 한 명이 라르스 마그누스 에릭슨[0620]이다. 알렉산더 그레이엄 벨이 만든 전화기가 1877년에 에릭슨의 고국인 스웨덴에서도 팔리기 시작하자, 전신기 수리업자인 그는 눈을 번쩍 떴다. 물량 전부를 수입해야만 하는 벨의 전화기를 보고 그는 더 보기 좋고 실용적인 전화기를 설계하고, 디자인을 멋지게 개량하여 새 제품을 만들어 냈다. 생각해 보라. 벨은 장애 학생들의 의사 소통이라는 실용적인 면을 먼저 생각했기 때문에 디자인 개념은 챙길 겨를이 없었잖은가.

에릭슨은 정확히 보았다. 디자인을 아는 사람이 그만 있었던 건 아니지만, '전화기'라는 씨앗에 '디자인'이라는 처방을 붙일 생각을 한 사람은 그뿐이었다.

그는 전화 회사 설립권을 취득해 도리어 벨사와 경쟁하기 시작했다. 전화 특허료는 벨사에 지불해야 했지만, 그는 다양하고 혁신적인 디자인으로 시장을 잠식해 나갔다. 13년 뒤인 1890년에 그의 회사는 종업원이 500명이나 될 정도로 성장했다. 에릭슨은 벨의 전화기에 디자인이라는 처방緣을 붙여 성공한 것이다.

전화는 그 뒤로도 다중 접속, 교환기 성능 개선 등 수많은 기술 발전과 함께 진화해 나갔다. 벨의 유선 전화가 실용화되자 여기서 새로운 씨앗闲을 읽어 내는, 다른 눈이 또 있었다. 에릭슨처럼 디자인으로 승부를 볼 수도 있지만, 어떤 사람들은 전깃줄 없는 무선 통신을 꿈꾸었다. 유선 전화는 반드시 구리선이 깔려야 되고, 이런 점에서 선이 잘리면 무용지물이 되기 십상이다. 특히 전쟁터에서는 더욱 그러하다.

1877년에 알렉산더 그레이엄 벨이 전화를 발명한 데 이어 사람들은 유선 전화가 아닌 무선 전화를 꿈꾸기 시작했다.

먼저 독일인인 하인리히 헤르츠[0510]에 의해 시도되었다. 그는 무선 전화 개념까지는 상상하지 못했지만, 일단 전자기파의 존재를 확인하고 그 전파 속도가 빛의 속도와 같다는 것까지 입증했다. 알렉산더 그레이엄 벨의 전화 발명 2년 뒤인 1879년경이다. 그렇다면 구리선 없이 아무리 먼 데까지라도 전자기파를 주고받을 수 있다는 가능성이 열린 것이다. 하지만 그는 37세로 요절하는 바람에 무선 전화 개념을 미처 세우지 못했다. 건강이란 이렇게 중요하다. 그래도 그는 전자기파를 따지는 헤르츠라는 이름을 남겨, 지금도 쓰이고 있다.

헤르츠가 남긴 기술을 놓고 마침내 무선 전화를 꿈꾸는 사람이 멀리 이탈리아에서 나타났다. 알렉산더 그레이엄 벨의 전화와 헤르츠의 전파 발생 기술, 이 두 가지를 놓고 무선 전화라는 씨앗(태)을 본 사람은 굴리엘모 마르코니[1020]였다. 그는 헤르츠가 사망한 1894년부터 이 연구에 착수했다. 아버지가 부유했기 때문에 연구 자금은 충분했다.

연구를 시작한 지 2년 만인 1896년에 그는 무선 전신에 관한 영국 특허를 취득하고, 이어서 최초의 공개 실험을 가져 보기 좋게 성공했다.

엄청난 사건이었다. 공중에 아무것도 없는데 통신이 이루어진 것이다(물론 전리층 때문에 이 장거리 무선 통신이 가능했는데, 전리층의 존재는 20년 뒤에 비로소 발견된다. 그는 이 사실을 모른 채 결과적으로 실험에 성공했다. 진공관이 없어 수Kw의 거대한 발전기를 돌려 가며 불꽃 방전을 시켜 통신을 했다. 초기에는 파장이 수백 미터 내지 수천 미터나 되는 장파를 써야 했다).

1년 뒤인 1897년, 그는 당대 최고의 선진국인 영국으로 가서 마르코니 무선 전신사를 설립했다. 그러고는 도버 해협에서 영국·프랑스 사이의 무선 통신에 성공했다. 그러나 탄탄대로가 펼쳐진 것은 아니었다. 새로 깃발을 쳐들거나 신기술을 개발하거나 신제품을 만든 사람들은 이 점을 반드시 이해해야만 한다.

막상 마르코니의 무선 통신이 성공하자 기존의 유선 통신 사업자들이 떼를 지어 저항했다. 기껏 엄청난 돈을 들여 전선을 깔아 놓았는데, 그걸 무용지물로 만들어 버리는 발명품이 나타났으니 그럴 만도 했다. 유선 통신업자들은 이미 돈과 권력을 장악하고 있었다. 마르코니는 그들과 싸워 이길 자신이 없었다. 그래서 그는 타협했다. 무선 통신으로는 주로 선박끼리 주고받는 해상 통신에만 주력하겠다고 그들을 설득한 것이다. 그러자 반대하는 사람들이 사라졌다. 해상 통신 시장은 유선 통신 사업자들이 꿈도 꾸지 못하던, 미지의 분야기 때문에 자신들에게 손해 될 게 전혀 없었다.

이런 일 때문에 '때', 즉 천시(天時)가 중요한 것이다. 지금 당장에는 기존 유선업자들이 무선 전신의 길을 틀어막았지만, 언젠가는 이 둑이 터져 넘칠 날이 온다. 마르코니는 그날까지는 기다려야만 한다. 안 그러면 세상과 싸워야 하는데, 이 싸움은 결코 만만치 않다. 누구도 세상을 상대로 한 싸움은 이긴 바가 없다.

무선 통신 기술은 나날이 발전했다. 안테나 성능을 높여 통신 거리를 늘린다든지 하는 부속 기술들이 잇따르면서 그는 대성공을 거두었다. 물론 유선 전화처럼 음성을 전달하지는 못했다.

음성 전달 가능성은 1906년에 이르러, 주파수 증폭기를 개발한 적이 있는 파센딘[0245]이 크리스마스 전날 밤에 모스 코드 대신 바이올린 소리를 송출하는 데 성공함으로써 처음 열리게 된다. 이때까지만 해도 무선 통신 사업자들이 떼돈을 벌지는 못했다. 선박 간의 통신으로 웬만한 성공은 거둔 셈이지만, 무한한 인연이 아직 남아 있었다.

이러는 가운데 1914년에 1차 세계 대전이 일어났다. 전쟁이 났다는 것은 유선이 깔리지 않은 산악이나 들판에서 통신이 간절해졌다는 뜻이다. 따라서 전쟁이란 유선 통신 사업자에겐 큰 이익이 될 수 없지만, 무선 통신 사업자들에게 엄청난 기회가 될 수 있는 것이다. 이것은 마치 지옥불 같은 원자탄 두 발을 맞고 응징당한, 패전국 일본이 불과 5년 만에 육이오 전쟁 덕분에 경제 대국으로 일어선 것과 마찬가지다.

전쟁이 터지자 프랑스 무선 전기 회사는 먼저 비행기용 무선 전신기 18,000대를 공급했다. 아직까지도 음성 교신은 불가능했기 때문에, 이때부터 무선 전신기에 인간의 목소리를 탑재하려는 처방緣이 본격적으로 시도되었다. 전투 중에 일일이 모스 부호를 찍어대기도 불편하고, 무엇보다 대형 시장이 형성된 것이다.

1916년에 미국 해군 연구소 무선국은 대서양 해안에서 모스 부호가 아닌, 실제 음성을 송수신하는 데 성공했다. 이것이 오늘날 라디오의 AM 방식이다.

무선 통신을 혁신시킨 것은 뭐니뭐니 해도 전쟁緣이다. 1차 대전에 이어 2차 대전이 일어나면서 무선 통신은 비약적으로 발전했다.

즉 무선 통신은 무전기 방식으로 발전되다가 차츰 교환을 통한 무선 전화, 주파수 대역을 셀(cell)로 나누어 서로 간섭 없이 통신하는 이동 통신으로 발전했다. 이 과정은 매우 복잡하고, 주로 정부 기관에서 이용하거나 제한적인 곳에서 서비스가 이루어졌다. 그 사이에 꼬리를 물고 일어난 인연은 매우 기술적이고 복잡하므로 생략한다.

다만 어떻게 해서 무선 통신이 경제적으로 폭발해 나가는지 보자. 얼마나 많은 거부들이 이 분야에서 탄생하는지 최근 사정만 살펴보자.

## :: 굴러다니는 황금호박, CDMA

이 무선 전화에 혁명적인 변화가 일어난 때는 1990년대다.

무선 통신 분야의 전문 기술자인 어윈 제이콥스[0950]는 미국항공우주국에서 일하면서 CDMA라는 획기적인 기술을 개발하고, 이 기술을 토대로 퀄컴이라는 벤처 회사를 설립했다.

이때까지는 무전기와 비슷한 소규모 무선 통신이 국가 기관이나 전쟁용으로 쓰이고, 셀룰러란 기술로 수신 지역을 여러 개로 쪼개어 혼선과 잡음을 피하는 방식으로 발전된 상황이었다. 하지만 셀룰러는 도청이 쉽게 이루어지고, 회선에 한계가 있었다.

그런데 어윈 제이콥스는 이런 문제를 디지털 암호로 처리해, 송수신기 사이에만 선택적으로 전파를 이용하는 기술을 개발한 것이다. 하지만 그뿐이었다. 이미 셀룰러폰 시장은 나날이 성장하는 상황이었다. 나라마다 무선 이동 전화 기술 개발에 몰두하느라 누구도 제이콥스의 신기술에 관심을 보이지 않았다. 통신 보안 문제가 그리 민감한 시기도 아니었다.

이때 한국전자통신연구원 원장인 양승택[0355]이 정통부 장관과 대통령을 설득해, 제이콥스의 기술을 한국에서 주도적으로 개발할 것을 주장하고 나섰다.

당시에 한국 정부는 1986년의 아시안 게임과 1988년의 서울 올림픽을 치르면서 무선 휴대 전화 시대로 접어들었고, 전자통신연구원(ETRI)에 996억 원을 투입해 1989년 1월부터 새로운 이동 통신 시스템 개발에 착수한 상황이었다. 이런 상황에서 양승택은 어윈 제이콥스의 CDMA 기술에 주목하고, 이 기술을 바탕으로 우리나라의 이동 통신 기술을 발전시키기로 한 것이다.

한국 기술자들은 어윈 제이콥스와 CDMA 상용화 기술을 공동 개발하기로 협약했다. 여기서 퀄컴사 지분을 한국 기업이 인수하는 방안도 논의되었지만, 대한민국이라는 국가는 조그마한 벤처 회사를 인수할 생각은 하지 않았다. IBM이 MS를 상대로 로열티나 주려다 당한 것처럼 한국도 똑같이 기회를 잃은 것이다. 이런 걸 아무도 실수라고는 하지 않겠지만, 인연의 법칙으로 볼 때에는 명백한 실수다.

어쨌거나 1992년 4월부터 시험과 장비 개발에 들어갔다. 이때 이 개발 프로젝트에 전자통신연구원, 삼성전자, 엘지전자, 한국이동통신

(SKT)이 참여해 1996년 1월, 마침내 세계 최초로 CDMA 기술을 상용화하는 데 성공했다.

이 덕분에 참여 기업들은 전 세계의 휴대폰 시장을 장악하고, 파트너인 퀄컴사는 거대 회사로 성장했다. 한국 회사들이 퀄컴에 준 로열티만 수조 원이고, 퀄컴이 세계적으로 벌어들인 금액이 천문학적인 액수일 것은 자명하다(물론 ETRI도 로열티를 많이 받았을 것이다).

무선 이동 통신은 지금도 국가 간의 명운을 건 기술 전쟁 과제로 부상하고 있다. 물론 이런 전문 기술에서는 기술자들이 참여할 수 있는 것이긴 하지만, 아주 사소한 아이디어가 기술의 흐름을 뒤바꿔 놓는 경우가 많다. 물이 흐르는 것처럼 시간은 흐르고, 시간이 흐르면 인연도 그만큼 따라 흐른다. 굳이 기술이 아닌 분야에서도 폴더 방식이냐 슬라이딩 방식이냐, 아니면 디자인 등으로 휴대폰 시장이 출렁거리지 않는가.

이 분야는 지금도 불꽃 튀는 인연의 전쟁이 벌어지는 최전선이다. 그럴수록 침착하게 무엇이 씨앗이며, 무엇이 처방이 될 수 있는가를 생각해 보아야 한다.

# 8
# 계산기의 혁명,
# 20세기 신천지 개척한 컴퓨터

## :: 컴퓨터를 향해 달려가는 불꽃 튀는 역사

1975년은 계산기의 빅뱅이 일어난 해다. 이때부터 계산 능력이 매우 빨라진 새로운 계산기는 더 이상 계산기란 말로는 표현할 수가 없어 '컴퓨터(computer)'란 새로운 이름을 갖게 된다. 우리말 번역으로는 셈틀이지만 셈이란 손가락을 헤아릴 정도의 산술적 의미가 있기 때문에, 오늘날과 같이 혜성의 궤도나 항성의 거리 등을 계산하는 정도로 엄청난 연산 과정을 설명하기에는 셈이란 어휘가 가진 용량이 턱없이 부족하다. 따라서 그냥 컴퓨터라고 쓰는 게 좋다고 생각한다. 물론 사전적으로는 이런 의미가 있다.

＊ 용어 설명
calculation : 산술, calculator : 산술기, computation : 계산, computer : 계산기.
하지만 컴퓨터를 컴퓨터로 부른다면, 기존의 산술기가 계산기가 되는 것이다. 전자계산기가 있었으니 그렇게 불러 주는 게 맞을 것 같다.

이 빅뱅에서 오늘날 세계의 컴퓨터업계를 주름잡는 스타들이 대거 탄생했다. 마치 초신성이 폭발하여 수많은 별들이 무수히 태어나는 것처럼 인간 세계도 마찬가지다. 르네상스 혁명 때에 수많은 스타들이 나오고, 우리나라에도 영·정조 시기와 2000년대에 들어 많은 예술인들이 나오는 것과 같다.

자주 강조하는 말이지만 실력 있는 사람이 스타가 되고, 능력 있는 사람만이 거부가 되는 것은 아니다. 그림은 월트 디즈니보다 어브 와이웍스가 더 잘 그리고, 컴퓨터 공학은 스티브 잡스보다 스티브 워즈니악이 훨씬 잘한다. 그림을 뒤늦게 배운 폴 고갱보다 반 고흐가 더 잘 그렸지만, 고갱은 풍요롭게 살고 고흐는 비참한 가난을 떨치지 못했다. 서울대 나오고 대법관, 총리까지 지낸 사람도 정치로는 상고 출신들을 이기지 못할 수 있다.

이처럼 엄청난 발명을 해 놓고도 역사의 뒤안길로 사라져 간 인물들이 의외로 굉장히 많다. 그 이유를 찬찬히 들여다보면 두 가지가 있다. 하나는 오만할 때, 또 다른 하나는 지나치게 소심할 때다. 오만해서 자기 자신을 망치는 부류야 안타까울 게 없지만, 너무 소심해서 꽃을 피우지 못하는 사람은 정말 안타깝다. 그런데 우리에게 알려진 사람들은 대개 오만해서 무너진 사람들뿐이고, 소심해서 실패한 사람들은 잘 눈에 띄지 않는다.

지금도 우리 주변 어느 구석이나 담장 너머 그늘 같은 데 숨어서, 기가 막힌 아이디어나 창의적인 작품을 끌어안고 우는 사람이 있을지 모른다. 이런 사람을 찾아내는 것은, 이미 드러나 있으면서 오만한 사람에게 투자하는 것보다 훨씬 더 보람이 있다.

누구나 다 아는 세계 최고의 거부 빌 게이츠[0750]는 MS-DOS로 그

부를 이루었는데, 막상 그 DOS는 팀 패터슨[09]이란 사람이 만들었다. 하지만 그는 이 엄청난 프로그램을 겨우 25,000달러만 받고 빌 게이츠에게 팔아 버렸다. 자기 자신을 싸구려로 만드는 사람은 남이 아니라 바로 자기 자신이다. 자기 자신을 터무니없이 비싸게 매기는 것도 문제지만, 이처럼 어처구니없이 낮춰 보는 사람도 의외로 많다. 패터슨이 할 수 있는 일이라고는 'DOS의 원형은 게리 킬달[0625]의 CP/M'이라고 쓴 『컴퓨터의 역사』 저자와 출판사에 소송을 걸어, 자신이 원조임을 확인해 달라고 요구하는 것뿐이다. 그래 봐야 패터슨의 프로그램은 CP/M을 적당히 베낀 것이라는 모욕만 돌아온다.

원인은 하나다. 보는 눈이 없기 때문이다. 씨앗을 제대로 보려면 줄기와 잎과 열매를 상상할 수 있어야 한다. 대부분의 사람들은 씨앗을 씨앗으로만 본다. 경험이나 예비 지식이 없으면 보여 줘도 보이지 않는 것이다. 바람 불면 날아가는 솔 씨 하나에서 낙락장송을 볼 수 있어야 한다.

유사 이래, 아니 태곳적부터 '이 우주를 창조한 분'이 어느 것 한 가지라도 숨긴 적이 있는가, 속인 적이 있는가. 스텔스 기술은 100만 년 전으로 돌아가도 스텔스 기술이고, 컴퓨터는 1억 년 전으로 돌아가도 컴퓨터며, 모차르트는 100억 년 전으로 돌아가도 모차르트다. '그분'이 가르쳐주지 않은 게 아니라 우리가 뒤늦게 깨달았을 뿐이다.

컴퓨터 거부들을 탄생시킨 배경에는 진공관을 대체한 반도체라는 씨앗이 앞에 있다. 여기서부터 컴퓨터를 향해 달려가는, 불꽃 튀는 역사를 구경해 보자. 덩치 큰 진공관은 건너뛰어 반도체로 넘어간다.

어려울 건 없다. 컴퓨터에 대한 지식과 기술이 있어야 더 이해하기 좋기는 하지만, 그렇다고 컴퓨터업계에서 다 스타가 되는 건 아니다.

컴퓨터 실력이 없어도, 잘 몰라도 된다는 뜻이다. 이 글을 읽어 낼 상식 정도만 있어도 인연의 문은 열린다.

인텔을 재건시킨 앤드루 그로브[1240] 회장은 기술자가 아니다. 애플의 스티브 잡스도 기술자가 아니다. 그들은 마케팅 전문가다. 이 인연의 하나로 등장할 삼성의 이건희 역시 공학도가 아닌 경영학도다.

그럼 원천 기술을 개발한 사람들은 왜 이 명단에 잘 오르지 못하는 걸까? 누가 훔쳐 간 것일까? 빼앗겼나? 아니다. 보지 못했을 뿐이다.

씨앗因은 결코 은밀하지 않다. 아무도 숨기지 않는다. 낱낱이 다 드러낸다. 누구나 다 볼 수 있도록 얼굴을 환히 내민다. 부자에게만 보여 주고, 힘 있는 자에게만 보여 주지도 않는다. 그러므로 불편부당하다. 하늘은 언제나 알려 주려 할 뿐 단 한 번도, 그 무엇도 감추지도 빼앗지도 않는다. 대살육자에게도 공평하게 보여 주고, 루게릭병으로 고생하는 스티븐 호킹[0505]에게도, 시궁창에서 사는 가난뱅이에게도 똑같이 모든 걸 다 보여 준다. 심지어 동물, 곤충, 그 어떤 미물에게도 숨기지 않는다.

전기는 샤를 뒤페[02]가 플러스(+) 마이너스(−), 두 가지로 돼 있다고 밝혀서 그렇게 나뉜 것이 아니다. 전기는 지구가 생겨날 때부터, 그 이전에 우주가 생겨날 때부터 그렇게 존재해 왔다. 찰스 다윈[0510]이『종의 기원』을 발표한 1859년 이전에도 진화는 40억 년 자연 법칙으로 엄연히 존재해 왔다. 코페르니쿠스[0510]·조르다노 브루노[0810]·갈릴레오 갈릴레이[1210], 세 사람이 목숨을 걸고 지동설을 주장하기 이전에도 이미 지구는 태양을 돌고 있었다. 다만 보지 못했을 뿐이다. 아니, 잘못 보고 엉뚱하게 보고 오해하고 거짓을 믿었을 뿐이다.

## :: 반도체에서 컴퓨터로 이어지는 인연의 법칙

반도체에서 컴퓨터로 이어지는 인연의 법칙을 사람들은 왜 보지 못했을까?

수십 군데 출판사를 전전하다 가까스로 내게 된 책들이 베스트셀러가 되는 무수한 예처럼, 세기의 기술조차도 똑같은 길을 가게 돼 있다.

그러면 반도체 발명으로부터 여행을 시작하자.

벨연구소의 윌리엄 쇼클리[1010]·존 바딘[0825]·월터 브래튼[0210], 세 사람은 1947년 12월 23일에 마침내 진공관을 대체하는 '반도체'를 만들어 냈다. 우리나라는 혼미한 해방 정국에서 좌익과 우익, 찬탁과 반탁을 논하기에 바빠 지구 한쪽에 이런 신세기가 다가오고 있다는 걸 아는 사람이 거의 없을 때였다. 반도체의 발명은 실로 대단한 것이었다. 라디오, 텔레비전, 군사용 무기 등 들어가지 않는 곳이 거의 없을 만큼 쓰임새가 광범위한 발명품이었다.

반도체를 결실果로 보는 눈은 확실했던 듯 이를 발명한 세 사람은 즉시 노벨 물리학상을 받고, 벨연구소는 어마어마한 돈을 벌어들였다. 전화기 발명으로 이런 영화까지 누린 벨에 비해 실제로 그보다 먼저 전화기를 발명한 필립 라이스[0505]와 안토니오 메우치[0420], 엘리샤 그레이[0735]는 얼마나 안타까운가.

1948년 6월 30일에 시장에 선보인 반도체는 금세 인기 상품이 되고, 1954년 한 해에만 100만 개가 팔리는 대기록을 세웠다. 이때에는 거의 산업의 필수품이 되다시피 했다.

생각해 보라. 미약한 신호를 깔끔하게 증폭시켜 주는 자그마한 반도체는 덩치 큰 진공관에 비해 눈에 띄지 않을 만큼 작고, 가격도 싸고, 전기도 덜 들었다. 이미 무선 통신 등 전기 산업이 절정에 이르고, 무기 산업이 각축전을 벌일 때였으니 그만큼 필요로 하는 곳도 많았다.

그럼 어떻게 해야 할까? 반도체를 씨앗因으로 보는 새로운 처방緣, 새로운 결실果은 무엇일까? 이런 변화 속에서 사람들은 무슨 생각을 할까? 모든 영광은 벨연구소가 차지하고 마는 것인가?

아니다. 인연의 법칙은 매우 간단하다. 씨앗을 만들면 처방이 오고, 처방이 오면 결실이 따라오고, 결실이 나오면 다시 씨앗이 생기는 것이다.

반도체는 이제 결실이 아니라 또 다른 씨앗으로 뿌려졌다. 씨앗이 뿌려졌으니 이를 기를 처방을 맺어 주면 된다. 그러나 처방을 맺기 위해 어느 정도 해당 분야와 관련이 있는 실력을 갖추고 있어야 한다. 그것이 기술이든 그것을 파는 마케팅 능력이든, 아니면 투자 능력이라도. 하다못해 이에 대한 상상력이라도 가지면 좋다.


반도체 발명가는 논란도 있고 우여곡절도 있지만, 쇼클리를 포함한 벨연구소 연구원 세 명이다. 반도체의 발명으로 벨연구소는 어마어마한 로열티를 얻어 냈다. 발명 연구원 세 명은 노벨상까지 받아 명예도 얻었다.

반도체 발명에 따른 축제에 빠져 있는 동안 나머지 두 명의 연구원을 포함한 벨연구소는 그 이상을 보지 않았다. 두 연구원은 큰 성과급을 받고 너무 만족했든가, 더 중요한 연구 과제를 갖고 있었을지 모른다. 기록에 따르면 존 바딘과 월터 하우저 브래튼, 두 사람이 먼저 개발한 트랜지스터에 쇼클리가 숟가락을 얹은 것이라는 비난이 있었다.

어쨌든 쇼클리는 다른 생각을 했다. 쇼클리가 생각한 내용이 대단한 건 아니다. 미국 벨연구소의 연구 인력은 약 24,000여 명인데 이

중에 박사만 4,000여 명, 배출한 노벨상 수상자는 8명, 하루 평균 약 3.2개의 특허 출원을 하는 곳이다. 현재 보유하고 있는 특허 건수가 25,000여 개나 된다. 특허료만 가지고도 벨연구소는 충분히, 너무나 충분히 성공했다. 그래서 그 이상은 상상할 필요가 없었을지도 모른다.

쇼클리는 자신의 아이디어인 전기장 효과 때문에 반도체가 만들어진 만큼, 반도체를 한 개가 아니라 두 개 접합하는 샌드위치 반도체를 상상했다. 한 개가 아니라 두 개를 이어 붙인 것이다. 효율이 배가되는 샌드위치 반도체가 나오자 쇼클리는 단독으로 특허를 냈다. 반도체가 벨연구소에서 나온 때가 1947년 12월이니까 대략 4년 만인 1951년 7월 5일이다.

성격이 매우 괴팍했던 그는 쇼클리반도체연구소를 세워 자기만의 연구를 시작했다. 벨연구소 직원들을 빼어 오고 싶었지만 아무도 오지 않았고, 그는 하는 수 없이 전국 대학을 돌아다니며 수재들을 영입했다. 이때 로버트 노이스[0360]와 고든 무어[0460]를 스카우트했다. 그가 직접 전화를 걸어 두 사람을 뽑았다. 이들말고도 유능한 인재들이 쇼클리에게 모여들었다. 쇼클리는 정말 훌륭한 인재들을 뽑아 들였다. 로버트 노이스는 MIT에서 박사 학위를 딴 뒤, 필코에서 고주파 반도체를 연구하던 과학계의 샛별이었다. 고든 무어는 비록 27세에 불과하지만, 존 스홉킨스대학 응용 물리학 연구소에서 무기 추진력을 연구하던 중이었다. 당연히 반도체에 대한 깊은 지식과 활용 기술을 갖고 있는 전문가들이었다. 관련 분야 능력으로 치면 이 정도 능력은 돼야 인연으로 작용할 수 있다. 당시에 샌드위치 반도체 발명으로 시장을 석권하던 쇼클리가 씨앗因이라면, 로버트 노이스와 고든 무어는 이 씨앗을 기르는 처방緣이었다. 물론 예측果은 불가능했다. 반도체가 가져올 미래에 대해 사람들은 각자 자신의 능력만큼 상상했을 뿐이다. 쇼클리를 포함한 사람들 대부분이 그러했다.

## :: '8인의 배신자'로 불린 젊은 수재들

사람과 사람이 인연으로 만나는 법칙에는 더 복잡한 측면이 있다. 감정이 자극되면 관계가 쉽게 깨지기도 하고, 더러 결속되기도 하기 때문이다. 인맥 관리라는 것도 마치 미세하고 연약한 씨앗種을 다루듯이 가꾸고 보듬어야 잘 자라는 것이다.

하지만 쇼클리는 그러지 않았다. 복종을 강조하는 지나치게 자기중심적인 사고, 그리고 괴팍한 성격 때문에 연구원들이 견뎌 내지 못했다. 윌리엄 쇼클리는 반도체 산업을 장악하면서 일약 거부가 되고, 게다가 노벨상까지 받아 더 이상 누릴 게 없을 만큼 실컷 누리고 있었다. 국방부고 방송국이고 그를 특급으로 대우했다. 그는 적어도 반도체의 제왕이었다.

쇼클리가 회사를 차린 지 1년 뒤인 1957년 9월 18일, 너무나 위압적이고 독재적인 회사 분위기를 못 이긴, 로버트 노이스와 고든 무어를 포함하여 연구원 여덟 명이 회사를 박차고 떠나 버렸다. 쇼클리는 섭섭해 하지 않았다. 그 정도 인물은 연봉만 넉넉히 주면 얼마든지 구할 수 있다고 믿었다. '8인의 배신자'로 불린 이들 젊은 수재 여덟 명이 떼를 지어 나갔다고 해서 그가 망한 것도 아니고, 큰 손해를 볼 것 같지도 않았기 때문이다.

쇼클리와 로버트 노이스 등이 만난 인연은 실패했다. 서로 처방을 잘못하여 이 씨앗은 썩어 버렸다. 물론 쇼클리 개인은 더 이상의 발전을 도모하지 못했지만, 그가 뽑아 들였던 젊은 천재들이 뿔뿔이 흩어지면서 실리콘 밸리를 형성하고, 이것이 20세기 후반에 전 세계를 변모시킨 IT의 산실이 되었다. 그래서 역사는, 실리콘 밸리의 실리콘은 쇼클리의 괴팍한 성격 덕분에 시작되었다고 기록한다.

그러니 반도체의 미래는, 그로 인한 결실은 다른 쪽으로 넘어갈 수밖에 없다.

'8인의 배신자'들은 자신들이 쇼클리연구소에서 배운 실력으로 반도체 회사를 차리고 싶었다. 그런데 돈이 없었다. 이들은 돈 많은 사람을 물색하다 셔먼 M. 페어차일드[08]를 점찍었다. 그리고는 브로커를 앞세워 자신들이 반도체로 큰돈을 벌 수 있다고 설득했다(세상에, 세계적인 거부가 될 이들이 겨우 150만 달러를 구하기 위해 브로커까지 동원했다니! 하긴 낙락장송의 씨앗도 불면 날아갈 만큼 작고 연약하지 않던가).

당시에 페어차일드는 항공 카메라와 항공기 유압 브레이크를 발명해 2차 대전 중에 거부가 된 인물로, IBM의 최대 개인 주주였다. '8인의 배신자'라는 젊은 청년들로부터 사업 제안을 받을 무렵, 페어차일드는 마침 인공위성과 미사일 분야에 진출하려는 중이었다. 그러자면 반도체를 잘 아는 기술자들이 필요한 상황이었다. 쇼클리 반도체를 비싼 돈 내고 사서 쓰는 것보다는 자신이 소유한 회사에서 생산하는 게 훨씬 더 좋은 일이었다.

페어차일드는 거부답게(재벌들은 항상 이런 식으로 젊은이들의 재능을 훔치려 한다) '8인의 배신자'들이 만들 가상의 회사가 성공하면 경영권은 자신이 갖고, 실패하면 투자금은 갚을 필요 없이 몸만 물러나면 된다는 파격적인 조건으로 150만 달러를 내주었다. 말하자면 페어차일드는 150만 달러쯤 버리는 셈치고 도박을 한 것이다.

148

로버트 노이스와 고든 무어 등 '8인의 배신자'들은 1958년, 페어차일드가 선뜻 내준 돈 150만 달러로 '페어차일드반도체회사'를 세웠다. '8인의 배신자'들은 불과 이듬해에 세계 최초로 반도체 집적 회로인 IC를 개발해 냈다. 반도체를 여러 개 이용할 수 있는 길이 열린 것이다. 쇼클리가 겨우 두 개를 접합하는 기술로 세계 시장을 평정하고는 그토록 연구원들을 깔아뭉갰는데 이제 두 개만이 아니라 열 개, 스무 개라도 접합시킬 수 있는 기술이 이 젊은이들 손에서 탄생한 것이다. 효율 면에서 엄청나게 발전한 것이다(이 말은 반대로 쇼클리는 더 이상 시장에서 생존할 수 없다는 의미이기도 하다).

이 기술 덕분에 페어차일드 반도체는 승승장구했다. 기존 샌드위치 반도체 두 개짜리를 생산하는 공정이 단순하고 정밀해지면서, 훨씬 싼 가격에 반도체를 시장에 공급하기 시작한 것이다. 게다가 반도체를 두 개가 아니라 네 개를 접합하는 기술을 개발해 냈다. 처음에 직원이 열두 명에 불과하던 페어차일드반도체회사는 1년 이내에 12,000명으로 종업원이 늘고, 1년에 1억3천만 달러를 벌어들였다. '8인의 배신자'들과 페어차일드의 관계는 이로부터 10년이 지난 1968년까지 계속되었다.

하지만 페어차일드는 전쟁으로 돈을 번 인물인 만큼 인공위성과 미사일에 쓸 반도체라면 그 정도로 충분하다고 보고, 이들에게서 더 이상의 가능성을 보지 않았다. 경영 간섭이 시작된 것이다. 물론 페어차일드의 계산이 옳을 수는 있었다. 군사 분야의 수익이란 워낙 막대하기 때문에, 그 분야에만 반도체 기술을 집중시킬 필요가 있었던 것이다. 페어차일드의 세상이란 오로지 전쟁뿐이었다. 전쟁 외의 분야에 대해 그가 아는 것은 별로 없었다. 그런 만큼 이들의 인연도 여기까지가 한계였다.

로버트 노이스와 고든 무어 등 '8인의 배신자'들은 또다시 방황했다. 보아하니 페어차일드는 회사 운영권을 나눠 줄 마음이 손톱만큼도 없었다. 결국 회사를 아무리 키운들 '8인의 배신자'들은 월급쟁이에 불과한 것이다.

'8인의 배신자'들은 더 이상 그곳에 희망이 없다는 걸 알고 1968년 7월, 마침내 자신들만의 회사를 꾸리기로 하고 페어차일드사를 박차고 나왔다. 모든 권리를 놓고 몸만 나온 것이다. 다만 이들은 자신들이 고용했던 기술자와 마케팅 전문가를 설득해 데리고 나왔다. 그리고 회사 이름을 '인터그레이티드 일렉트로닉스(Integrated Electronic)', 줄여서 인텔이라고 평범하게 지었다.

이들은 여전히 반도체 기술에 집중했다. 반도체는 여러 개를 집적할수록 큰돈이 되므로 이 기술만 가지고도 회사는 웬만큼 운영될 수 있었다. 용역만으로도 자신들이 받던 월급 정도는 번 것이다. 다만 모은 월급을 털어 만든 회사인 만큼 새로운 연구를 할 만한 자금력은 없었다. 이러던 중에 '8인의 배신자'의 리더인 로버트 노이스와 고든 무어에게 행운이 찾아들었다. 아주 중요한 인연이 찾아온 것이다.

이 당시 쇼클리의 반도체 발명 이후에 신이 난 것은 사실 일본 업체들이었다. 반도체는 계산기와 라디오에 딱 알맞은 발명품이었다. 그러다 보니 계산기 시장을 일본 회사들이 장악하고 있었는데, 그중에 비지컴이란 회사가 있었다. 이 회사는 더욱 향상된 계산기를 만들고 싶었다. 그러기만 하면 전 세계 계산기 시장을 다 석권할 수 있기 때문이었다.

이 막중한 책임을 진 인물은 마사토시 시마[0740], 그는 미국으로 건너와 파트너를 찾았다.

"계산식을 반도체에 미리 입력시켜(로직화하여) 답이 빨리빨리 나오게 해 주시오."

여기저기 묻고 다니던 그는 결국 IC 발명가인 로버트 노이스가 창업한 인텔에 이 용역을 맡기기로 했다. 개발비는 10만 달러였다. 마사토시 시마가 원하는 것은 모든 연산과 논리 회로가 들어 있는 칩을 개발해 달라는 것이었다. 빈 반도체를 팔던 인텔에 뭔가를 담아 달라는 것이 아닌가. 이런 상상은 '8인의 배신자'들 중 누구도 하지 못한 것이다.

## :: 초고속 계산기용 반도체

살다 보면 내가 보지 못한 인연을 누가 갖다 주는 경우도 있다. 나는 잘 인식하지 못하는데 상대의 권유나 강요로 한 것이 그만 뜻밖의 성공을 가져오는 수가 있는 것이다.

내가 아는 한 사람은 친구에게 거액을 빌려 주었는데, 그만 이 친구가 사업이 망해 도망 다니는 신세가 되었다. 친구의 아내가 생활이 곤궁해 힘들어하는 걸 보고 그는 생활비를 약간 갖다 주었다. 그러자 도망 다니던 친구가 그 소식을 듣고 몰래 찾아와 땅문서를 주고 갔다. 떼인 돈에 비하면 턱없이 부족하지만 못난 친구의 정이려니 여기고 받아 달라고 사정했다. 이렇게 받은 서해안 섬의 땅은 바로 영종도에 있었다.

이후에 그는 빌려 준 돈의 몇 배나 되는 돈을 받고 이 땅들을 처분했다. 여기에는 씨앗因, 처방緣, 예측果이 없다. 물론 따지자면 도망 다니는 아내를 돌봐 준 약간의 우정이 있기는 하지만, 그 정도로 그 큰 행운을 거머쥘 수는 없는 것이다.

지금 페어차일드에서 경영권을 고스란히 넘겨주고 나온 '8인의 배신자'들에게 들도 보도 못한 극동의 섬나라에서, 까무잡잡한 한 일본인이 찾아온 것이다. 그래 놓고 용역을 주는 것 아닌가.

"연산이 빠른 초고속 계산기용 반도체를 만들어 주시오."

로버트 노이스와 고든 무어는 계산기 따위에는 관심이 없었지만 돈이 궁했다. 페어차일드와 결별한 뒤에 자금이 달려 아쉽다 보니 일은 둘째고, 마사토시가 흔들어대는 돈 10만 달러만 눈에 보였다. 두 사람은 10만 달러가 아쉬워 무조건 '용역'을 맡기로 했다. 그래서 자신들은 더 중요한 일, 즉 메모리 가능 반도체 개발에 집중하고, 이 계산기용 운영 체제는 테드 호프[0150]와 페데리코 파긴[0555]이 만들도록 했다. 사실 운영비나 벌어 보자는 생각이었다. 이것이 페어차일드를 박차고 나온 이듬해인 1969년의 일이다.

로버트 노이스는 자신의 주업무인 메모리칩 3101을 개발했다. 하지만 잘 팔리지 않았다. 그래서 1970년 10월, 성능을 더 높이고 크기를 줄이고 단가를 낮춘 1103을 내놓자 시장이 반응했다. 이 메모리칩 하나로 인텔은 수십 억 달러를 벌어들였다. 1971년에는 읽기 전용 메모리 1702 개발로 메모리 시장에서 선두를 달렸고, 이 기술은 10년이나 인텔을 튼튼하게 지탱해 주었다.

하지만 오늘의 인텔과는 거리가 먼 메모리 반도체 사업이다. 장차 이 사업에 뛰어들 일본과 대만 회사들, 그리고 한국을 생각한다면 10

년 이상 버티기 어려운 분야다.

한편 인텔 내에서도 부업 정도로 여겨졌던 계산기용 반도체 설계는 용역을 맡은 지 3년 만인 1971년이 돼서야 겨우 마무리가 되었다. 그것도 주문자인 마사토시 시마[0740]가 설계를 잡아 주고 토의하고 사용자 매뉴얼을 만드는 등, 전폭적으로 도와줬기 때문에 가능했다.

이렇게 해서 세계 최초의 4비트짜리 CPU가 세상에 나왔다. 이름은 인텔4004였다. 계산기용인 이 작은 마이크로 프로세서에는 반도체가 무려 2,250개가 들어갔다. 1초에 6만 번 계산할 수 있는 막강한 능력을 가진 이 CPU는 실로 엄청난 발명품이지만, 당시의 기술자들은 반도체를 2,250개 겹친 제품 정도로 인식했다.

이렇게 부업으로 탄생한 인텔4004의 저작권은 비지컴에 있었다. 10만 달러를 지급한 용역 기술인 만큼 이 세계 최초의 CPU에 대한 저작권은 비지컴이 갖는 것이 당연했다.

문제는 주문자인 비지컴이었다. 이들은 당시 계산기 OEM 사업으로 큰돈을 벌고 있었다. 일본의 유수 전자 회사들이 비지컴의 계산기를 주문자 생산 방식으로 다투어 가져가 자신들의 브랜드를 붙여 파는 중이었다. 주문량을 대기에도 바빴다. 이것만도 대박이었다. 인텔4004를 장착한 계산기는 전 세계 계산기 시장을 석권하고도 남는 성능이었다. 그러다 보니 이들은 다른 머리를 썼다. 인텔4004의 공급 단가를 더 낮춰 달라고 요구한 것이다. 그래야 자신들의 이윤이 커지기 때문이었다. 계산은 맞지만 인연의 법칙은 가감승제가 아니다.

비지컴은 공급 단가를 낮춰 달라는 요구밖에 하지 못했다. CPU가 장차 어떤 모습으로 진화할지 주인인 그들은 상상하지도 못한 것이다.

그것이 얼마나 큰 보물인지, 얼마나 가능성 큰 발명품인지 아무도 눈치 채지 못했다.

인텔은 고민했다. 그래도 CPU의 가치를 보는 면에서는 인텔이 더 빠르고, 애착이 더 컸다. 특히 고든 무어[0460]는 '인류 역사상 가장 혁신적인 상품'이라고 '몰래' 놀라워했다.

인텔은 "이 CPU를 인텔도 (계산기 분야 외에) 팔 수 있게 허락해 준다면 (저작권을 달라는 뜻이다) 공급 단가를 낮춰 보겠다." 하고 역으로 제안했다. CPU를 오로지 싸게 살 수만 있다면 아무 문제없다고 오판한 비지컴은 좋다고 화답해 주었다. 아마 이 허락을 해 주면서 비지컴 직원은 활짝 웃어 주었을 것이다.

"흐흐흐, 인텔이 계산기 칩을 반값에 주겠다니? 그러면 우리 이익은?" 하면서 인텔 칩이 들어간 계산기를 신나게 두드렸을 것이다.

이것이 갈림길이었다. CPU 저작권이 인텔로 넘어간 것이다. 비지컴도 공동 저작권을 가졌지만, 그 복잡한 기술을 그들은 이해조차 하지 못했다.

인텔은 1년 뒤인 1972년에 8비트짜리 CPU 인텔8008을 만들어 냈다. 성능은 4004보다 무려 10배가 더 빠르고, 담긴 정보량도 엄청나게 많아졌다. 이 개발팀에는 세상에서 처음으로 CPU 개념을 생각해 이를 만들어 달라고 주문했던 마사토시 시마가 끼어 있었다.

마사토시 시마는 그제야 CPU의 미래를 정확히 본 듯하다. 그는 4비트 CPU와 8비트 CPU를 함께 만든 페데리코 파긴[0555]과 함께 독립하기로 결심했다. 적어도 CPU에 관한 한 두 사람은 세계에서 가장 뛰어난 기술자였다.

두 사람은 인텔을 그만두고 나가 '자일로그'사를 세워 더 향상된 CPU를 만들어 나갔다. 하지만 이들은 인텔의 연구력을 이겨 내지 못했다. 두 사람은 이 당시 기술의 미래를 정확히 보기는 보았지만, 마케팅 기술을 찾아내지 못했다.

이후에 인텔은 앤드루 그로브[240]에 의해 뛰어난 마케팅 기술을 구사하면서, 전 세계 CPU 시장을 석권해 버렸기 때문이다.

물론 자일로그사도 1990년대까지 CPU 5억 개를 팔 만큼 자신들의 위치를 굳게 지켜 내기는 했다. 그것만 가지고도 그들은 자가용 비행기를 타고 1등석 항공기를 이용했으며, 돈이 없어 쇼핑을 못하는 일은 없이 잘살 수 있었다. 다만 인텔 같은 거대 기업으로 자라나지 못했을 뿐이다.

이런 중에 1974년, 드디어 더 향상된 8비트용 CPU 인텔8080이 출시되었다. 이 칩 속에 들어 있는 반도체는 무려 5,000개였다.

이제부터 서로 다른 씨앗因이 튀어나온다.

이걸 계산기에 계속 쓸 것인가? 물론 계산기에 계속 쓸 수는 있다. 하지만 계산기 성능은 더 이상 향상될 것이 없다. 그 어떤 계산도 엔터 키를 누르자마자 거의 실시간으로 답이 나오고 있었으니까. 그렇다면 성능이 너무나 좋아진 CPU의 다른 용도는?

## :: '인텔8080', 대체 뭐에 쓰는 물건인가

많은 사람들이 이 고민을 했을 것이다. 이때 하버드대에 다니고 있던 빌 게이츠도 인텔8080을 구입해서 교통 흐름 제어 프로그램을 만들었으니까. 상업적으로는 실패했지만, 이런 식의 시도가 다른 사람들의 머리에서 나오기 시작한 것이다. 이 대목이 중요하다.

엄청난 씨앗因이 세계를 향해 모래알처럼 뿌려졌다. 물론 1974년에 이 씨앗因을 볼 수 있는 실력을 가진 인재들은 미국, 일본 등 몇몇 나라에 소수가 분포되어 있었을 뿐이다. 유신 반대 투쟁이 한창이던 한국에서는 인텔8080의 의미가 무엇인지 아는 사람조차 드물었다. 정부는 학생들을 때려잡기 바빴고, 학생들은 데모에 바빴으며, 교수들은 텅 빈 교수실에서 무력감을 느낄 때였다.

세상이 변할 때, 특히 문명이 변할 때에는 엄청난 기회와 위기가 동시에 수반되지만, 사람들은 대개 이 사실을 잘 느끼지 못한다. 한참 지나서야 그런 일이 있었구나 하고 이해할 수 있지만, 그때는 늦은 것이다.

인연의 세계에서 가장 까다로운 것이 바로 이 점이다. 씨앗因을 보지 못한 뒤에 그 이익을 얻지 못하는 것으로 끝나면 좋겠지만, 실은 그리 간단하지 않다. 그 씨앗因이 남의 것이 되는 순간 내게 피해를 주게 돼 있다. 전화가 발명되면서 전신 사업자가 사라지고, 컬러 텔레비전이 나오면서 흑백 텔레비전이 사라지고, 인터넷이 나오면서 신문과 잡지 등 대중 매체가 위축된다. CD가 나오면서 VTR이 위축되고, DVD가 나오면서 CD가 위축되는 것이다. 사람도 그렇다. 비슷한 캐릭터의 신선한 얼굴이 등장하면 앞에 나왔던 인물은 사라진다. 어떤 의도가 전혀 없다 해도 마찬가지다. 전혀 모르는 사이라도 A가 움직이면 B에게 영향을 미치는 것이다. C가 나오면 이번에는 A가 위축된다.

인연의 법칙이 존재하는 한 나 홀로 고고하다고 이 흐름을 피해 갈 수는 없다. 세상은 끝없이 변한다는, 이 간단한 진실을 가슴으로 이해해야만 된다.

– 전자계산기와 확연하게 다른 얼굴로 나타난 인텔8080 기반의 알테어 조립식 컴퓨터. 사진은 조립된 제품이다. 기억 용량 256바이트, 가격 397달러. 전면 스위치가 입력 장치고, 화면은 깜박이는 불빛이 전부다. 이 제품을 만든 MITS는 계산기 회사로, 빌 게이츠와 폴 알랜을 고용하기도 했다. (사진 : 위키백과사전)

'인텔8080', 이것을 씨앗으로 본 사람은 누구일까?

누가 이 가치를 알아보았을까?

그런 눈이 있었다. 반도체가 가장 많이 쓰인 곳이 군수 분야이듯, 인텔8080은 먼저 군사용으로 각광을 받았다. 산업용으로도 그만이었다. 하지만 이들은 인텔8080을 제대로 보지 못한 것이다. 그것을 만든 인텔사도 보지 못했다. 로버트 노이스와 고든 무어 같은 천재도 모르는 사용처가 무수히 널려 있었다.

에드워드 로버츠[05]란 인물이 나타났다. 그는 이 8비트 칩 8080을 보고 1975년 1월에 조립식 컴퓨터를 만들었다. 대단한 게 아니라 인텔 8080을 달고, 여기에 키보드가 아닌 2진 스위치 몇 개와 LED 몇 개가 인터페이스의 전부였다. 전자계산기를 조금 더 복잡하게 만들었을 뿐이다. 하지만 이 신기한 전자계산기는 폭발적인 인기를 끌며 팔려 나갔다. MITS가 물건을 아무리 늦게 배달해도 사람들은 줄을 서서 기다렸다.

그럼 에드워드 로버츠가 승자인가?

그렇지는 않다. 그의 회사인 MITS는 안타깝게도 계산기 회사였다. 이 엄청난 발명품이 세상에 나왔지만, 정작 개발자인 에드워드 로버츠는 그게 엄청난 씨앗인 줄 알지 못했다. 더군다나 이것이 오늘날 컴퓨터의 원조라는 사실조차 모르고 그저 성능 좋은 전자계산기인 줄로 알았다.

이 컴퓨터의 두뇌인 인텔8080을 만든, 인텔의 창업자들도 그 가치를 보지 못하고 여전히 스마트한 계산기로만 이해했다. 요즈음에도 컴퓨터란 어휘가 여전히 '계산기'라는 뜻인 걸 보면, 이때만 해도 개념상 얼마나 큰 혼란이 일었겠는지 짐작할 만하다.

사람들이 알든 모르든, 본인이 알든 모르든 어쨌든 씨앗因은 언제나 뿌려진다. 이 순간에도 씨앗은 무수히 뿌려지고 있다. 변화 그 자체가 씨앗이기 때문이다.

씨앗에다 처방을 갖다 붙이는 것은 별개의 일이다. 처방을 할 수 있는 실력을 갖추는 것은 물론 기본이다. 그래야 씨앗因을 씨앗으로 알아보는 눈이 생긴다. 실력이 없으면 씨앗으로 보이지도 않기 때문이다. 하지만 실력 있는 사람이라고 해서 다 씨앗을 알아보는 것은 아니다. 전문 시각을 갖지 않으면 안 된다. 그렇지 않으면 눈앞에 대고 흔들어 주어도 모른다.

인간의 인지 능력은 미리 준비된 코드를 자극할 때에 비로소 반응한다. 외국어를 배우는 것도 그렇다. 미리 모든 문장, 모든 발음이 두뇌에 기억되어 있어야만 그와 유사한 말이 들릴 때에 재빨리 그 코드를 건드려 줌으로써 비로소 들리는 것이다. 색깔을 비롯한 시각 능력도 역시 두뇌가 인지하지 못하면, 뻔히 눈앞에 있는데도 인지하지 못한다. 그래서 머리로 먼저 보고 듣는 게 무엇보다 중요하다. 머리가 보지 않는 것은 두 눈 뜨고도 보지 못하고, 머리가 듣지 못하는 것은 귀를 세워도 들리지 않기 때문이다.

자, 누가 에드워드 로버츠의 발명품인 '알테어'에 반응하는가 보자.

컴퓨터의 특성상 여기서 네 갈래 길이 생길 수 있다.

첫째, 인텔8080 같은 CPU 분야, 둘째, 알테어 같은 컴퓨터 분야, 셋째, 저장 장치 분야(지금은 256바이트), 넷째, 이 컴퓨터를 작동시킬 운영 체제(OS)다. 이 네 가지 분야에서 어떤 처방緣을 붙이느냐에 따라 세계적인 거부들이 마구 쏟아질 것이기 때문이다.

먼저 '똑똑한 계산기', 알테어에 처방緣을 맺을 사람 중에서 빠진 인물들을 살펴보자. 본 사람도 중요하지만 볼 만한 위치에서 보지 못한 사람들을 거론하면서, 사람들이 흔히 무엇을 놓치는지 보자.

20세기 후반의 세상을 뒤바꾼 컴퓨터는 변화가 컸던 만큼 씨앗因을 보는 시각도 매우 다양했다. 씨앗을 정확히 보고 거기에 맞는 처방緣을 찾아 성공한 사람도 있지만, 그 반대의 경우도 많다.

공룡 기업인 IBM의 회장 토머스 왓슨[1010]은 "세계의 컴퓨터 시장 규모는 다섯 대 정도일 것이다."라며 컴퓨터의 시장성 자체를 완전히 무시해 버렸다. 전자업계에서 대기업에 속하던 디지털이큅먼트사의 설립자 겸 회장인 켄 올슨[0210]도 "개인이 집에다 컴퓨터를 둘 이유가 없다."라며 PC 시장 자체를 부인했다. 하지만 IBM은 불과 몇 년 뒤에 개인 컴퓨터 시장에 나서기 위해 비밀 팀을 급조해야만 했고, 디지털이큅먼트도 땅을 쳐야 했다.

과학 잡지인『대중 역학』은 컴퓨터가 출현하기 이전에 '미래의 컴퓨터는 적어도 무게가 1.5톤은 될 것이다'라고 예측했지만, 오늘날의 컴퓨터는 매우 가벼운 노트북으로도 생산되고, 심지어 한 손에 들 수 있는 PDA로도 구현되고 있다. 그걸 20대의 인텔 젊은이들이 만들 거라는 사실을 그들은 상상도 하지 못했다.

이들이 왜 오판을 했을까. 무식해서?

천만에. 그들은 세상이 인정하는 컴퓨터업계의 세계적인 전문가들이다. 쟁쟁한 박사급 직원들도 수천 명씩 두고 있는 사람들이다.

이들은 아마도 너무 성공했기 때문에 그 성공이 무한정 계속될 것이라고 믿은 듯하다. 더 이상 새로운 일거리를 찾을 필요가 없다고 믿고, 제발이지 새로운 세상이 오지 말면 하고 바랐는지도 모른다. 성공은 흔히 자만을 부르고 변화를 거부하기 십상이다. 그러니 답은 '오만해서'다.

이런 면에서 컴퓨터에 가장 가까이 있던 사람들도 컴퓨터와 인연을 맺지 못한 경우가 많다. 반도체 발명가인 쇼클리와 그의 동료 두 명도 '반도체의 꽃'인 컴퓨터하고는 인연을 맺지 못했다. 나이가 너무 들었거나 이미 사망했기 때문이다. 인텔의 로버트 노이스[0360]와 함께 반도체 집적 회로인 IC를 발명한 잭 킬비[1150]도 여기서 빠진다.

그다음에 최초로 4비트 CPU를 만들고 나서 인텔을 퇴사하여 자신들의 회사인 자일로그를 만든 마사토시 시마[0740]와 페데리코 파긴[0555]도 예외가 된다.

또 있다. 4비트 CPU를 보고 불과 256자밖에 기억하지 못하는 컴퓨터를 만들어 40대를 팔았던 블랭켄베이커란 인물이다. 너무 앞서 가서 그랬는지 그의 이름은 더 이상 등장하지 못한다. 8비트 CPU 8008로 만든 컴퓨터 Mark-8을 2,400대나 판 조너선 티터스란 인물도 있지만, 사실 이 '전자계산기'들이 할 수 있는 일은 별로 없었다. 그야말로 신기한 장난감이다. 그런 만큼 만든 자신들도 아무 기대를 하지 않았는지 이후에 이름이 등장하지 않는다. 컴퓨터를 여전히 성능 좋은 계산기로만 이해한 탓이었다.

## :: 빌 게이츠는 인연의 길목에 서 있었다

이제 새로운 처방이 등장할 차례다. 그러자면 씨앗을 보는 능력이 있어야 한다.

1975년 1월, 알테어8080이 발매되었다는 소식이 컴퓨터 잡지인 일렉트로닉스에 실렸다. 이 잡지를 빌 게이츠[0750]의 대학 선배인 폴 앨런[0405]이 사서 보고는 깜짝 놀라서 빌 게이츠를 찾아왔다.

"알테어(Altair)란 컴퓨터 키트가 나왔구나."

"그걸로 뭘 할 수 있겠어요? 조립하기도 까다롭고, 비싸고, 막상 할 일도 없는데. 그냥 신기하니까 호사가들이나 사는 거지요."

이때만 해도 컴퓨터로 글을 쓰고, 그림을 그리고, 게임을 하고, 디지털 음악을 듣고, 인터넷을 하고, 영화를 본다는 건 상상도 하지 못했다. 그냥 계산이나 하는 물건이라고 생각했다.

하지만 이 세상 그 어떤 일이 계산 아닌 것이 있단 말인가. 17세기 이탈리아의 천문학자이자 물리학자이자 수학자인 갈릴레오 갈릴레이[1210]는 "우주는 수학 문자(數學文字)로 쓰인 책이다."라고 말했다. 이 말대로 우주에서 일어나는 모든 일은 수학적으로 풀이되고, 수학적으로 이루어진다. 갈릴레오의 이 말은 오늘날 컴퓨터 화면에서 음악, 영상 등 거의 모든 것이 구현된다는 사실로 증명이 된다. 심지어 희로애락 같은 감정도 뉴런의 집합체인 '인간 컴퓨터' 두뇌에서 계산되고, 실행되고 있으니 말이다.

계속해서 빌 게이츠와 폴 앨런의 이야기를 들어 보자.

"그럼 우리가 이 컴퓨터를 쓸 수 있도록 프로그래밍 언어를 만드는 건 어떨까?"

"너무 늦지 않았을까요? 다른 사람들도 다 이 잡지를 보았을 텐데요?"

"우리가 더 잘 만들면 되지. 인텔8080을 더 잘 쓸 수 있는 방법을 찾아보자. 베이직을 잘 만들면 컴퓨터의 가치를 높일 수 있잖아?"

이 두 사람의 대화 중 컴퓨터란 우리가 오늘날 생각하는 그 컴퓨터가 아니라 '스마트 계산기'란 뜻이다. 더하기·빼기를 하는 계산기로 무얼 할까 생각하는 중이라고 설정하면, 이들이 얼마나 엄청난 상상을 하고 있었는지 이해가 갈지도 모르겠다.

어쨌든 거침없는 폴 앨런의 상상력과 추진력에 빌 게이츠는 결국 프로그래밍 언어를 개발하기로 했다. 두 사람은 알테어를 만드는 MITS가 있던 뉴멕시코 주의 앨버커키(Albuquerque)라는 도시로 달려가, 직접 알테어에서 베이직을 프로그래밍했다. 컴퓨터가 너무 모자라 사람들은 줄을 서서 시간대별로 15분씩만 만질 수 있었다. 이런 상황에서 프로그래밍 작업이 시작되었고 이해에 폴 앨런과 빌 게이츠는 베이직을 만들어 알테어사에 주었으며, 그제야 알테어8800은 그럴듯한 프로그램을 끼워 팔 수 있었다. 이 대가로 두 사람은 보너스 800달러와 알테어8800이 팔릴 때마다 30달러씩 받았다. 자신감을 얻은 두 사람은 MITS를 나와 마이크로소프트라는 회사를 만들었다.

이것이 오늘날 세계 제1의 부자인 빌 게이츠와 세계 5위 부자인 폴 앨런이 알테어를 보고 반응한 인연이다. 그렇다면 알테어에 가장 중요하게 쓰인 인텔8080 CPU를 만든, 인텔의 로버트 노이스나 고든 무어는 이때 무얼 했을까?

로버트 노이스[0360]는 여전히 반도체 집적에 관심이 많아서 D램을 만들기에 바빴다. 반도체를 자꾸만 늘려 붙여 성능을 올리면 시장은 자동으로 반응했다. 구매자들은 줄을 서서 기다렸다. 손님 받기에 너무 바빠 그들은 이 중요한 순간에 전혀 다른 생각을 할 여유가 없었다. 이들은 알테어의 출현을 무심히 지나쳤다. 병 코카콜라 권한을 무심히 넘긴 아사 캔들러처럼 '그래 봤자 인텔 CPU가 팔리는 거지 뭐.', 이렇게 단순하게 생각했다.

다만 처음으로 CPU를 만드는 걸 지휘했던 테드 호프[0150]는 1975년 1월에 인텔에서도 알테어 같은 '스마트 계산기', 즉 컴퓨터를 만들어 팔아 보자고 제안했다. 적어도 내부 아이디어는 있었다. 그래서 회의가 열렸다. 하지만 고든 무어[0460]가 반대해 뜻을 이루지 못했다. 고든 무어는 이때 CPU가 미래의 주력 상품이 될 것이라고 주장하기는 했으나, 그렇다고 소형 컴퓨터에서 CPU를 쓰지는 않을 것이라고 예측했다. 계산기 개념으로 본다면 고든 무어의 판단도 틀리지는 않았다. 하지만 그는 소형 컴퓨터가 대형 컴퓨터, 즉 슈퍼컴퓨터를 대체하리라는 사실을 상상하지도 못했다. 그것이 실수였다. 그래서 인텔은 컴퓨터 사업에 참여하지 않기로 결정하고, 여전히 D램 사업에 매진했다.

이 길은 사실 인텔이 죽는 길이었다. 봐야 할 것을 보지 못하는 것만으로 회사가 죽을 수도 있다는 걸 그들이 보여 준 것이다.

그 다음으로 또 알테어8800을 본 인물이 있다. 게리 킬달[0625]이다.

그는 빌 게이츠와 폴 앨런과는 다른 생각을 했다. 알테어에 운영 체제를 갖다 붙인 것이다. 훗날의 DOS나 윈도즈 같은 것이다.

게리 킬달의 제품이 출시되자 알테어 사용자들은 환호했다. 빌 게이츠가 만든 베이직보다 쓰기가 더 용이하고 범위가 넓었다. 게리 킬달은 CP/M이라고 이름 지은 이 제품을 80달러에 팔았다. 최초의 운영 체제(OS) 제품이었다. '스마트 계산기'일 뿐인 알테어8800에 생명을 불어넣은 것이다. 게리 킬달은 알테어 이용자들에게서 폭발적인 반응을 이끌어 냈고, 그에 따른 부도 축적했다.

## :: 또다시 등장하는 혜성, 스티브 잡스

또 다른 사람이 있다.

스티브 잡스[0710]라는 청년이다. 빌 게이츠와 동갑이다. 그는 가난한 양부모 밑에서 자란 만큼 알테어8800이란 비싼 '스마트 계산기'를 살 돈이 없었다. 남이 산 알테어8800을 만져 보면서 그는 세상이 변하고 있다는 걸 감지했다. 그는 컴퓨터 클럽에 가입하고, 여기서 천재로 알려진 스티브 워즈니악[0240]을 만났다. 그는 워즈니악에게 자신의 아이디어를 말했다.

"선배, 알테어8800 있잖아? 그거 고객이 조립할 필요 없이 우리가 완제품으로 만들어 팔면 안 될까?"

스티브 잡스는 타고난 장사꾼이었다. 그의 마케팅 감각은 이처럼 뛰어났다.

"그런다고 누가 사냐? 납땜 몇 번 하면 조립이 되는데, 굳이 돈을 더 내면서 완제품을 살 사람이 어디 있어?"

"파는 건 내가 능력 있잖아? 형은 만들기만 해. 그 대신 알테어 8800보다 훨씬 디자인이 좋아야 해."

"그럼 너만 믿고 만들어 볼까?"

스티브 잡스는 부모의 차고에서 알테어8800으로 새로운 모양의 컴퓨터 조립 '공장'을 차렸다. 알테어8800에는 없는 키보드를 붙였다. 그

164

리고 납땜을 해 가며 시제품을 만들었다.

이때 작은 문제가 생겼다. 당시 스티브 워즈니악은 휼렛패커드의 연구원으로 일하고 있었다. 그런데 '사원이 발명한 것의 특허는 회사에 귀속된다'는 고용 계약 내용이 있었다. 스티브 워즈니악은 대기업인 휼렛패커드의 자본을 이용해 생산할 수도 있을 것 같아, 할 수 없이 애플 I을 임원에게 내보였다. 하지만 휼렛패커드란 대기업이 볼 때, 애플 I은 조악한 디자인의 볼품없는 기계로 보였다. 휼렛패커드사는 씨앗 因을 볼 능력을 갖고 있지 않았다. 애플 I 따위는 투자는커녕 특허 상품으로 보이지도 않았다.

타고난 장사꾼인 스티브 잡스는 이번에는 시제품을 들고 아타리사를 찾아갔다. 큰 회사에서 투자받으면 이 제품을 컨베이어 벨트에 얹어 생산할 생각이었다. 그러기만 하면 알테어8800보다 훨씬 더 많이 팔릴 것이라고 확신한 것이다.

하지만 아타리사는 떠돌이 비즈니스맨 같은 스티브 잡스를 잡상인으로 취급하였고, 더구나 이 시제품의 가치조차 인정하지 않았다. 그는 하는 수 없이 돌아다니며 직접 판매하기로 했다.

알테어를 본 지 딱 1년 만인 이듬해 1976년, 스티브 잡스는 애플I 컴퓨터를 출시했다. 100% 스티브 워즈니악의 수제

– 스미소니언박물관에 보존 중인 애플 I. 알테어8800에 없는 키보드가 부착되고, 모든 부속을 박스 속에 다 집어넣었다. 스티브 잡스는 이때에도 디자인을 중시했다. 이 케이스는 스티브 잡스의 친구 아버지가 만들어 주었다. 또 이 제품을 최초로 팔아 준 바이트샵(Byteshop)은 자신들이 이 케이스를 요구했다고 주장한다. 어쨌든 알테어8800은 전혀 다른 모습의 애플 컴퓨터로 탄생했다.

— 수제품이 아니라 제대로 된 '대기업 공장'에서 생산된 애플 Ⅱ 다.

품으로 만들어진 이 컴퓨터의 가격은 666달러, 397달러인 알테어8800보다 두 배 가량 비쌌다.

스티브 잡스는 이 제품을 기가 막히게 팔아 치웠다. 워즈니악 혼자 조립해 가지고는 주문량을 대지도 못해 친구들을 고용했다.

애플I이 성공하자 잡스와 워즈니악은 1977년[05]에 그동안 번 돈으로 아예 애플컴퓨터라는 회사를 설립하고, 대량 생산 시스템을 갖추어 시장에 애플Ⅱ를 내놓았다. CPU는 인텔 것을 쓰지 않았다. 모토로라사에서 나온 MOS6502를 썼다. 기본 메모리는 4KB였다. 다만 게리 킬달이 만든 OS인 CP/M이 가능하도록 했다. 이 덕분에 게리 킬달은 거액을 벌게 되었다. 알테어와 애플, 양쪽에서 그의 제품이 50만 카피 이상 팔렸기 때문이다. 80달러짜리니 게리 킬달의 수입은 4,000만 달러나 되었다.

게리 킬달이 4,000만 달러를 벌 때에 애플사는 말할 것도 없이 그열 배 이상을 벌었다. 1980년에 애플컴퓨터가 주식을 상장하자, 스티브 잡스와 워즈니악은 순식간에 억만장자가 되었다. 당시에 애플의 시장 가치는 12억 달러나 될 정도로 치솟았다. 그 대신에 알테어사는 쏙 들어갔다.

그렇다면 이것으로 끝인가?

물론 아니다. 변화는 언제나 새로운 변화를 몰고 온다. 자주 강조하

166

는 말이지만 끝이란 없다. 변화는 끝없이 계속되고, 이 변화의 물결은 누구도 피해 갈 수가 없다. 흔히 산중으로 들어가 은거하면 세상사와 절연할 수 있다고 믿는 사람들이 있지만, 이에 대해서 선인들은 산중에도 역일(曆日)이 있다 하여 거기서도 시간이 흐르는 이상 세상사의 영향을 피할 수 없다고들 했다.

일단 1975년, 컴퓨터 빅뱅기의 승자는 마치 스티브 잡스와 게리 킬달뿐인 것처럼 보인다. 하긴 빌 게이츠는 알테어8800에 달아 파는 베이직 하나밖에 제품이 없었다. 웬만큼 팔리기는 했으나 그리 대단한 것은 아니었다. 애플이 등장하면서 CPU는 선두인 인텔과 후발 주자인 모토로라, 양자 구도로 형성되고, 운영 체제는 게리 킬달의 CP/M이 거의 독점하다시피 했다.

자, 그럼 어떤 변화가 오는지 보자.

고성능, 그러면서 고가인 컴퓨터 시장을 휩쓸고 있던 IBM이 공룡의 눈을 게슴츠레 뜨고 슬슬 움직이기 시작했다. 컴퓨터라고 하면 자신들의 아성이라고 믿던 IBM은 적잖이 놀랐다. 계산기에 불과한 줄 알았던 알테어8800이나 애플Ⅱ의 성능이 생각보다 뛰어났던 것이다. 아직 슈퍼컴을 따라오려면 멀고도 멀었지만, 애플Ⅱ의 연산 능력은 그야말로 엄청났다. 계산기라는 말로는 도저히 설명할 수 없는, 그야말로 컴퓨터가 된 것이다.

주식 시가 총액이 미국 및 세계 1위이던 IBM은 중대한 결심을 했다. 애플이 소형 컴퓨터 시장을 확대하기 전에 싹을 제거할 필요가 생겼다. 그도 그럴 것이 1964년에 나와 1969년까지 인기리에 쓰인, 세계 최초의 슈퍼컴퓨터는 XT보다는 빠르고 286 정도에는 미치지 못하는 수준이고, 1975년산 Cray-1은 펜티엄3 수준에 불과했기 때문이다(물론 지금 세계 최고라는 중국의 텐허(天河)Ⅱ는 연산 속도가 33페타플롭스, 즉 초당 3경 3,860조 번 연산한다. 일반 고성능 PC 수십만 대를 모아 놓은 정도의 성능이다. 이것도 언젠가는 PC에 잡힐 것이다).

IBM은 단지 애플사를 죽이기 위해 개인용 컴퓨터, 즉 PC를 생산하기로 하고 비밀 팀을 구성했다. 애플 컴퓨터 한 대 값이 666달러에 불과하여 대당 수백억 원에 팔리는 슈퍼컴퓨터에 비할 바는 아니지만, 그들은 언젠가는 PC가 슈퍼컴퓨터 시장을 위협할 날이 올지도 모른다고 걱정한 것이다.

애플이 주식을 상장하여 세상을 놀라게 한 그해 1980년 8월, 플로리다의 보카레이턴에 있는 작은 건물에서 열두 명의 IBM 특수 개발팀은 필립 돈 에스트리지[0130]의 지휘 아래 12개월 안에 프로젝트를 완성시키라는 본사의 비밀 지령을 받았다.

IBM은 슈퍼컴퓨터 분야에서 이미 충분히 성장한 회사로서, IBM의 미래에 영향을 미칠 이 장난감 소형 컴퓨터를 시장에서 없애 버리고 싶었다. 변화에 순응하지 못한다면, 이 변화가 일어나지 못하도록 미리 틀어막는 것도 방법은 방법이다. 하지만 이때 IBM이 개인용 컴퓨터의 미래 시장을 내다봤더라면, 그들은 더 큰 결실果을 얻을 수 있었을 것이다. 그러나 보지 못했다. 그들의 목표는 오로지 애플이 성장하는 걸 이 수준에서 싹을 말려 버리는 것이었다.

다국적 기업이자 글로벌 공룡 기업인 IBM조차 컴퓨터의 미래를 제대로 읽지 못한 것이다. 이들은 언제까지나 자신들이 만들어 내는 슈퍼컴퓨터만이 진짜 컴퓨터라고 믿었다. 소형 개인 컴퓨터, 즉 PC의 세상이란 코흘리개 아이들이나 쓰는 장난감에 불과할 것이라고 오판한 것이다. 이렇게 해서 IBM은 인연을 맺지 못하고, 이 인연을 다른 사람에게 토스하는 역할밖에 맡지 못하게 된다. 앞서 한때 IBM의 대주주였던 페어차일드가 버린, 인텔의 '8인의 배신자'들을 기억하기 바란다.

기회는 한번 잃어버렸다고 해서 다시 오지 않는 것은 아니다. 기회란 절대로 비켜 가지 않는다. 사람이 그 기회를 비켜 갈 뿐이다. 페어차일드가 버렸던 씨앗因을 다시 찾아올 수 있는 절호의 인연을 다시 만났지만, IBM은 또 비켜 갈 궁리를 했다.

어쨌거나 IBM은 엉뚱한 사업에 나섰다. 애플을 죽이기 위한 비밀 작전, 그러나 이로써 자신들도 죽을 수 있다는 가능성을 전혀 모른 채 의기양양 죽는 길로 들어섰다. 비밀 팀 열두 명이 애플 컴퓨터를 죽일 수 있는 길은, 이미 있는 기술을 모으는 수밖에 없었다.

이들의 임무는 애플사가 세상에서 사라지도록 애플보다 더 싸게, 더 좋게 만들어 파는 것이었다. 그러자니 그 이름은 애플과 같은 8비트가 아닌 '16비트용 IBM PC'였다.

'IBM PC'에 쓰일 CPU는 저절로 인텔 제품으로 결정되었다. 애플에 CPU를 공급하던 모토로라는 당연히 제외된 것이다. 적의 친구는 역시 적이 되는 것이다. 모토로라는 이런 변화가 일어나는 줄 꿈에도 몰랐지만, 어쨌든 그들이 딴 데를 쳐다보고 있는 사이 그들은 CPU 업계에서 도태될 운명에 처해졌다.

이때 CPU의 최초 개발자인 마사토시 시마[0740]와 파긴[0555]이 발탁되었더라면 어땠을지 모르지만, 결과적으로 이들은 가장 확실하고 안정적인 거래처인 인텔을 잡았다. 왜냐하면 IBM은 8비트가 아니라 16비트를 원했기 때문이다. 그렇다면 그것을 제시간 안에 안전하게 공급할 수 있는 회사는 경험 많은 인텔이 적격이었다.

그다음은 OS였다.

비밀 팀장인 필립 돈 에스트리지의 눈에 베이직을 만든 빌 게이츠와 CP/M을 만든 게리 킬달이 동시에 들어왔다. 그러나 게리 킬달의 CP/M은 이미 애플 컴퓨터용으로 명성을 얻고 있었다. 에스트리지는 그게 싫었다. 애플하고는 뭐가 달라도 달라야만 했다. 또 적을 도운 사람을 애써 키울 필요도 없다고 믿었다. 그래서 그는 먼저 빌 게이츠를 찾아갔다.

"16비트 CPU는 인텔에서 개발해 주기로 했는데, 우리는 OS가 필요합니다. 애플 컴퓨터를 이기기 위해 8비트가 아니라 16비트용이 필요합니다."

하지만 빌 게이츠는 자신은 프로그램 전문가일 뿐 OS 전문가가 아니니, 8비트 OS인 CP/M을 개발한 회사에 알아보는 게 좋겠다고 권했다.

"CP/M은 1975년에 만들었으니 그 회사가 실력도 있고, 잘 만들 겁니다. 전 교통 신호 같은 프로그래밍 전문이거든요. 지금 CP/M-80을 만들고 있다니까 그걸 갖다 쓰세요."

물론 그랬다. 80달러짜리 CP/M은 이미 5십만 카피 이상이 팔린, OS 분야의 선두 제품이자 독보적인 제품이었다. 빌 게이츠가 아니어도 누구나 그렇게 대답했을 것이다. 더구나 그런 회사에서 이미 16비트용 CP/M-80을 만들고 있다잖은가.

문제는 IBM이 바로 애플 컴퓨터를 죽이기 위해 PC 사업에 뛰어든다는 점이다. 그래서 이들은 자신들이 충분히 만들고도 남을 수 있는

CPU를 인텔이라는 작은 회사더러 만들라 하고, OS도 아마추어나 다름없는 빌 게이츠더러 만들라고 권하는 것이다. IBM같이 큰 회사가 작은 일에까지 직접 손을 대고 싶지 않았던 것이다. 더구나 CP/M은 애플 컴퓨터용이기 때문에 IBM은 게리 킬달을 꺼렸다.

어떻게 됐을까?

빌 게이츠는 자신에게 다가온 천재일우의 기회인, 이 큰 인연을 아무 생각 없이 게리에게 던져 주고 있는 것이다.

IBM의 비밀 팀장인 필립 돈 에스트리지는 할 수 없이 게리 킬달의 디지털리서치사를 찾아갔다. 그때 CP/M 개발자이자 주인인 게리 킬달은 이미 거부가 되어, 그간 번 돈으로 전용 비행기를 사서 캘리포니아 해안에서 파도가 넘실대는 바다와 창공을 가르며 조종 연습을 하던 중이었다. IBM은 변호사인 그의 부인 도로시 킬달을 대신 만났다. 하지만 이 부인은 IBM의 비밀 엄수 등 글자 한 자 한 자가 까다롭기 짝이 없는, 대기업 계약 조건에 화를 내면서 이들의 요구를 거절했다. 돈이라면 이미 4천만 달러를 벌었기 때문에 IBM이 내놓는, 깨알 같으면서도 을(乙)의 속을 박박 긁는 계약서 따위는 읽어 보고 싶지도 않았다. 평생 물처럼 돈을 써도 다 못 쓸 돈을 갖고 있으니만큼 그들과 씨름하고 싶지도 않았다.

이 무렵에 게리 킬달의 디지털리서치사는 사실상 16비트용 OS인 CP/M-86을 거의 완성해 가는 중이었다. 전용 제트기를 조종하는 재미에 빠지지만 않았어도 이 제품은 진작에 출시될 수 있었다.

게리 킬달은 시간이 자기 편이라고 믿었다. 어느 누가 뛰어들어도 자기보다 먼저 16비트 OS를 만들 수는 없다고 장담했다. 그러면서 8비트용으로도 이미 4천만 달러를 벌었는데, 16비트용 저작권을 거저

먹겠다는 IBM의 요구 따위를 게리 킬달 측은 보기 좋게 걷어찼다.

계약은 결렬되었다. 게리 킬달은 자신이 무얼 버린 것인지 잘 알지 못했다. 물론 그의 인생관이 그럴 수도 있다. 4천만 달러 재산이 4억 달러가 되든 40억 달러가 되든, 어차피 쓰지도 못할 천문학적인 돈을 번다는 게 무슨 의미냐고 말할 사람도 있을 것이다.

계약이 번번이 무산되자 필립 돈 에스트리지는 곰곰이 생각해 보았다. 게리 킬달말고 누가 운영 체제를 만들 수 있는지 다시 조사해 보았다. 아무리 생각해도 자신이 처음 찾아갔던 빌 게이츠밖에 없었다. 알테어8800용 베이직을 만들고 교통 신호 프로그램을 만들어 인기를 얻고 있던 빌 게이츠, 그는 이때 알테어뿐만 아니라 이후에 생긴 군소 컴퓨터 제조 업체들에도 그 사양에 맞는 베이직을 만들어 팔고 있잖은가. 심지어 게리 킬달의 CP/M을 도매로 사서 소매로 파는 일까지 하고 있었다. 그런 만큼 그는 OS의 세계에 대해서도 아는 게 있으리라고 에스트리지는 '한 번 더' 생각했다.

## :: IBM의 전략은 수많은 씨앗을 만들어 낸다

이렇게 에스트리지가 고민하고 있는 사이에 빌 게이츠에게 중대한 변화가 생겼다. 동업자인 폴 앨런이 획기적인 정보를 알아 온 것이다.

"IBM에서 만들라는 OS 말이야, 그거 만들겠다고 할 걸 그랬어?"

"우리가 무슨 수로?"

"빌, 팀 패터슨[08]이란 친구가 16비트용 QDOS란 OS를 만들었다는 군. 아직 완성되지는 않았고, CP/M을 적당히 베끼고 고친 것이긴 하지만 어쨌든 16비트용 OS잖아? 빌빌대지만 돌아가기는 하나 봐."

팀 패터슨이란 사람은 빌 게이츠와 폴 앨런에게 전용 베이직을 만들어 달라고 요청해 와 알게 된 사람이었다.

"그래? QDOS만 있으면 나도 그럭저럭 OS를 만들 수 있을 텐데? 그걸 라이선스할까?"

이런 중에 에스트리지가 다시 찾아왔다. 빌 게이츠와 폴 앨런은 뛸 듯이 기뻤다.

빌은 기다렸다는 듯이 계약하자고 화답했다. 실은 거짓말이나 다름 없었다. 어떻게 프로그램 언어와 운영 체제 언어가 같단 말인가.

다만 여기서 빌과 폴을 세계적인 거부로 만든, '뜻하지 않은' 단서가 이 계약서에 붙었다. IBM-DOS를 만들되 마이크로소프트사도 MS-DOS란 이름으로 판매할 수 있게 해 준다는 것이었다. 이 조항은 사실 IBM이 개발 비용을 줄여 보려는 꼼수에 불과한 것이었지만, 이게 빌 게이츠에게는 상상할 수도 없는 복권이 되었다. 마치 일본의 비지컴사 가 계산기용 CPU를 개발한 뒤, 단가를 후려치기 위해 인텔에 써먹었 던 수법과 똑같은 실수를 IBM도 저지른 것이다.

비밀 계약이 이루어지자 빌 게이츠와 넉살 좋은 폴 앨런은 팀 패터 슨을 찾아가 미완의 OS인 Q-DOS를 라이선스하는 조건으로, 비교적 많은 금액인 25,000달러를 지불했다. 영문을 모르는 팀 패터슨은 신 이 났다. CP/M을 적당히 베꼈을 뿐인데 25,000달러나 벌었으니 말이 다. 그러니 그 뒤를 상상할 여유가 없었을 것이다.

팀 패터슨이 소속돼 있던 회사도 실은 16비트인 CP/M-86을 기다 리다 지쳐, 자기들 손으로 이와 비슷한 OS를 만들어 시험하던 중이었 다. 미완성품이자 조악한 상태의 제품을 빌 게이츠와 폴 앨런이 적잖 은 돈을 들여 라이선스한다니, '꿩 먹고 알 먹고'라고 생각했다. 이렇 게 해서 팀 패터슨을 고용한 시애틀컴퓨터사(Seattle Computer Products)는 세계적인 거부가 될 인연을 눈앞에서 아슬아슬하게 비켜 갔다. 실력도 넘칠 만큼 충분하지만 이들은 IBM과 연결되지 못한 것이다. 또한 자신들의 QDOS가 모조품에 불과하고, 아무런 가치가 없는 쓰레기 프로그램이라며 스스로 깔본 것이다. 자신을 지나치게 낮춰 보는 태도가 좋은 인연조차 날려 버린 것이다.

빌 게이츠와 폴 앨런은 밤낮없이 QDOS 개량에 매달렸다. 기한 내에 제대로 되지도 않았다. 급한 것은 IBM이었다. 자칫 시간을 끌었다가는 게리 킬달이 16비트 OS를 출시하고, 이에 맞춰 애플이 먼저 16비트 컴퓨터를 발표해 버릴 수도 있었다. 그러면 모든 게 수포로 돌아가고, 시장은 IBM의 뜻대로 돌아가지 않을 수 있는 상황이었다.

에스트리지 팀장은 엘리트 IBM 직원들을 동원하여 DOS 개발을 도왔다. 빌 게이츠가 만든 프로그램에는 에러가 부지기수였다. 바빠서도 틀리고 몰라서도 틀리고, 하여튼 에러가 엄청나게 많이 났다. 에러를 잡고 또 잡으면서 DOS는 가까스로 납품되었다. IBM-DOS는 이렇게 엉성하게 만들어졌다.

16비트용 컴퓨터가 완성되자 IBM은 자신들의 목표를 위해 뒤처리를 깔끔하게 했다. 즉 목표가 애플을 죽이는 것인 만큼 IBM은 자신들의 PC 내부 구조를 샅샅이 공개했다. 부속만 있으면 누구나 IBM-PC를 조립할 수 있도록 한 것이다. 목표는 분명했다. 미국, 일본, 한국, 대만 같은 나라에서도 IBM-PC를 마음껏 베껴 먹으라는 뜻이었다. 특히 한국과 대만처럼 임금이 싼 나라에서 IBM-PC를 싼 가격에 생산해 내면, 애플Ⅱ는 힘도 못 쓰고 죽을 것이라고 내다봤다. IBM이야말로 IBM-PC는 한 대 안 팔려도 좋다고 생각했다. PC를 팔아 돈 벌 생각은 추호도 없었다.

목표는 오로지 애플 컴퓨터를 확실히 죽이는 것이었다. IBM-DOS를 빌 게이츠와 폴 앨런의 MS사가 MS-DOS란 이름으로 팔 수 있게 한 것도, 실은 애플을 죽이기 위한 꼼수의 일환이었다. 20대 청년 두 명더러 한국·대만 같은 저임금 국가들하고 알아서 PC를 만들어 팔게 하고, 그렇게 IBM은 손도 안 대고 애플을 죽이려 한 것이다.

거듭 말하지만 이러한 IBM의 전략은 또 수많은 씨앗[씨]을 만들어 낸다. 모름지기 은혜를 베풀 때에는 그것이 부메랑이 되어 돌아오지 않을까 꼭 살펴야 한다.

드디어 IBM-PC가 출시되고, 컴퓨터 내부 설계가 만천하에 공개되었다. 반응은 폭발적이었다. IBM-PC는 대히트했다. 이에 따라 빌 게이츠와 폴 앨런의 MS도 엄청난 로열티를 벌어들였다. 그뿐만 아니었다. IBM의 의도대로 여기저기서 모조품 컴퓨터가 생산되기 시작했다. 그때마다 이들은 MS-DOS를 사서 썼다. 덕분에 유신 통치를 받느라 정신 못 차리던 한국까지도 IBM 컴퓨터를 조립하느라 바빠졌다. 덕분에 나도 정품이 아닌 세운상가 조립 컴퓨터를 사 쓰고, 그때 MS-DOS를 구입하느라 얼마간 빌 게이츠의 주머니에 로열티를 찔러 넣어 주었다. 내가 컴퓨터를 써 온 지금까지 빌 게이츠에게 갖다 바친 돈만 수백만 원이다. 내 형제들이며 조카들까지, 내 딸까지 줄줄이 무슨 연좌제에 걸린 가족처럼 빌 게이츠에게 꼬박꼬박 로열티란 세금을 25년 넘게 바쳐 왔다.

MS의 수입은 눈덩이처럼 불어나기 시작했다. 더불어 CPU를 공급한 인텔의 수입도 만만치 않게 늘어났다.

결과적으로 IBM의 소원대로 애플은 휘청거렸다. 뒤늦게 애플이 훨씬 더 좋은 성능의 명품 '매킨토시'를 출시했지만, 시장에서는 통하지 않았다. 결국 창업자인 스티브 잡스는 주주들에 의해 자신이 창업한 회사에서 쫓겨나는 수모를 당하고 말았다. 게리 킬달도 당황하여 CP/M-86을 서둘러 출시했지만 이 역시 통하지 않았다. MS, 인텔, 한국, 대만만 신이 났다. 오늘날 한국이 IT 강국이 된 배경에는 이처럼 IBM의, '의도하지 않은 너그러움'이 있었다.

잠깐, 이렇게 당황할 회사가 하나 더 있다. 지금 당장은 아니어도 IBM 역시 곧 그들이 던진 부메랑에 뒤통수를 맞게 된다. PC 시장이 너무 커지면서 자신들의 사업 기반인 고성능 컴퓨터 시장이 위축되기 시작한 것이다. 미래의 이야기지만 그것은 자충수였다. 1991년에 IBM은 바로 MS에 밀려, 즉 자신들이 시장에 퍼뜨려 놓은 IBM식 PC 때문에 28억 달러나 적자를 본다. 1992년에는 적자가 50억 달러로 늘어 미국 역사상 최대 적자 금액을 경신했다. 그때 빌 게이츠를 CEO로 영입하려 했지만 보기 좋게 거절당하기도 했다.

이때 IBM의 이런 비밀 작전이 없었더라면 소득 3천 달러에 불과하고, 계엄령에 부마 사태, 광주 항쟁 등으로 정신없던 한국이 IT 강국으로 일어설 기회는 없었을 것이다. 고맙다, IBM!

이대로 게임은 끝날 것인가.

그렇지 않다. 변화는 또 변화한다. 변화 자체도 변화한다. 모든 것은 변한다는 말 외에는 다 변한다.

인텔로 돌아가 보자. 인텔의 로버트 노이스[0360]는 아직도 D램(메모리용 반도체) 시장이 더 크다고 보고 있었다. 물론 옳은 생각이었다. 그렇지만 D램은 이제 인텔만의 전유물이 아니다. 미국에서도 생산하는 회사가 많지만, 계산기로 재미 본 일본 회사들이 거세게 밀고 들어왔다. 1984년에 일본 업체들이 64K D램을 출시하면서 저가 공세를 퍼부었다. 생산 원가가 높은 인텔은 당연히 적자를 냈다. DOS를 만든 후발 주자 MS는 승승장구하는데, 원천 기술을 보유하고 있는 인텔은 적자를 내고 만 것이다. 컴퓨터가 팔릴 때마다 CPU를 팔고, 일본 업체들한테서 로열티를 받아 낸다고 하지만 무려 2억 달러나 적자를 보았다. 큰일이었다.

그렇다면 내부에서 씨앗因을 다시 찾고 또 처방緣을 가다듬어야만 했다. 망하게 하는 것도 씨앗이다. 망하는 씨앗이 나쁜 처방을 받으면 도리 없이 망한다.

인텔은 이때 공장을 여덟 개 두고 있었는데, 이 중 일곱 개가 D램 생산 공장이었다. 8분의 7이 적자를 내는 생산 시설이었던 것이다.

이때 인텔 창업자인 로버트 노이스와 고든 무어는 앤드루 그로브 1240를 최고 경영자로 내세웠다. 이것이 주효했다. 로버트 노이스와 고든 무어가 보지 못하는 것을 앤드루 그로브는 확실히 보았다. 같은 눈을 갖고 있어도 사람은 이처럼 보는 방식이 다르고, 처방이 다르다.

그는 D램 생산 공장 일곱 개를 전격적으로 폐쇄하고, 여기에 딸려 있던 인력을 전원 해고했다. 인텔의 창업 이유요 상징이나 다름없던 D램 사업을 아예 포기한 것이다. 25,400명이던 인력은 18,200명으로 줄었다. 임원도 3분의 1을 퇴직시켰다.

엄청난 충격이었다. 앤드루 그로브는 미국인의 임금으로 일본산 반도체를 이길 수 없다고 계산하고 아예 생산을 포기한 것이다.

하지만 딱 하나 남은 공장이 인텔을 살리기 시작했다. 바로 CPU 전문 생산 공장이었다. 인텔은 적자에서 흑자로 돌아서면서 승승장구하기 시작했다. IBM PC가 시장을 석권하면서 인텔은 그때마다 MS-DOS보다 더 비싼 CPU를 자동으로 공급하고, 라이벌인 모토로라는 애플이 기우는 속도에 맞춰 기울어 갔다. 인텔은 모토로라에 손끝 하나 대지 않고도 이겨 낸 것이다.

## :: IBM과 MS의 대전쟁

이번에는 MS를 보자.

MS의 봄날은 계속될 것인가.

IBM도 MS에 DOS를 팔도록 저작권을 공유한 것은 잘못된 결정이었다고 뒤늦게 후회했다. 그래서 조금씩 시비를 걸어 왔다. 시비란 법적인 문제가 있어야 거는 게 아니다. 그냥 건다. 작은 회사들은 대기업의 무조건적인 소송전에 거액의 변호사 비용을 대지 못해 결국 지는 경우도 있다.

IBM이 그랬다. 아무거나 들이대고 소송을 남발하여 MS가 정신을 차리지 못하게 묶어 놓고, 그 사이에 그들은 직접 운영 프로그램 OS를 비밀리에 개발하기 시작했다. DOS보다 훨씬 더 편리하고 강력한 기능을 가진 OS를 만들어, 까짓것 헐값에 뿌릴 심산이었다. IBM이 뛰어들었으니 불가능할 이유가 없었다. MS의 위기였다. MS가 애플처럼 당할 차례였다.

이 위기를 돌파할 길은 없는가. 여기서 잠시 쉬면서 MS의 입장이 되어 IBM의 공격을 물리칠 방안을 마련해 보자.

사실 MS-DOS의 성공은 행운이었다. 팀 패터슨의 16비트 OS를 사들여 적당히 고치고, 아울러 IBM의 헛발질에 힘입은 바가 컸다. 복권 맞은 것이나 다름없는 면도 있었다. 복권은 평생에 한 번 가까스로 맞는 것이다. 그런 행운은 두 번 오지 않는다.

애플을 고사시켜 창업자인 스티브 잡스를 업계에서 쫓아낸 IBM이 이번에는 MS를 적으로 삼아 공격을 하는 게 아닌가. 절체절명의 위기였다. IBM과 MS의 대전쟁이 벌어진 것이다. 위기에 빠진 빌 게이츠와 폴 앨런은 침착하게 방어 전략을 구상했다. 한발 더 앞서 가는 수밖에 없었다.

두 사람은 컴퓨터 산업의 미래를 상상했다.

CPU와 D램이 고성능으로 발전한다면?

실제로 해마다 그 성능이 배로 발전하는 중이었다. 그걸 이들이 보았다.

"모니터에 화면을 두 개 이상 띄우자!"

놀라운 발상이었다. 모니터를 고정 불변의 화면으로 보여 주는 게 아니라, 전혀 다른 화면 두세 개를 겹쳐서 언제든 바꿔 볼 수 있게 하는 것이다. D램과 CPU의 성능이 발전하는 속도를 감안해 보건대 충분히 가능하다는 계산이 나왔다.

IBM이 도스를 죽이기 위해 훨씬 뛰어난 성능을 가진 OS를 만들고 있다는 정보를 입수하자마자, 빌 게이츠와 폴 앨런은 낮밤을 가리지 않고 일했다. 이 게임에서 지면 두 사람도 시장에서 퇴출되는 것이다. 죽기 아니면 살기였다.

1981년에 빌 게이츠는 "메모리는 640kb면 누구에게나 충분합니다."라고 말했다. 그의 말을 IBM도 믿었다. 하지만 그는 자신의 말을 믿지 않았다. 대신에 메모리가 두 배씩 늘어나고, CPU 성능도 그렇게 늘어날 것이라고 확신했다.

빌 게이츠와 폴 앨런은 이런 확신을 갖고 복수 화면을 띄우는 '윈도 즈 프로젝트'를 몰래 시작했다. 모니터에 여러 화면을 동시에 띄운다는 놀라운 발상이었다. 이 게임에서 MS는 IBM을 이겼다. MS는 전혀 다른 개념의 OS인 윈도즈를 만들고, IBM은 조금 더 향상된 도스를 만들었을 뿐이다.

IBM이 만들지 않은 대만·한국·일본의 조립 PC들이 윈도즈를 장착하기 시작하고, 곧 시장을 휩쓸었다. IBM은 자신들이 개발한 OS를 장착했으나 시장은 거들떠보지 않았다. IBM이 휘청하는 사이에 이 나라 저 나라에서 수많은 PC 생산 업체들이 우후죽순처럼 일어났고, 그때마다 이 조립 PC들은 윈도즈를 장착했다.

이로써 IBM은 컴퓨터의 종주권을 잃고 말았다. IBM-PC마저 윈도즈를 쓰지 않을 수가 없었다. 빌 게이츠와 폴 앨런이 다름아닌 자신 안에서 전혀 다른 씨앗因을 찾고, 전혀 다른 처방緣을 한 결과였다. 성공한 사람들이 보는 인연의 얼굴이란 이런 것이다.

## :: 이건희의 반란

이제는 전혀 다른 사람을 보자.

최루탄이 일상으로 터지고 얼굴에 핏빛이 붉게 어린 대학생들의 함성이 천둥처럼 들리던, 그 삼엄한 사회 분위기 속에서도 컴퓨터 산업의 씨앗因인 반도체와 인연을 맺는 사람이 있었다. 그는 다행히 유명한 재벌 아버지 덕분에 사회와 정치에 대한 불만이 없었다. 돈이라면 '돈병철'로 불릴 만큼 충분하고, 정경 유착을 통해 부를 축적한 아버지와 독재자는 친밀한 관계였다. 병역 의무도 짊어질 필요가 없었다. 그는 정신 질환을 이유로 면제되었다. 독재자의 아량은 한이 없었다.

그의 귀에는 대학생들의 아우성이 들리지 않았고, 수많은 사람들이 강제 징집을 당하고 남산 중앙정보부며 교도소로 끌려갈 때, 자기들만의 성에서 자기들만의 행복을 구가했다. 시끄러운 한국을 떠나 일본에서 대학을 다니고, 미국에서 대학원을 다녔다.

또래 대학생들이 혹은 친구들이 학업과 생업을 내팽개치고 오로지 민주주의를 애타게 부르짖고 있던 1974년, 해외 유학을 마치고 돌아온 32세의 청년 이건희[0610]는 적자에 시달리던 한국반도체를 인수했다. 한국반도체는 미국의 오하이오주립대를 마치고 모토로라에서 근무했던 강기동 박사가 설립한 회사였다. 당시에 모토로라는 D램과 CPU 분야에서 인텔을 뒤쫓던 회사다. 그런 만큼 모토로라사에서 반도체 기술을 익힌 강기동은 우리나라에 이 기술을 처음으로 들여온 인물이다. 당시에 금성사나 아남 등의 반도체 기술은 조립 수준에 불과했지만, 그는 국내에서 처음으로 반도체 원판인 웨이퍼 가공을 시작했던 것이다. 하지만 이 회사는 금세 자금난에 빠졌다.

이때 삼성 계열사인 동양방송 이사로 있던 이건희는 혼자 힘으로 한국컴퓨터 지분 50%를 인수했다. 이건희가 인수한 1년 뒤인 1975년에 한국반도체는 전자 손목시계용 집적 회로 칩을 개발하고, 이어서 1976년에는 국내 최초로 반도체 생산에 성공했다. 그렇지만 1977년에 삼성이 지분 1백%를 인수한 뒤에도 자본 잠식에 들어가는 등 만성 적자에 허덕이며 '미운 오리 새끼'로 전락했다.

미국에서는 하루하루 반도체 전쟁이 일어나고 있을 때, 한국은 이런 형편이었다. 삼성이 한국반도체를 인수한 뒤에도 적자는 계속되고, 창의적인 접근은 이루어지지 않았다. 씨앗因을 보는 눈이 없고 처방緣을 할 능력이 없었다.

일본과 미국에서 수학한 이건희는 아버지인 이병철을 설득했다. 미국이 앞서던 반도체 시장을 당시에는 일본이 석권하고 있었다. 정밀 산업은 일본이 뛰어나기 때문이었다.

"우리는 젓가락을 쓰는 민족이라 손재주가 좋습니다. 방에서 신발을 벗고 생활할 정도로 청결합니다. 탕 하나를 놓고 여러 가족이 함께 나눠 먹습니다. 일본에 비해 우리가 나은 점입니다. 바로 이 세 가지 장점이 우리가 일본을 이길 수 있는 이유입니다."

물론 이병철이 아들인 이건희의 제안을 덥석 받아들일 만큼 충동적인 인물은 아니다. 그는 일본에서 반도체 전문가들을 만나 수없이 토론하고 묻고, 두루 조사했다.

그러던 중에 미국 IBM을 둘러본 삼성그룹 회장 이병철[1010]은 아들인 이건희의 판단이 맞다는 걸 확실히 깨달았다. 세상이 곧 반도체 없이는 움직이지 못한다는 걸 눈으로 목격한 것이다. 반도체는 세상의 모든 것이었다. 가만히 있다가는 앉아서 망할 수 있다는 걸 그는 똑똑히 보았다.

리더는 예측 능력이 있어야 하는 법인데 이병철과 이건희 부자는 남들이 보지 못하는 10년 뒤, 20년 뒤의 세상을 상상했던 것이다.

1983년 3월 15일, 이병철은 "자원이 거의 없는 한국의 자연 조건에 적합하면서 부가 가치가 높고, 고도의 기술을 필요로 하는 제품을 개발하는 것만이 제2의 도약을 기할 수 있는 유일한 길이라고 확신합니다."라면서 삼성 그룹이 반도체 및 컴퓨터 산업에 뛰어든다는 사실을 대내외에 선언했다. 그의 나이 73세였다.

무모한 도전으로 보였다. 반도체의 본산이랄 수 있는 미국의 인텔, 모토로라마저 일본 업체들의 공세로 휘청거리고, 전두환[0705] 군부 정권이 들어서면서 사회는 경직되고 혼란은 가중되었다. 외국에서는 후진국인 한국에서 반도체 사업을 벌인다는 걸 조롱했다. 반도체 사업의 조건은 인구 1억 명 이상, GNP 1만 달러 이상, 국내 소비 50% 이상

이 돼야 한다는 것이었다. 미국과 일본에 수출할 수 없을 때에는 내수로 버텨야 하는데, 한국 같은 후진국은 그런 수요가 없다는 점을 지적한 것이다. 반도체 설비에 10억 달러가 드는데, 삼성의 총매출액은 1억 달러조차 되지 못하는 상황이었다.

그러나 도쿄 선언 10개월 뒤인 1983년 12월, 삼성은 세계에서 세 번째로 64K D램을 독자적으로 개발하는 데 성공했다. 이미 일본이 개발한 것이라 경제 가치는 중요하지 않았지만, 순식간에 최고 기술력을 따라잡는 데 성공한 것이다.

이병철 특유의 방식이 있었다. 그는 반도체 분야에서 세계 최고 수준의 기술력과 경험을 가진 한국인 서른두 명을 스카우트했다. 그런 다음에 일본의 추격으로 재정난에 빠져 있던 마이크론사와 계약을 맺어, 64K D램 설계도와 3,500개의 칩을 받아 와 미국·일본에 이어 세계에서 세 번째로 64K D램 생산에 성공한 것이다. 하지만 선발 주자들이 그냥 있을 리 없었다. 즉시 64K D램 값이 폭락하여 삼성은 출혈 투자를 멈출 수가 없었다. 그 사이에 이병철 회장이 타계하고, 처음부터 반도체에 눈을 뜨고 있던 이건희가 그룹을 이어받았다.

1991년만 해도 세계 메모리 반도체 시장은 일본의 NEC·도시바·히타치가 1위, 2위, 3위를 석권하고 후지쓰·미쓰비시 등도 그 뒤를 잇고 있었다.

1993년 6월, 이건희는 독일 프랑크푸르트로 간부들을 불러 신경영을 선언했다. '마누라와 자식만 빼고 다 바꾸라'는 말로 유명해진 이날 신경영 선언의 요체는 두뇌 전쟁 시대가 도래했다는, 색다른 주장이었다.

"과거에는 10만 명, 20만 명이 군주와 왕족을 먹여 살렸지만 앞으로는 천재 한 사람이 10만 명, 20만 명을 먹여 살리는 시대가 될 겁니다. 총칼이 아닌 사람의 머리로 싸우는 두뇌 전쟁의 시대에는 결국 뛰어난 인재, 창조적 인재가 국가의 경쟁력을 좌우하게 됩니다. 20세기에는 컨베이어 벨트가 제품을 만들었으나, 21세기에는 천재급 인력 한 명이 제조 공정 전체를 대신할 수 있어요. 예를 들어, 반도체 라인 한 개를 만들려면 30억 달러 정도가 들어가는데 누군가가 회로 선폭의 반만 줄이면, 생산성이 높아져 30억 달러에 버금가는 효과를 거두게 됩니다. 천재들을 키워 5년, 10년 후의 미래 산업에서 선진국과 경쟁해 이겨야 합니다."

이 선언 후, 한 계열사 사장이 자신과 연봉이 같은 인재를 스카우트했다고 하자 "사장보다 몇 배 더 연봉을 줄 수 있어야 인재라고 할 수 있습니다."라며 실제로 뛰어난 인재(S급, A급, H급의 세 단계) 확보에 열을 올렸다. 이건희는 제한이나 상한이 없는 연봉제로 수십억 원, 수백억 원을 받는 인재들을 많이 확보하고 있다.

사람의 능력과 품질을 이처럼 중시하는 만큼 그는 제품에 대해서도 마찬가지다. 1995년 봄, 휴대폰 공장이 있는 구미 사업장에는 임직원 2,000명이 집결한 가운데 휴대폰 500억 원어치를 쌓아 놓고 불을 지르는, 이른바 '불량품 화형식'을 가졌다.

이후 삼성은 64K D램 생산에 성공한 지 10년 만인 1994년에 일본과 미국에 앞서 256M D램을 최초로 개발해 냈고, 메모리 시장 1위를 차지했다. 그 뒤에 플래시 메모리에서도 2002년부터 시장 1위에 올라섰다.

삼성은 비록 뒤늦게 컴퓨터 시장에 뛰어들었지만, 선발 주자들을 물리치고 업계 1위 자리를 차지했다. 이것은 반도체가 미래 산업의 중심이라는 걸 확실히 목격한 이병철의 확고한 의지와, 일찍이 이러한 안목을 가졌던 후계자 이건희의 집중적인 투자가 빚어낸 결과였다.

만일 이병철의 후계자인 이건희가 국내에서 대학을 다녔더라면, 그 어지러운 혼란기에 최루탄이 자욱한 대학에서 중요한 청춘 시기를 보냈더라면 아마도 그가 지금까지 보여 주었던, 독특한 리더십(긍정적이든 부정적이든)은 보지 못했을 수도 있다. 적어도 이건희는 스티브 잡스나 빌 게이츠의 창의력은 갖지 못했어도, 그들이 갖지 못한 뛰어난 리더십을 갖고 있었기에 그들과 나란히 설 수 있게 된 것이다.

다만 그의 천재론에는 분명한 한계가 있다. S급 인물을 어떻게 뽑는지는 모르겠지만 언론에 따르면, 결국 좋은 대학을 나오고 일정한 스펙을 갖춘 사람들이라는 걸 어렵지 않게 짐작할 수 있다. 그는 천재론을 펼치면서 빌 게이츠 같은 사람을 거론했지만, 삼성이 과연 대학 중퇴자이자 경력조차 없는 스물여섯 살의 빌 게이츠를 S급으로 뽑을 수 있을까. 스티브 잡스도 마찬가지다. 지방 대학 중퇴자에 불과한 그를 무얼 보고 뽑을 수 있단 말인가. 초등학교 중퇴자인 토머스 에디슨도 그렇고, 오티스 엘리베이터의 느린 속도와 답답한 실내 공간 문제를 해결한 건물 관리인, 로렌조 오일을 개발한 로렌조의 아버지, 난치병이라던 낭포성 섬유증의 절반가량을 치료해 내는 획기적인 방법을 알아낸 뉴캐슬대 의대생 조 암스테드, 생리대를 발명한 1차 대전 당시 야전 병원 간호사 등 이건희의 천재론과 아무 상관없지만 세상을 변화시킨 인물들은 수도 없이 많다.

이건희라면 시골에서 농사지으며 학교 다니는 아이작 뉴턴을 발굴해 옥스퍼드대학에 데려가지 않을 것이고, 도서관에서 수학책을 빌려다 읽는 가난한 인도 청년 라마누잔을 캠브리지로 데려가지는 않았을 것이다. 웨스턴유니언 같은 당시 세계 최대의 전신 회사도 토머스 에디슨을 해고했지만, 에디슨은 보기 좋게 4중 전신기를 발명해 버렸다.

더구나 이건희의 S급들조차 이건희가 아니면 그 능력을 쓸 수가 없다. IBM에 인재가 없어 MS에 진 게 아니다. 오늘날 스티브 잡스가 없는 애플이 창의성 위기에 빠져 있다지만, 그 회사에는 삼성에 못지않은 천재들이 바글거린다. 하지만 그들의 창의력을 이끌어 낼 더 큰 천재가 없이는 무용지물이 된다. 인연의 법칙이란 씨앗因을 볼 줄 아는 눈이 있어야 하고, 그 씨앗의 미래를 예측果할 수 있는 눈이 있어야 하며, 그러기 위해 처방緣을 어떻게 해야 하는지 지혜를 갖추고 있어야 한다. 이건희에게는 그것이 있었다. 그러나 이건희 이후에 대해서는 아무도 장담하지 못한다. 똑같은 직원을 데리고도 어떤 CEO는 기업을 위기에 빠뜨리고, 어떤 CEO는 경쟁력을 이끌어 낸다. 따라서 인연이 있다, 없다가 아니라 인연을 만든다, 못 만든다고 해야 한다.

## :: 지금도 컴퓨터 주변에 서성거리는 인연이 있다

또 다른 이야기를 해 보자. 스티브 잡스는 재기할 수 있을까?

앞서 IBM에 한 방 크게 얻어맞은 기업인 애플을 살펴보자. 과연 IBM-PC의 공세에 그대로 주저앉고 말 것인가.

창업자인 스티브 잡스[0710]는 IBM 군단의 물량 공세를 이기지 못하고, 방어 전략을 잘못 세우는 바람에 적자를 만회하지 못했다. 그는 너무나 뛰어난 매킨토시 등으로 대응했지만, 이 제품들은 시대를 너무 앞서 갔다. 그는 끝내 돌파구를 찾지 못하고 자신이 세운 회사에서 쫓겨나는 수모마저 당했다. 그에게 재기의 인연은 올 것인가.

물론 그런 인연은 반드시 온다. 다만 시간이 걸린다. 천시(天時)와 지리(地理)가 필요할지도 모르기 때문이다. 유일한[0710] 씨는 미국에서 널리 쓰이는 생리대를 1971년 1월에 우리나라에 들여왔지만 별 인기를 끌지 못했다. 1995년까지 텔레비전 광고가 금지되고, 부가 가치세까지 내야 했다. IBM의 물량 공세를 당한 스티브 잡스가 내놓은 리사·매킨토시는 비할 수 없이 훌륭한 제품이었지만, 대중에게는 그다지 필요한 제품이 아니었다. 시간이 필요한 것이다. 아픔을 삭이고 새로운 인연을 기다려야 할 시기가 있다.

애플에서 쫓겨난 그는 넥스트라는 회사를 설립했지만, 역시 적자에 허덕이기만 하다가 창피스럽게도 애플사가 이 회사를 사 주는 바람에 위기를 모면했다. 도무지 앞이 보이지 않는 나날이었다.

그러던 중 1986년에 조지 루카스[0825]가 운영하던, 애니메이션 스튜디오 겸 3D 그래픽 소프트웨어 업체인 픽사(Pixar)를 인수했다. 픽사의 가격은 1,000만 달러였다.

스티브 잡스가 주인이 된 픽사는 1989년에 컴퓨터 애니메이션인 「틴 토이(Tin Toy)」로 사상 처음 아카데미상을 받은 뒤, 월트 디즈니와 합작으로 1995년에 첫 번째 상업 영화인 「토이 스토리(Toy Story)」를 내놓아 대히트를 기록했다. 픽사는 이 작품 하나로 일약 할리우드 최고의 알짜 기업으로 급부상했다.

이렇게 개인 스티브 잡스가 재기하는 사이에 애플은 출구를 찾지 못했다. 다급해진 주주들은 스티브 잡스를 내보낸 뒤로 10년간이나 부진이 계속되자, 마지막 고육책으로 그를 '임시' CEO로 고용했다. 이것이 1996년의 일이었다. 자신이 창업한 회사로 돌아가는 데 무려 13년이나 걸린 것이다. 아무리 천재라도 이 시기를 단축할 수가 없다.

스티브 잡스는 고사 위기에 처한 애플사 회장으로 복귀했다. 그는 회사를 살릴 묘책을 연구했다. 마침내 그는 매킨토시의 명성을 잇는 파워맥 G3 기종을 출시했다. 회사는 순식간에 흑자로 돌아섰다. 그제야 시장이 반응한 것이다. 13년이 지나서야 진가가 알려진 이 제품을 1983년에 내놓았으니 너무 시대를 앞서 갔던 것이다. 물론 1980년대에 매킨토시로 디자인을 하는 친구들이 입에 침이 마르도록 이 컴퓨터를 칭찬하는 말을 많이 듣기는 했다. 하지만 너무 전문적이어서 디자이너들만 쓸 뿐 일반인들은 감히 사용하지 못했다. 때가 아닐 때에는 아무리 애써도 안 되는 법이다

1998년에는 일반 고객을 노린 저가형 매킨토시 모델 아이맥(iMac)을 출시하고, 1년 만에 200만 대라는 기록적인 매출을 올렸다.

그러다가 2001년에는 디지털 음악 플레이어, 아이팟(iPod)을 출시했다. 이 제품은 출시되자마자 전 세계적인 히트를 기록하여 2002년에 70만 대, 2003년에는 140만 대라는 경이적인 판매고를 올렸다.

이 아이팟은 원래 애플이나 스티브 잡스가 만든 것이 아니다. 토니 파델이라는 사람의 발명품이다. 그는 원래 필립스나 다른 기업에 제품을 팔려고 했는데, 애플 컴퓨터의 회사 환경이 마음에 든다는 이유로 기꺼이 제품을 넘겼다. 스티브 잡스가 고집스레 자신의 캐릭터를 지켜온 것이 이런 행운까지 얻은 것이다. 아이팟은 하드웨어 판매뿐만 아니라, 이를 이용한 음원 판매로 상당한 수익을 얻고 있다.

이후에 스티브 잡스가 휴대용 컴퓨터인 아이폰을 만들어 세계 IT의 최강자로 군림한 것은 어쩌면 당연한 일인지 모른다. 모든 주변 기술이 성숙하고 환경이 준비되었을 때, 그는 마침내 아이폰을 내놓았다.

지금 이 순간에도 컴퓨터 산업은 변화하고 있다. 어쩌면 휴대폰이

PC를 대체할지도 모른다. 전문 기술자들은 가만히 선정(禪定)에 들어가 기술의 미래, 자신의 미래를 읽어야 한다. 인을 찾아내는 눈, 그리고 처방緣을 붙이는 능력을 길러야만 한다. 이것이 CEO들이 할 일이다. 기업이든 개인이든 끝없는 미지의 세계를 향해 달려가는 배 같은 것이고, 따라서 인간은 누구나 항해사 같은 눈을 갖지 않으면 안 된다는 사실을 잊지 말아야 한다. 길은 CEO의 운동장만 한 집무실이나 골프장에 있지 않고 그들의 머릿속에 숨어 있다. 그걸 꺼내는 방법을 배워야 한다.

그리고 또 하나, 컴퓨터라는 인연은 이로써 끝이 아니라는 사실을 강조하지 않을 수 없다. 당연한 사실이지만, 컴퓨터의 미래에는 아직도 수많은 인과 연이 기다리고 있다. 그러니 혹시 컴퓨터 전문가 중에서 "사람들이 이미 다 개발해 놓았기 때문에 내가 할 일은 없어.", 이렇게 말하지 말기를 바란다. 당신이 외면하고 있을 뿐이다. 빌 게이츠를 단숨에 밀어내고 당신이 세계 부자 순위 1위 자리를 차지할 수도 있다. 다만 지금 보지 못할 뿐이다. 그러니 없다고는 말하지 말라.

PART 3

# 거둘 것인가,
# 기다릴 것인가

이어야 할 인연, 끊어야 할 인연

# 9
## 20년 숙성시킨 인연, 복사기

::: 지겨운 서류 복사, 제로그라피의 인연이 되다

체스터 칼슨[0610]이란 가난한 고학생이 있었다. 아버지는 지체 장애, 게다가 어머니는 칼슨이 17세 때에 결핵으로 사망했다. 겨우겨우 초급 대학에서 화학을 배우고 이어 캘리포니아 공과대학으로 편입, 어렵사리 물리학사를 취득했다.

졸업 후에 여든두 군데에 지원서를 냈지만, 1930년에 주당 35달러를 주겠다는 곳은 벨연구소밖에 없었다. 대공황 시절이라 무조건 회사에 들어갔다. 박사급 연구원들이 즐비한 이 연구소에서 그는 발명이라는 새로운 세계에 눈을 떴다. 그리고 발명에는 특허라는 법률 상식이 뒤따라야 한다는 중요한 사실도 배웠다. 그래서 특허법을 공부하려던 참에 불황을 핑계로 곧 정리 해고되었다.

그는 전자 회사에 재취업하자마자 뉴욕 법대 야간부를 다니면서 특허법을 공부했다. 법률이 얼마나 중요한지 벨연구소에서 보았기 때문이다. 칼슨은 곧 이 회사의 특허과 매니저가 되었다.

그의 업무는 사실 서류 정리나 심부름 정도였다. 특히 서류를 복사하기 위해 사진으로 찍거나 타자로 치는 일이 대부분이었다. 칼슨은 이 일을 매우 성실하게 하면서, 어떻게 하면 더 빠르게 일할 수 있을까 고민했다. 그가 하는 특허 법률 업무란 사실상 똑같은 서류를 손으로 일일이 베껴 복사본을 세 부, 네 부 만드는 일이 대부분이었다. 물론 이런 일을 하는 사람은 그만이 아니었다. 수많은 직원들이 이런 일을 하였고, 손 글씨로 써서 베끼는 '필사'는 미국만이 아니라 당시 한국 등 모든 나라에서 당연히 하던 일이다. 습식 복사기라는 게 있었지만, 특수 용지를 사용해야 하는 등 대중화가 되기에는 여러 난점이 있어 보급이 잘 되지 않고 있었다.

체스터 칼슨[0610]은 이렇게 불편한 업무 자체를 씨앗因으로 보고, 어떤 처방緣을 해야 문제가 해결될까 고민했다.

그는 서류를 사진처럼 똑같이 베껴 내는 방법, 그러면서도 습식 복사의 불편을 해소하는 건식 복사 기술이 없을까 생각해 보았다. 여기서부터는 물리학사인 그의 전공이 실력을 발휘했다.

사진도 있는 세상인데, 어쨌든 간편한 복사법도 있으리라고 확신한 그는 장모에게서 돈을 빌려 뉴욕 퀸스의 애스토리아에 개인 연구실을 만들었다. 여기서 그는 그가 아는 물리, 화학 상식을 총동원하여 문서를 복사하는 기술을 연구했다.

3년이 걸렸다. 사진도 있는 세상이므로 복사 이론쯤 그리 어려운 일도 아니다. 다만 그걸 씨앗因으로 보는 사람이 없기 때문에 기술이 아직 나오지 않은 것뿐이다.

그는 대학에서 배운 전공과 상상력을 총동원하여 전자 복사 이론을 세우고, 회사를 다니면서 익힌 법률 상식에 따라 즉시 특허를 신청하여 이를 취득했다.

## :: 인연이 될 투자자는 어디에 있는가

이제는 이 복사 기술을 실용화하는 과제만 남았다. 그러기 위해 자본가 혹은 큰 기업이라는 처방緣이 필요했다. 그는 RCA, IBM, 레밍스턴 그리고 제너럴일렉트릭 등 큰 회사들의 문을 두드렸다. 하지만 그들은 한결같이 복사기는 별로 필요한 물건이 아니라고 대답했다. 그도 그럴 것이 당시에 습식 복사기는 거의 인기가 없고, 그가 제안하는 건식 복사법조차 단지 종이에 적힌 이론일 뿐 실제로 그렇게 된다는 보장도 없었기 때문이다.

칼슨은 하는 수 없이 직접 복사기를 제작해 보여 주기로 하고, 1937년[01]에 엔지니어로 일하던 친구 오토 코르네이를 설득하여 함께 복사기를 만들기 시작했다.

두 사람은 1938년 10월 22일, 세계 최초로 'ASTORIA 10-22-1938'라고 쓴 서류를 건조식으로 복사해 내는 데 기술적으로(상업적으로는 아니라는 뜻) 성공했다. 칼슨은 이 복사 기술 실현과 더불어 '말려서 쓰기(Dry writing)'라는 의미의 그리스어, '제로그라피(Xerography)'라는 이름을 만들어 냈다.

그렇건만 역시 후원자는 나타나지 않았다. 아무리 설명해도 누구하나 귀를 기울이지 않았다. 대기업들은, 복사기를 만들어 봤자 수요처는 법률 회사 정도밖에 없을 것이라고 가벼이 생각한 것이다. 그러는 사이에 또 시간은 흘러, 1944년에 칼슨과 코르네이는 세계 최초의 건식 복사기를 실제로 만들어 냈다. 투자자들이 씨앗因을 보지 못하므로 눈에 더 잘 보이게 실물을 만들어 낸 것이다.

이후에 칼슨은 복사기 아이디어를 『라디오 뉴스』라는 잡지에 기고하고, 여러 연구소에 사업 제안서를 보내기도 했다. 어떻게든 복사기를 실용화할 처방緣이 필요하였다. 그는 적극적으로 찾아 나섰다.

그가 꿈꾸던 처방은 복사를 알 만한 곳에서 날아왔다. 이 무렵에 화학적 습식 복사기를 만들었지만 대중화에 실패해 한창 고생 중이던 할로이드란 회사였다. 이 회사의 연구소장인 존 H. 드레소어가 마침 수많은 연구소로 보낸 칼슨의 기술 소개문을 읽고 그 가치를 인정한 것이다. 드레소어는 회사에 칼슨의 복사 방식이 가장 간편하고 효율적이라는 사실을 보고하고 설득에 나섰다.

마침내 할로이드사는 칼슨의 특허 사용권을 사들이고, 제로그라피란 이름도 제록스로 줄였다. 칼슨이 건조식 복사기를 실제로 만든 지 4년 뒤인 1948년 10월 22일, 할로이드 회사는 판매용 제록스기 설명회를 가졌다.

큰 반응을 얻지는 못했다. 무려 10년이 지난 1959년이 될 때까지도 복사기 개념은 크게 바뀌지 않았다. 하지만 할로이드사의 끈질긴 제품 개선으로, 1959년[11]부터 제록스기는 선풍적인 인기를 얻으며 전 세계로 팔려 나갔다. 제록스가 워낙 잘 팔리는 상품이 되자 할로이드사는 회사 이름도 제록스로 바꾸었다.

더불어 제록스 초창기에 직접적, 간접적으로 관련되어 있던 모든 사람들은 10여 년 만에 모두 부자가 되었다. 심지어 초창기에 제록스기를 출시할 때, 이 가치를 보고 1천 달러어치 주식을 산 뉴욕의 택시기사는 나중에 이 주식을 150만 달러에 팔아 팔자를 고치기도 했다. 물론 체스터 칼슨은 특허를 낸 뒤로 21년이나 걸려 빛을 보았다. 그의 끈질긴 자기 확신이 마침내 실제로 이루어진 것이다. 21년 만에 부와 명예를 거머쥔 그는 자선 단체에 1억 달러를 기부하기도 했다.

지금도 좋은 아이디어를 가지고 있지만 단칸방에서 라면을 끓여 먹으며 투자자 혹은 동업자를 찾는, 미래의 '체스터 칼슨'은 굉장히 많다. 물론 그들이 다 인연을 구하고 또 성공하는 건 아니지만, 성공할 만한 가치가 있는 아이디어조차 외면당하고 있다. 그러한 특허를 찾아내는 노력 역시 그들이 특허를 만든 노력 그 이상이어야 한다.

할로이드사의 입장에서 보자면, 만일 칼슨의 건식 복사 기술을 알아보지 못했더라면 그들은 세계적인 제록스사가 될 기회를 영영 얻지 못했을 것이다. 씨앗因을 볼 줄 모르면, 적어도 남이 만들어 놓은 결실 果이라도 봄으로써 그것을 새로운 기회因로 보는 눈은 가지고 있어야 한다. 눈앞에 잘 익은 열매를 갖다 보여 줘도 그 가치를 모르는 사람이 의외로 많다. 거절하고 반대하고 끊고 외면하는 가운데 인연은 점점 더 멀어진다.

"글쎄요, 좀 더 생각해 보고요. 아직은 자신이 없어요. 누가 관심을 가질까요?"

이런 말을 할 시간에 더 생각해 보자.

실제로 인생에서 받아들여지는 기회보다 걷어차이는 기회가 더 많을는지 모른다. 그래 놓고서 사람들은 좋은 기회를 만나지 못했다고, 그래서 불우하다고 말한다.

# 10
# 수백만 명을 백만장자로 만든 증기 기관

위대한 발명에는 크고 작은 인연이 무수히 달라붙는다. 단일 씨앗과 단일 처방으로는 결코 완성될 수 없기 때문이다. 인류가 모두 달려들어 함께 씨앗因을 보고 공동으로 가꾸어야만緣 가능한 일도 있다.

우연히 발견된 '에디슨 효과'는 시간이 걸리긴 했지만 진공관으로 얼굴을 바꾼 순간, 2진법의 기적이 일어나면서 이로부터 100년간 수천만 명의 백만장자가 이 분야에서 쏟아져 나왔다. 스티브 잡스나 이건희가 그 인연의 법칙 고리 중 마지막에 있는 사람은 결코 아니다. 앞으로도 얼마나 더 많은 인연이 이 분야에서 쏟아져 나올지 전문가들조차 잘 알지 못할 것이다.

## :: 크랭크가 달린 와트의 증기 기관

이번에는 전자 산업, 컴퓨터 산업과 어깨를 겨룰 만한 또 다른 인연의 법칙을 보자.

인간은 오래도록 살아 있는 생명체인 말을 타고 이동했다. 중국 왕조들은 수백만 마리의 군마를 길러 전선 장병들에게 공급했다. 조선과 고려 때에는 제주도에서 군마를 길러 원나라에 조공으로 바치거나 군대에서 이용했다. 인류 역사의 오랜 시기 동안 말 산업은 오늘날의 자동차 산업만큼이나 중요했고, 그 시절에는 말 사육이 용이한 중앙아시아 초원 국가들의 국력이 셌다. 이런 배경에서 몽골의 세계 정복이 이뤄졌다.

인류의 수송 수단, 이동 수단은 수천 년간 말을 중심으로 당나귀, 노새, 낙타 등의 동물들이었다. 하지만 이 동물들은 살아 있는 생명체다 보니 사료를 먹여야 하고, 병들기도 하고 지치기도 한다. 사람들은 지치지 않는 말, 병들지 않는 말, 말 잘 듣는 말, 사료만 먹이면 자동으로 달리는 말 같은 그 무엇果을 상상했다. 그것이 이야기가 됐든 공상 과학 소설이 됐든 인류는 꿈을 꾸었다.

1690년에 프랑스인인 드니 파팽[1140]은 물을 끓여 수증기로 만들면 부피가 1,650배로 늘어난다는 사실에 주목했다. 우리나라에서는 숙종[1045] 시절로 머리채 잡아당기는 장희빈[1145]과 인현왕후[0725]의 궁중 드라마가 한창일 때다. 조선인들은 노론·소론으로 갈려 싸움질하기 바빠 이런 상상을 할 새가 없었지만, 파팽과 같은 시대를 살던 유럽인들은 물을 끓이면 부피가 증가한다는 과학적인 사실 정도는 이해하고 있었다. 이를 파팽이 직접 실험하면서 마침내 피스톤을 움직이는 데 성공했다. 실험 결과에 고무된 그는 이 에너지를 기초로 배를 움직이는 시험에 성공果했다.

사람들은 그제야 노를 젓지 않고 돛을 달지 않고도 항해할 수 있다는 사실에 고무되었다. 이것이 모든 동력의 출발점이다. 그러나 그는 아직 때를 만나지 못했다. 효율이 너무 낮아 실용성이 떨어진 것이다. 이처럼 선구자는 외로운 길을 갈 수밖에 없다. 천시(天時)가 무르익기 전에는 아무리 애를 써도 안 된다. 하지만 누군가는 이런 기초를 다져야 훗날에 제대로 씨가 뿌려지고, 여기서 꽃이 피고 열매가 맺는다.

파팽의 꿈이 실용화된 시기는 그로부터 무려 45여 년 뒤인 1735년이다. 영국인인 조너선 헐[0530]이 실용적인 증기선을 개발하여 최초의 증기선 특허를 등록한 것이다.

물론 파팽보다는 훨씬 더 향상되었지만 아직도 실험 수준에 불과했다. 피스톤을 움직이는 것만 가능할 뿐 동력 전달 기술 등 주변 기술이 턱없이 부족했다. 에너지 효율을 혁신적으로 높이는 고도의 기술이 더 필요했다.

파팽 이래 누구에게나 널리 뿌려진 기초 기술因이지만 이 연구를 위해서는 상당한 자금이 필요했다. 물을 끓이는 보일러를 만들어야 하고, 여기서 나오는 증기를 효율적으로 모아 피스톤을 움직이거나 터빈을 돌리는 기술을 따로 개발해야만 한다. 그러자면 개발 자금 정도는 감당할 수 있어야 이런 인연을 맞을 수 있다.

당시에는 산업 혁명으로 석탄을 캐내는 탄광이 곳곳에 생겼는데, 갱도 내의 찬물을 퍼내는 일이 중대한 과제가 되었다. 급한 대로 말을 이용해 물을 퍼냈지만, 사료값이 폭등하면서 탄광 업자들은 더 싸고 더 안전하고 더 강한 동력果을 원하는 상황이었다.

그럼에도 여러 사람이 기술과 자본 문제로 실패를 거듭한 끝에 마침내 제임스 와트[0305]에게 기회가 찾아왔다. 그는 열효율에 문제가 있다는 걸 알고 이 부분을 집중적으로 연구했다. 그때까지 나온 동력 기술은, 파팽이든 조너선 헐이든 겨우 작은 배나 움직일 수 있는 정도지 바람을 이용하는 돛의 에너지조차 대체할 수가 없었다.

보일러 기술이 없던 때라 증기를 만들어 뿜는 일이 그리 쉬운 것도 아니었다. 잘못하면 터지기 일쑤였다.

연구가 너무 힘들어 자금은 바닥나고, 그럴 때마다 와트는 틈틈이

측량사 일을 해서 생활비를 해결하며 연구비가 모이면 조금씩 연구를 해 나갔다. 그러다가 친구인 제철 기술자 존 로벅[10]의 자금 지원을 받아 1765년부터 본격적인 연구에 들어가, 1769년에 드디어 더 효율적인 증기 기관 발명에 성공했다.

지금은 상식에 불과하지만, 증기의 힘으로 만들어 내는 피스톤의 왕복 운동을 회전 운동으로 바꾼 것이다. 와트는 이를 위해 크랭크란 발명품을 고안해 냈다. 왕복 운동을 회전 운동으로 바꾼 와트의 크랭크는 증기 기관의 결정적인 특허가 되었다.

크랭크의 발명으로 혁신적인 증기 기관이 나오고, 이어 탄광·선박·방적 공장에 두루 쓰이면서 유럽의 산업 혁명이 더욱 촉진될 것이기 때문이다. 이후에 기차, 자동차, 비행기, 우주선은 덤으로 나올 발명품들이다.

증기의 힘은 와트가 본 씨앗因이었지만, 그의 발명품인 크랭크果가 당시 유럽을 뒤흔드는 엄청난 인연으로 떠올랐다. 모든 기술자들이 '크랭크가 달린 와트의 증기 기관'因에 주목했다. 장차 세상이 크게 변하리라는 걸 다른 기술자들도 금세 알 수 있었다. 공장, 광산 등 쓰임새가 너무나 많았다.

다만 실제 증기 기관을 생산하려면 아직도 해결해야 할 과제가 많았다. 특허만 얻었을 뿐이다. 게다가 1773년에는 발명 자금을 지원해 주던 친구 로벅마저 파산했다. 증기 기관을 양산하여 팔 수 있어야 인연이 완성되는 것인데, 공장은커녕 연구 자금도 모자랐다.

이처럼 어려운 상황에서 반드시 생각해야 할 게 있다. 이런 엄청난 씨앗因은 시간이 지나도 썩지 않는다는 사실이다. 특허로 보장된 씨앗이므로 처방緣을 붙일 수 있을 때까지 기다리고 참는 것이 중요하다.

서두르면 씨앗이 썩을 수 있다. 제때 제자리에 심어야만 싹이 제대로 난다. 와트는 그렇게 했다. 확신하는 만큼 참고 기다리는 것도 매우 중요한 덕목이다. 과연 그랬다.

## :: 전 재산을 털어 제임스 와트와 동업에 나선 볼턴

이때 와트의 발명을 예의 주시한 인물이 있었다. 그는 바로 로벅과 동업을 하다 하루아침에 부도를 맞은 매튜 볼턴[0840]이었다. 그는 로벅의 소개로 1768년부터 와트를 알고 지내던 사이였다. 그간 로벅이 자금 지원을 해서 증기 기관을 만들고 있다는 사실을 잘 알았다. 연구실에도 가 보았다. 그래도 공장이 잘 돌아갈 때에는 크게 관심을 두지 못하다가, 막상 존 로벅이 파산하자 그나마 가질 수 있는 것은 로벅이 투자자로서 갖고 있던 증기 기관 발명 지분이었다. 볼턴은 로벅이 공동으로 갖고 있던 특허권을 양도받는 것으로 파산의 아픔을 삭였다.

볼턴은 특허를 앞에 놓고 신중히 검토했다. 와트의 발명이 대체 무슨 의미인지 냉정하게 판단했다. 증기 기관이 어떻게 쓰일지 차분히 상상해 보았다. 파산의 아픔을 되씹기보다는, 자기에게 남아 있는 이 특허를 어떻게 활용해 손해를 복구할지 간절히 생각한 것이다.

증기 기관 특허의 유효 기간은 25년, 그러므로 25년 안에 사업적으로 성공해야만 한다. 아니면 아무리 실용성이 있다고 해도 파팽 같은 신세가 되고 만다. 와트를 위해서가 아니라 볼턴 자신을 위해서라도 반드시 증기 기관을 양산해 팔아야만 했다.

어쨌든 와트는 자본이 없었으므로 오로지 볼턴만 붙잡고 설득했다. 증기 기관이 가져올 변화를 귀가 아프도록 설명해 주곤 했다. 코카콜라란 브랜드를 만든 프랭크 로빈슨이 자본가인 아사 캔들러를 설득하듯, 복사기를 발명한 체스터 칼슨이 할로이드사를 설득하듯 그렇게 간절하게 설명했다.

볼턴은 마침내 1775년, 전 재산을 털어 제임스 와트[0305]와 동업에 나서기로 결심했다. 그가 자신이 없다면 이 공동 특허권을 누군가에게 헐값에 넘기면 그만이지만 그는 그러지 않기로 했다. 자신의 인생을 이 증기 기관에 걸기로 결심했다. 또한 전 재산을 쏟아 붓기로 했다.

투자자가 된 볼턴은 우선 윌리엄 머독[1040]이라는 기계 기술자를 스카우트하여 증기 기관 회사를 설립했다. 그러는 한편으로 공동 특허권자인 제임스 와트를 격려해 가며 제2, 제3의 발명을 하도록 지원하여 1782년에 복(複)동식 회전 기관, 1788년에는 와트 기관을 잇달아 만들어 냈다.

과연 볼턴의 예측은 들어맞았다. 증기 기관을 생산해 시장에 내놓자 생각지도 못하던 곳에서 여러모로 쓰이기 시작했다. 광산의 배수 시설은 물론이고 공장의 컨베이어 벨트, 주화(鑄貨) 제조 기계, 제지 공장, 제분 공장, 면직 공장, 제철 공장, 증류소, 운하, 급수장 등지에서 두루 응용되었다. 말이 들어갈 수 없고 배가 닿지 않는 자리에도 이 증기 기관은 마음대로 들어가 일을 해냈다. 풍부하고 값싼 석탄으로 물만 끓여 대면 비싼 사료를 달라고도 하지 않고, 지치지도 않았다. 똥을 싸지도 않았다. 대성공이었다. 이에 따라 전투 및 노역용 말을 길러 내던 농장들은 된서리를 맞아야 했다.

1800년, 마침내 특허 기간이 종료되어 와트와 볼턴은 각각 자녀들에게 회사를 분산해 물려주었다. 이때까지 팔린 증기 기관은 500대였다. 당시의 기술로는 엄청난 양이다. 와트가 챙긴 특허료만 76,000파운드다. 당시로서는 대성공이어서, 와트와 볼턴은 둘 다 왕립학회 회원이 되는 등 돈과 명예를 거머쥐었다.

이제 강력한 힘을 내는 증기 기관이라는 새로운 인연이 세상에 맨 얼굴로 나타났다. 특허 기간이 만료된 것이다. 여기서부터는 누구나 이 증기 기관을 응용하여 다른 물건을 만들어 낼 수 있는 것이다. 이 당시에 사람들이 가장 쉽게 떠올릴 수 있는 것은 배였다. 배말고는 대규모 운송 수단이 없던 시절이다. 육상 운송은 말이 끄는 수레 정도인데, 아직 수레를 끌 생각에는 미치지 못했다. 기차와 비행기, 자동차는 아직도 사람들의 머릿속에 들어 있지 않은 시절이다.

이미 크게 성공한 와트와 볼턴은 증기 기관 판매만으로도 바빠 배에 응용하는 것까지는 생각할 여유와 시간이 없었다. 당시에 영국에서 배가 갖는 의미는 대단했다. 자동차, 비행기, 기차가 없을 때라는 걸 염두에 두고 상상해야 한다.

비록 특허 기간이 끝났지만, 와트와 볼턴은 1800년부터 증기 기관을 양산 체제로 바꾸었다. 이때가 돼서야 증기선이 제 모양을 갖추었다. 이전에도 수없이 많은 도전이 있었지만 출력이 모자라 큰 배를 움직이는 데는 실패했다.

1788년에 영국인인 패트릭 밀러와 윌리엄 시밍턴이 증기선을 만들었는데, 최대 속도가 겨우 5노트였다. 이런 속도로는 상품 가치가 없다.

몇 년 뒤인 1801년에 이르러 시밍턴은 재도전에 나서서, 이번에는 10마력짜리 엔진을 달아 70톤짜리 바지선을 31킬로미터 예인하는 데 성공했다. 이러고도 증기선을 띄우려는 사람들은 와트와 볼턴이 만든 증기 기관을 개량하느라고 실험을 계속했다. 증기선은 완전한 자유 영역이었다. 와트와 볼턴은 증기 기관 자체를 생산 판매하고, 성능을 개선하는 것으로도 사업성이 충분하고, 또 만족했다.

여기서 단순한 증기 기관을 뛰어넘어 다른 용도를 생각한 사람이 한 명 나타났다.

그는 와트−볼턴 회사에 근무하던 리처드 트레비식[0320]이란 사람이었다. 그는 와트−볼턴 회사에서 증기 기관 운전과 조립 기술을 익힌 뒤, 독립하여 광산에 기차 원리와 비슷한 권양기를 설치했다. 광산에서는 지하에서 솟는 물을 밖으로 빼고, 또 캐낸 광석을 끊임없이 밖으로 퍼내야 하는데 이때까지는 사람 손으로 해야만 했다.

당시에는 광산에 레일이 설치되어 있었다. 바퀴 달린 수레를 사람이 밀거나 끌어 물과 광석을 운반하는데, 이걸 트레비식이 증기 기관으로 바꿔 보려고 시도한 것이다.

트레비식은 1801년에 도로에 레일을 깔아 놓은 뒤, 바퀴 달린 증기차를 만들어 시운전하는 연구에 몰두했다. 이때는 증기 기관 특허 기간이 만료되어 누구나 마음껏 만들어 낼 수 있을 때다. 물론 연구의 대부분은 와트−볼턴사 제품을 쓸 수밖에 없다.

그는 물을 끌어올리는 양수 기관도 만들고, 1804년에 비록 짧기는 하지만 레일을 달리는 증기 기관차 시운전에 성공했다. 레일은 특별한 아이디어가 아니라, 탄광에 이미 깔려 있는 레일과 이 위를 달리던 광차에서 착안한 것이다.

트레비식은 이 증기 기관차를 광산에서만 쓰고 싶지는 않았다. 광석을 실어 나르는 수레를 사람이 탈 수 있게끔 멋지게 개량해야만 했다. 문제가 있었다. 레일을 깔고 엔진을 만들고 객차를 만들 자금이 턱없이 부족했다.

막상 사람이 타고 이동할 수 있는 기차의 미래까지 너무 멀리 상상하다 보니 연구 자금이 엄청나게 많이 들어가고, 실용 때까지 복잡한 특허 절차를 거쳐야 했다. 객차를 만드는 것은 물론 레일을 까는 비용은 실로 엄청난 것이었다.

결국 연구 자금을 마련하지 못한 그는 실험 노트만 들여다보면서 분을 삭여야 했다. 인연이란 하늘에서 뚝 떨어지는 것이 아니다. 씨앗을 보는 것까지는 공짜지만 처방부터는 시간과 자금, 열정을 바쳐야 한다. 트레비식은 그럴 준비가 되어 있지 않았다. 게다가 투자자도 구하지 못했다. 사람들은 아직 기차를 상상하지 못했다. 화려한 마차를 타는 사람들에게 증기 기관차는 이해가 되지 않는 딴 세상 이야기였다.

## :: 석탄 나르는 스티븐슨의 증기 기관차 등장

리처드 트레비식의 기차 시운전을 보고 감명을 받은 사람이 있었다. 그는 탄광 기관사인 조지 스티븐슨[0130]이었다. 그는 실용적이었다. 그는 증기 기차에 사람을 태우거나 화물을 실을 생각을 하지 않았다. 어차피 트레비식이 사람을 태우는 증기 기관차 실험에 성공했으니 자신은 조금 비켜 갈 필요가 있었다. 그는 트레비식이 애당초 광산 레일을 보고 증기 기관차를 발명했다는 걸 알고, 일단 승객을 나르는 기차보다는 실용적으로 쓰기로 했다. 즉 탄광에서 석탄을 나르는 데 쓰면 인건비를 줄일 수 있고, 더 안전하고 더 효율적이라고 생각한 것이다. 트레비식과 스티븐슨의 생각은 겨우 이런 차이였고, 이 차이가 승패를 갈랐다.

트레비식도 광산에서 쓰면 좋을 거라는 것쯤은 알고 있었다. 하지만 그는 화려한 역마차를 그리며, 증기 기관으로 움직이는 멋진 수레를 상상하다가 그만 광산용 기능을 잊어버린 것이다.

트레비식은 너무 앞서 가다 적절하고 효율적인 처방을 할 기회를 놓친 것이고, 스티븐슨은 눈앞에 보이는 실용적인 문제부터 해결하는 맞춤식 처방을 한 것이다.

이 시기는 산업 혁명으로 곳곳에 공장이 생겨나고, 그런 만큼 에너지 수요가 폭발적으로 일어나 곳곳에서 석탄을 캐낼 때였다. 따라서 탄광마다 갱도에 레일을 깔고 광석을 실어 나르던 시절이었으므로 이것을 기차로 만드는 아이디어를 낸 것이다. 레일은 이미 깔려 있고 광차도 있으니 엔진만 달아 주면 되는, 비교적 비용이 많이 들지 않는 아이디어였다.

부유한 탄광주들은 스티븐슨의 아이디어에 만족했다. 이들이 선뜻 내준 개발비로 스티븐슨은 증기 광차 개발에 착수했다.

마침내 트레비식이 레일에서 시운전에 성공한 지 24년 만인 1814년 7월, 스티븐슨은 탄광 레일 시운전에 성공했다. 이것이 주효했다. 증기 광차는 탄광에서 캐낸 광석을 먼 처리장까지 운반하기에 너무나 편리했다. 그의 증기 광차는 전 유럽의 광산마다 급속히 보급되었다. 트레비식 이후 24년간 이 간단한 아이디어를 스티븐슨말고는 누구도 상상하지 않았던 것이다. 24년간 거의 버려진 씨앗因이나 다름없는 것을 스티븐슨이 주운 셈이다.

증기 광차 사업에 성공하여 한층 고무된 스티븐슨은, 트레비식이 너무 앞서 가다 자금 부족으로 해내지 못한 증기 기관차 개발에 나섰다. 아무리 눈이 밝아 씨앗을 보아도 처방할 능력이 없으면 소용이 없다. 그에게는 증기 기관차를 개발할 자금이 충분했다.

9년 동안 자금을 착실히 모은 그는 1823년에 세계 최초의 기관차 공장을 설립했다. 이듬해인 1824년에는 스톡턴에서 달링턴까지, 세계 최초로 여객용 철도가 부설되면서 그의 기관차가 상용으로 달리게 되었다. 다시 1년 뒤인 1825년에는 개량형 기관차인 로커모션호가 나오면서 철도 수송의 시대가 열렸다.

트레비식이 조금만 더 젊었거나, 혹은 연구 자금을 대어 줄 후원자를 설득할 능력이 있었다면 증기 기관차는 33년이나 스티븐슨의 손을 기다리지 않을 수도 있었다. 하지만 트레비식은 기술만 개발하고, 완성은 개발 자금을 확보한 스티븐슨의 손에서 이루어졌다. 기차는 이런 과정을 통해 생겨났다.

아무리 좋은 인연이라도 감당할 능력이 없으면 남의 것이 되고 만다. 결실을 얻기 위해서는 가꾸고 기르는 능력이 있어야 하는 것이다.

자, 다시 제임스 와트가 증기 기관을 발명한 1769년으로 올라가자. 아직도 증기 기관의 쓰임새는 많다. 증기 기관은 워낙 잠재력이 큰 인연이라서 여기서 뻗어 나갈 2차, 3차, 4차 인연이 다양하기 때문이다.

산업 혁명 시대, 증기 기관이 발명되면서 사람들은 레일을 달리는 광차나 기차를 먼저 연상했다. 당시에 말이 끄는 수레를 증기 기관으로 가게 한다는 것은 굉장한 모험이고, 또 손이 많이 가는 일이었다. 더구나 말이 끄는 수레를 타고 다니는 사람들은 그렇게 큰 불편을 느끼지 않았다. 인연이 되려면 더 절실해야 하고, 그래야만 끌어당기는 힘도 생긴다. 증기 기관을 보고 증기 자동차를 상상한 사람은 매우 늦기는 했지만, 엉뚱하게도 공병대 장교였다.

제임스 와트가 증기 기관을 발명한 바로 그해, 프랑스 공병대 대위인 니콜라 조제프 퀴뇨[0545]가 번득이는 눈으로 이 씨앗因을 찾아냈다. 그럴 만한 사정이 있었다. 너무나 무거워 옮기기 벅찬 대포를 쉽게 이동시킬 방법을 찾고 있던 그에게 증기 기관은 곧 번갯불 같은 충격을 주었다. 그러니까 퀴뇨는 승용차를 상상한 게 아니라 수송용 트럭 같은 걸 먼저 생각한 셈이다. 어쨌든 필요한 데가 있어야, 그것도 절실해야만 눈길이 가는 법이다.

## :: 증기 자동차에서 가솔린 자동차로

그는 증기 기관에 바퀴를 달아 움직일 수 있도록 만들었다. 지금의 자동차를 상상하면 안 된다. 그냥 앞으로 굴러가는 물체라고 보면 될 정도로 조악하다. 그는 대포를 싣는 대신 사람 네 명을 태운 다음에 파리 시내를 달렸다. 브레이크도 없고 핸들도 없고 고무 바퀴도 없지만, 대충 앞을 향해 달리는 데는 성공했다. 이것이 최초의 자동차다. 인간이나 동물의 힘을 빌리지 않고 기계 동력에 의해 스스로 움직이는 첫 자동차다.

다만 이 시기에는 증기 기관의 효율이 워낙 떨어지다 보니 증기 자동차의 속도 역시 사람의 걸음걸이와 비슷한 시속 4km에 불과하고, 말에게 사료를 먹이듯이 15분마다 계속해서 물을 보충해 줘야 했다. 또 기계가 발달하지 않아 그야말로 증기 기관에 바퀴만 연결했기 때문에 핸들링, 즉 방향 전환이 쉽지 않고 브레이크도 없다. 결국 이 최초의 증기 자동차는 파리 교외에서 시험 운행하던 중 벽에 충돌해 전소되고 말아, 퀴뇨의 자동차는 실용화에 실패하고 말았다. 주변 기술까지 개발해야만 하는데 공병대 장교로서는 연구 자금이 턱없이 부족했다.

사실 증기 기관을 이용한 자동차 역시 기차와 같은 주변 기술의 발달이 뒤따라야만 했다. 핸들링이 돼야 하고, 브레이크가 걸려야 한다. 또 속도를 어느 정도 높이자면 증기 기관의 효율이 더 올라가야 한다. 기차는 레일만 따라가면 되기 때문에 비교적 쉽다지만 자동차는 기술적으로 훨씬 더 복잡한 것이다.

이 모든 조건이 완비되는 과정을 가장 정확히 안 사람은, 바로 와트의 증기 기관 회사에 근무하던 윌리엄 머독[1040]이었다. 그는 증기 기관이 양산 체제에 들어간 1784년[04]에 3륜 소형 증기 자동차를 만들었다.

이후 1801년, 와트-볼턴 회사에 근무하던 트레비식이 3륜차로 건장한 사내 여덟 명을 태우고 런던 시내를 시속 13km로 달리는 데 성공했다. 하지만 앞서 나왔듯이, 트레비식은 자동차 개념을 머리에 떠올린 것이 아니라 그것으로 증기 기차를 만들 생각으로 머릿속이 꽉차 있었다. 그가 증기 자동차 시연에 성공하고도 기관차 발명만 하려고 자금을 구하는 사이, 스티븐슨에게 영광의 자리를 넘겨주고 말았다. 그는 기차만 생각하느라 자신이 더 향상된 증기 자동차를 만든 사람이라는 사실조차 알지 못했다. 생각이 없으면 손으로는 자동차를 만들지만 머리로는 기차를 만드는 것이다.

하지만 니콜라 퀴뇨, 윌리엄 머독과 트레비식의 1차 성공으로 증기 자동차는 사실상 대중들의 생각 속에 뿌리를 내리기 시작했다. 증기 기관에 대한 특허만 있을 뿐 자동차의 기계 장치에 대한 규제가 없었

－1769년에 생산된 퀴뇨의 증기 자동차

기 때문에, 너도나도 자동차 개발에 나설 수 있었다.

마침내 1826년에는 W. 핸콕이 만든 22인승 증기 자동차 열 대가 런던 시내에서 정기 운행을 시작해, 최초로 실용화된 자동차라는 기록을 남겼다. 당시에 이 자동차의 평균 시속은 16~23킬로미터로, 퀴뇨의 자동차에 비해 최고 여섯 배까지 속력이 향상됐다.

이로부터 증기 자동차는 급속도로 퍼지기 시작했다. 하지만 펄펄 끓는 보일러가 움직이다 보니 폭발 사고가 심심찮게 일어나고, 증기 자동차가 뿜는 증기와 소리에 놀란 말들이 날뛰는 바람에 당시의 일반 수송 수단이던 마차가 뒤집히는 등 크고 작은 사고가 잇따랐다. 석탄으로 보일러를 끓여댔기 때문에 매연도 심각했다.

### : : 누가 인연의 바다로 뛰어들었나

여기서 예상치 않은 돌발 변수가 생겼다. 영국은 사실상 증기 기관에서 기관차, 자동차에 이르는 19세기 최대의 발명을 잇따라 성공시켜 놓은 나라다. 어쩌면 다가오는 20세기까지 전 세계를 영국이 주도할 수 있는 미래 산업을 확실히 확보해 놓은 셈이다. 그런데도 영국은 이 엄청난 과실을 고스란히 포기하는 중대한 실수를 저지른다. 기차와 자동차의 미래를 전혀 보지 못한 탓이다. 좋은 인연은 내가 갖지 못하면 남이 가져가고, 남이 기르는 인연은 곧 내가 심은 인연의 거름까지 쪽 빨아가 자신들의 열매만 키운다. 인연의 세계에서 양보란 있을 수 없다. 양보가 아니라 포기요, 실패이기 때문이다.

영국 의회는 1865년에 세계 최초로 자동차법을 만들었다. 그런데 민감한 문제가 바로 '자동차마다 운전사 세 명을 태운다. 그중 한 명은 낮에는 붉은 깃발, 밤에는 붉은 등을 가지고 자동차의 60미터 앞을 달려야 한다. 최고 속도는 시속 6.4킬로미터 이하로 한다. 시가지에서는 3.2킬로미터로 한다.'라는 법안의 내용이었다.

즉 이 법안이 발효됨으로써 자동차는 발로 달리는 운전사의 유도를 받아야 하고, 이에 따라 운전사 발걸음에서 그만 자동차 발전이 정지된 것이다. 이 법을 지키자면 사람이 끄는 수레나 별 차이가 없다. 말이 끄는 수레는 더 빨리 달리기나 하지, 느려 터진 증기 자동차는 아무런 이익을 가져다 주지 못했다.

이 때문에 자동차에 대한 주도권은 발명국인 영국에서 미국과 독일로 넘어간다. 이 법안은 1896년까지 약 30년간 영국 자동차 산업의 발목을 꽁꽁 묶어 놓았다. 첨단 기술을 30년이나 막다니, 해가 지지 않는 나라 영국의 영광은 이렇게 막을 내렸다. 영국이 20세기 들어 미국에 밀린 것은 전쟁에 져서도, 정치를 잘못해서도 아니다. 바로 20세기 초 최첨단 산업인 자동차 산업을 법으로 틀어막았기 때문이다.

우리나라에서도 법 때문에 사업을 못하겠다는 아우성이 많다. 공무원들은 자신들이 그 자리에 버티고 앉아 있다는 그 자체가 국가 발전을 저해한다는 사실을 깨닫지도 못할 것이다. 뭘 거부하고 반려하고 돈 뜯어 가서가 아니라, 각종 규제나 법령을 손에 쥔 채 '의자'에 앉아 버티고 있는 그 자체가 잘못이다. 법을 만드는 국회의원들조차 지금 당장 최고 수준의 예우를 받고 있는 '현재'에 빠져 종종 '미래'를 위해 일하지 않는다. 법은 아무리 빨라야 창의와 발명의 맨 뒷줄에 끌려오는 그림자 신세다.

영국 의회의 '근엄하신 의원님들'은 화려한 마차에 올라 폼 잡고 행차하는 런던 거리에서, 매캐한 연기나 내뿜으며 괴물처럼 돌아다니는 검은 쇳덩어리가 보기 싫었을 것이다. 덕분에 20세기 후반에 들어 영국 총리는 한때 그들의 식민지였던 미국 대통령의 푸들이라는 조롱을 받는다. 세계 대전 때에 미국이 도와주지 않았으면 영국은 독일 식민지가 돼 버렸을 것이니, 이런 조롱에도 그들은 어쩌지 못한다.

미국으로 넘어간 증기 자동차는 뜨거운 관심사였다. 1805년, 올리버 에번스[0645]는 미국에서 파워 보트와 육로 수송 수단에 얹히는 스팀 엔진에 대한 특허를 받고 대대적인 판매에 들어갔다. 그리고 그 다음해인 1805년, 20톤 무게의 스팀 엔진을 얹은 증기 자동차로 필라델피아에서 시운전을 했다.

미국에서도 어처구니없는 일이 벌어졌다. 증기 자동차의 공식 도로 주행을 금지시킨 것이다. 육로 수송의 주류를 이루는 마차를 보호한다는 명분이었다. 말이 놀라서 전복되는 바람에 대중 교통수단이 마비될 수 있다는 것이 그 이유였다. 법에 막힌 그는 24마력이나 되는 고압 증기 기관을 발명했지만 이를 제분기, 증기선 등에 쓸 수밖에 없었다.

어쩌면 영국보다 더 무지막지한 '주행 금지' 법안이 길을 가로막았다. 그러나 미국과 영국은 다른 점이 있다. 영국은 런던이 빠지면 영국이 아닌 것이나 마찬가지지만, 미국은 그렇지 않다. 나라가 너무 크고 평야가 아득히 많기 때문에, 법안 하나로 자동차에 대한 미국인들의 욕구를 다 꺾지는 못했다.

1825년에 미국인인 토머스 블랜차드[0830]도 매사추세츠에서 증기 자동차를 만들었다. 이 차는 후진도 가능했다. 하지만 지원을 받지 못한 그는 자동차를 포기하고 증기선, 증기 기차를 연구하다 결국 아무것도 실용화시키지 못한 채 손을 들었다.

어쨌든 증기 자동차는 실용화라는 과제를 안은 채 부속 기술이나 기계 발명이 뒤따르기를 기다릴 수밖에 없는 처지가 됐다. 이제 지금까지 증기 기관을 씨앗因으로 하는 기술, 즉 처방緣이 어떤 식으로 확대되는지 보자.

증기 기관으로 촉발된 기차, 선박, 자동차는 더 효율적인 기계나 기술, 편의 사항을 발명하는 쪽으로 나아갈 수밖에 없다. 사실 자동차든 선박이든 기차든 가장 중요한 것은 효율이다. 증기 기관의 효율에는 분명 한계가 있다. 석탄 사용에 따른 공해도 만만치 않다. 그러므로 증기 기관이라는 씨앗因을 보고 더 좋은 동력 기관을 만들어 내려는 처방緣은, 그 실체가 무엇이든 수많은 기계 기술자들의 과제가 되었다.

증기 기관이 워낙 빠른 속도로 발전해 나갔기 때문에, 사람들은 한동안 증기 기관 이상의 '그 무엇'이라는 처방을 미처 생각해 내지 못했다. 다만 주변 기술에 대한 개발 붐이 일었다.

1827년에는 프랑스의 O. 페쿠르가 기어 장치를 개발하였다. 이 기술은 매우 유용하게 이용되었다. 기어는 오늘날까지도 쓰인다.

1832년에 영국인인 W. H. 제임스는 이 기술을 발전시켜 3단 변속 기어를 고안해 냈다. 안전성에 관한 중대한 발전이었다.

또 1837년에 토머스 대븐포트는 전기 모터에 대한 특허를 받았다. 이 역시 자동차 발전에 큰 영향을 미쳤다.

1839년에 미국인인 찰스 굿이어[0860]는 고무를 유황 처리하는 기술의 특허권을 매입하여 그 연구를 추진한 결과, 장기간 사용해도 탄력성을 잃지 않는 딱딱한 고무를 만드는 데 성공하였다. 자동차 발전을 가속시킨 위대한 발명이다. 이 당시의 타이어는 딱딱한 고무 덩어리여서 높은 속도를 감당하기 어려웠다.

하지만 이 기술을 자동차 바퀴로 이용한다는 간단한 처방緣을 생각한 사람은 아무도 없었다. 고무 속에 공기를 넣으면 승차감이 더 좋아진다는 사실도 아무도 생각하지 못했다. 고무 속에 공기를 넣는 것이나 유리 전구 속에서 공기를 빼내는 것이나 다 생각의 힘이다. 고도의 기술이 아니다.

결국 고무에 공기를 주입한다는 튜브식 자동차 타이어는 이로부터 56년 뒤에나 만들어진다. 1888년에 영국의 윌리엄 던롭은 아들의 나무 바퀴 세발자전거에다 짐승의 허파를 넣어, 튜브식 가죽 타이어를 만들어 달았다. 그는 뜻밖에도 이 타이어가 쿠션이 아주 좋다는 걸 알고는 곧 특허를 따냈다. 이때 하베이라는 귀족이 던롭의 특허를 보고는 좋은 아이디어로 여겨 돈을 주고 사들였다. 생각이 돈이다.

그는 이 특허를 이용해 마침내 공기가 들어간 고무 타이어를 개발했는데, 그만 자전거에만 달고 자동차에 다는 건 생각하지 못했다. 얼마나 기막힌 일인가. 나무 바퀴 시대를 벗어나 고무 바퀴 시대를 열었는데, 그 부드러운 고무 속에 공기를 넣는 걸 생각 못한 것은 그렇다 쳐도, 어떻게 자전거에 튜브식 타이어를 쓰는데 자동차용으로는 생각조차 못했단 말인가. 트레비식이 증기 자동차를 만들고도 기차만 상상했던 것처럼 하베이 역시 자전거만 생각하고 자동차는 잊어버렸다. 이따금 발명가 자신조차 눈뜬장님이 될 때가 있다.

단순한 아이디어에 불과한 이 생각을 인류는 던롭 이후 무려 7년간이나 거들떠보지 않았다. 그러다 영국이 아닌 프랑스에서 타이어에 관한 새로운 처방緣이 만들어졌다.

1895년의 어느 날, 자전거 가게를 하고 있던 프랑스인 앙드레 미슐랭[1205]은 영국 청년이 공기 타이어를 단 자전거를 고치러 온 걸 보고 충격을 받았다. 이 좋은 물건을 왜 자전거에만 장착하는지 그는 이해할 수 없었다. 세상에, 미슐랭이 씨앗因을 볼 때까지 7년이나 아무도 보지 못한 것이다.

그는 자동차에 끼우는 딱딱한 통고무 타이어 대신 공기 튜브식 자동차 타이어를 직접 만들었다. 세계 최초의 공기 타이어는 이렇게 해서 태어났다. 전 세계 모든 사람들이 다 알아도 그걸 보는 사람은 딱 한 명밖에 없는 것이다. 보지 말라고, 하지 말라고 막는 사람은 아무도 없건만 실제로 이러하다. 지금도 미슐랭이란 이름은 타이어의 대명사처럼 불린다.

다시 엔진으로 돌아가 보자.

증기 기관을 혁신시키려는 처방을 가장 먼저 떠올린 사람은 스위스인인 아이삭 리바츠[0860]였다. 그는 1769년에 제임스 와트가 증기 기관을 발명하자마자 딴생각을 했다. 물이 아무리 좋기로 가스보다 더 힘이 있겠는가 하는 의문을 가졌던 것이다. 그러고는 직접 가스 기관을 개발해 손수레에 장착했다. 뛰어난 눈으로 가장 빨리 움직인 훌륭한 처방緣이다.

이 가스 엔진은 수소와 산소 혼합기를 이용한 내연 기관으로 기술적으로 대단히 뛰어난 발명품이었다. 이 시기에 수소와 산소를 연료로 사용할 상상을 하다니! 아뿔싸, 그는 너무 앞서 가 버렸다. 그의 내연 기관은 배기 밸브를 수동으로 조작해야 하는 등 주변 기술 미비로 결국 빛을 보지 못했다. 당시로서는 실용이 불가능한 '상상' 개념이었다. 이 최첨단 엔진 기술은 21세기가 된 지금도 연구 중에 있다.

이쯤 되면 사람들은 물 대신 무엇을 연료로 동력 기관을 움직일 것인가 상상하게 돼 있다. 증기 기관이 나오기 전에는 감히 씨앗因으로 볼 엄두를 내지 못하던 사람도, 막상 증기 기관이 눈앞에 실제로 보이니까 그나마 한 발 더 나아갈 용기를 갖게 된다.

가스 기관 발명보다 훨씬 앞선 1680년, 네덜란드의 과학자인 크리스티안 하위헌스[0520]는 화약 폭발에 의해 작동되는 기관을 고안했다. 증기를 대신할 에너지원으로 수소, 화약이 응용된 것이다. 에너지만으로 보면 수소 폭발력, 화약 폭발력은 물론 대단하다. 하지만 그걸 통제할 기술이 있을 때에 기술이 되지, 안 그러면 황당한 꿈이 되고만다. 화약 기관은 이를테면 미사일이나 우주선에 쓰이는 기술이다. 그러니 이 시기에는 당연히 실패다. 너무 앞서 가는 것은 뒤처지는 것이나 다름없다. 뒤처지면 돈이나 안 쓰지, 너무 앞서 가면 돈과 시간까지 잃는다.

이후에 몇몇 발명가들이 갖가지 내연 기관을 만들었지만 결코 실용적이지 못했다. 폭발을 제어하는 주변 기술이 없기 때문에, 이 당시의 내연 기관은 언제 터질지 모르는 '무서운' 폭탄이었다.

그러다가 1824년이 되어 영국의 새뮤얼 브라운이 석탄 가스를 이용하는, 2기통 4마력짜리 가스 기관을 완성해 차에 설치하였다. 그러나 열효율이 너무 낮아 상업적으로 실패하고 말았다. 석탄 가스는 우리나라에서 2012년 이후부터 화력 발전소를 대체할 예정일 정도로 상용화가 매우 늦은 연료다. 2011년 말에 두산중공업이 실용화에 성공했는데, 세계적으로 잘 쓰이지 않는 고난도 기술이다. 그러니 100년 전에 무슨 수로 상업화가 되겠는가. 역시 너무 앞서 갔다.

1844년, 미국의 스튜어트 페리는 소나무 진액, 즉 송진으로 만든 테레빈유를 연료로 사용하는 2행정 내연 기관을 만들었다. 하지만 테레빈유를 어디서 어떻게 만들어 조달할 것인지 아득한 문제였다. 산을 다 벌채해도 얻을 수 있는 테레빈유는 얼마 되지 않으니 애당초 경제적이지 못하다.

화약, 석탄 가스, 테레빈유 등 연료가 될 만한 것에 대한 실험은 이처럼 다각적으로 이루어졌다. 하지만 증기 기관을 대체할 만한 가치는 전혀 발견하지 못했다. 왜냐하면 증기 기관은 에너지원인 물과 석탄을 무진장 공급할 수 있는 데 반해, 가스 등은 대량 공급이 불가능한 실험실용이기 때문이었다. 이럴 때에는 실험실을 닫아 놓고 인연이 무르익기를 기다려야 한다. 천시(天時)라는 게 있다는 걸 인정할 줄 알아야 한다.

마침내 세월이 흐르고 흐른 1853년, 이탈리아의 에우제니오 발산티와 펠리체 마테우치가 최초로 가스 엔진에 대한 특허를 받았다. 하지만 역시 실제적인 설계는 이루어지지 않았다. 머릿속에서만 이루어진 특허다.

사실 이 당시의 가스 기관이라는 것은 의미가 없다. 사용할 가스 생산이 용이하지 않기 때문이다. 문제는 오늘날과 같은 휘발유나 경유를 누가 먼저 발견해 이를 내연 기관용으로 쓰는 실험에 성공하는 것이냐다. 물론 당시 사람들로서는 상상조차 못하는 개념이지만, 그래도 처방(處方)을 찾아내려는 인간의 의지는 이를 향해 조금씩 움직였다. 그 의지가 위대한 것이다.

이 무렵에 석유라는 존재는 이미 널리 알려진 상태였는데, 생산량이 너무 적어 겨우 등잔불에나 이용되었다. 그래서 사람들은 언젠가는 증기 기관 대신에 이러한 가스 기관이 크게 유용할 것이라고 상상하기도 했다. 즉 밖에서 불을 때는 것이 아니라 안에서 타는 내연 기관 발명에 실눈을 뜨는 사람도 더러 있었다.

최초의 가스 엔진 특허가 나온 지 6년 뒤인 1859년[07], 벨기에의 에티엔 르누아르[0505]는 석탄 가스와 공기 혼합 기체를 이용하는 2행정 엔진을 제작했다. 이 엔진은 18리터에 2마력의 출력을 냈다. 증기 기관에는 미치지 못하지만 어쨌든 내연 엔진 기술은 나온 것이다.

최초의 성공적인 내연 기관으로 평가받은 이 내연 기관은 석탄 가스를 전기 점화 장치로 연소시키는 2행정 기관이었다. 실린더 내에 넣은 석탄 가스를 피스톤으로 압축하는 방식이 아니라, 대기압과 비슷한 상태에서 전기로 발화시키는 것이었기 때문에 열효율은 4% 수준에 불과했다. 압축 기술이 없어 폭발력을 키우지 못했다. 그 자신은 이 기술을 경제적으로 발전시키지 못했지만, 인류사에는 중요한 영향을 미쳤다. 즉 제임스 와트⁰³⁰⁵가 증기 기관을 개발할 당시의 열효율이 2%였던 것에 비하면 두 배의 효율을 기록, 가능성 면에서 훨씬 진보된 기술이다.

1862년에는 프랑스인인 알퐁스 보 드 로샤¹¹²⁰가 지금의 엔진 작동 원리와 같은 4행정 방식을 설계했지만, 실제로 만들어 실험해 보지는 못했다. 이처럼 자동차를 향한 인연의 마라톤에서 수많은 기술자들이 장렬하게 죽어 가면서 하나 둘 관련 기술이 축적되었다.

1866년에는 독일의 니콜라우스 아우구스트 오토⁰⁴³⁰가 피스톤 엔진에 대한 특허를 얻는 등 주변 기술이 한층 더 발전했다. 그는 사실 르누아르의 2행정 가스 엔진 발명에 흥분하여 내연 기관 발명에 몰두했지만, 이때 겨우 피스톤 엔진 기술만 확보했다. 물론 이것만도 큰 기술이다. 이 모든 것들은 자동차라는 거대한 인연의 고리에서 결코 '없어서는 안 되는' 필수 기술들이다. 반도체 빅뱅이든 컴퓨터 빅뱅이든 이 주제인 자동차 빅뱅이든, 수많은 기술이란 티끌이 태산처럼 모여 마침내 정점으로 달린다. 이것은 마치 성운(星雲)이 티끌까지 다 끌어 모아 별이 되는 과정과 같다. 다만 누가 중심 핵이 되어 이 많은 자잘한 기

술들을 끌어 모을 것이냐 하는
것이 중요한 문제다.

1872년에 아우구스트 오토는
엔지니어인 오이겐 랑겐[0550]과 함
께 피스톤 엔진을 생산하기 시작
했다. 당시의 공장 매니저는 장차
이 모든 과실을 통째로 차지할 인
물인 고틀리에프 다임러[0615]다.

한 해 뒤인 1873년, 영국의
로버트 데이비스 존은 납과 아연
을 이용한 축전지를 사용하여 전
기 4륜 트럭을 개발하였다. 최초
의 전기 자동차지만 '당연히' 실

– NGC604 성운이다. 우주에 흩어져 있는 여러 가
지 성간 물질과 수소, 헬륨 등으로 이루어진 먼지
덩어리다. 중력이 작용하면서 어느 순간 핵이 형성
되고, 그때부터 이 먼지들이 뭉쳐 별이 된다. 인연
의 법칙도 마찬가지다. 여러 사람의 아이디어가 하
나로 뭉쳐 마침내 새로운 것이 탄생하는 것이다.
(사진 : 위키백과사전)

용적이지는 못했다. 백 년이 지난 지금도 시범용만 운행되는데, 오직
축전지의 힘만으로 달릴 생각을 했으니 용기는 가상하나 실패는 자명
했다. 대신에 이 축전지는 나중에 내연 기관 점화에 아주 유용하게 쓰
이지만, 처음에는 용도를 제대로 파악하지 못했다. 21세기에 들어서서
야 겨우 실험용 전기 자동차가 소량 생산된다는 걸 감안하면 얼마나 무
모한 시도였는지 짐작할 수 있을 것이다.

다시 1년 뒤인 1874년 가을, 오스트리아에서 유대인인 지그프리트
마르쿠스[0345]는 4년간의 연구 끝에 벤젠, 즉 휘발유를 연료로 한 엔진
출력 0.75마력짜리 자동차를 개발하였다. 이 차는 평균 시속이 6.4킬
로미터였으며, 스프링·클러치·브레이크까지 장착했지만 불행히도 배
기 파이프와 소음기를 발명하지 못해, 엔진 폭발음이 너무 커서 귀청

이 찢어질 정도로 부담스러웠다.

마르쿠스는 이 야심 찬 작품을 빈 박람회에 출품했는데, 스프링·클러치·브레이크까지 장착한, 당시의 최첨단이었지만 이 차가 움직일 때마다 폭탄이 터지는 듯한 굉음이 박람회장에 울려 퍼졌다. 엄청난 소음 때문에 발명가인 마르쿠스는 주민들의 신고로 경찰에 연행되고, 자동차 연구도 중단됐다. 결국 그는 남은 인생을 빈곤과 좌절감으로 방황하다가 병으로 죽고 말았다. 그야말로 2% 부족했다. 기술에 감성이 뒤따라야 하는데, 그는 이 자동차를 인간이 사용한다는 사실을 간과했다. 아니면, 기술 개발이 미처 뒤따르지 못했거나. 또 주변 기술이 미비한 탓도 있었다. 설사 소음기를 달았다 치더라도 휘발유 정제 기술이 있어서 대량 생산되는 시절도 아니었다.

이래저래 아직 때가 되지 않았다. 역사를 훑어보았을 때, 오늘의 눈으로 보면 때인지 아닌지 훤히 보이지만 당대의 사람들은 그런 사실을 알 수가 없다. 2차 세계 대전과 육이오 전쟁을 치른 미국 대통령 해리 트루먼[0825]은 "어떤 초등학생의 사후(事後) 분석도 가장 위대한 정치가의 사전(事前) 예측보다 낫다."라고 말했다.

세상일은 너무 늦어도 안 되고 너무 빨라도 안 된다. 물론 너무 늦어서 안 되는 것보다 너무 빨라서 안 되는 일이 훨씬 더 많다. 인생에서 무슨 결정을 내리고 판단을 할 때에도 마찬가지다. 너무 느려서 문제인 경우도 꽤 있지만, 사실은 너무 빨라서 문제인 경우가 더 많다. 육이오 전쟁이 났을 때에 이승만은 적이 쳐들어오기도 전에 너무 빨리 도망가 버렸다. 그래 놓고 한강대교를 폭파시켜 버렸다. 이때 국군과 시민들이 한강 이북에 고립되는 바람에 수도 서울이 지옥으로 변했다. 임진왜란 때에도 선조인 이균이 너무 빨리 한양성을 버리는 바람에 경복궁이 다 불에 타 버렸다. 천시(天時)를 안다는 것, 때를 볼 줄 안다는 것은 이처럼 어려운 일이다.

아직 자동차라는 열매를 맺지는 못했지만, 어쨌든 그 씨앗이 되는 내연 기관은 세상에 나타났다. 주변 기술도 나올 만한 건 다 나왔다. 여기까지의 씨앗에 가장 효율적인 처방을 붙이는 사람이 승자가 되는 것이다. 과연 언제까지 이런 혼전은 계속되는가. 과연 누가 최종 승자가 될 것인가. 그럼에도 불구하고 급할 건 없다. 절대로 서둘러서는 안 된다.

이 당시에 마르쿠스의 내연 기관 기술에 가장 근접한 인물은 역시 피스톤 엔진 기술을 가지고 있던 오토였다. 그는 마르쿠스의 발명이 있은 지 2년 뒤인 1876년, 4행정 사이클 내연 기관을 완성했다. 즉 연료와 공기를 흡입하고 압축하고 폭발시키고, 연소된 가스를 배출하는 네 단계 과정을 차례대로 처리하는 엔진이다.

이듬해인 1877년에는 특허를 받았다. 그리고 1878년에는 파리 만국 박람회에 이 내연 기관을 출품해 격찬을 받았다. 자동차로 이용하기에는 약간 부족하지만, 모든 원동기의 원형이 나온 것이다. 이 4행정 내연 기관은 증기 기관을 몰아낼 기세로 마침내 세상에 출현했다.

더구나 오토가 특허를 받은 1876년에는 프랑스의 기술자인 마르크스가 처음으로 제트 카뷰레터를 개발하여, 가솔린을 연료로 하는 4행정 가솔린 엔진을 만들어 냈다. 그야말로 내연 기관에는 혁신적인 발명이 잇따랐다. 이로써 자동차를 위한 씨앗因은 견고하게 완성된 것이다.

이제 실용만이 남았다. 오토의 4행정 가솔린 엔진은 자동차용이 아니었다. 양수기, 권양기, 기타 작은 동력이 필요한 곳에 이용되는 원동기 수준이었다. 증기 기관이 처음 등장했을 때에 쓰인 곳이 곧 가솔린 엔진이 쓰일 곳이다. 증기 기관 시대는 저물고 내연 기관의 시대가 새로 열렸다.

하지만 사람들은 이 강력한 내연 기관이 장차 자동차에도 쓰이고, 모든 곳에 두루 쓰일 것이라는 사실쯤은 쉽게 상상할 수 있었다. 증기 기관이 발전해 나간 양상을 목격했기 때문이다.

그럼 누가 이 가솔린 내연 기관을 자동차에 응용할까?

공장에서 내연 기관의 발명과 발전 과정을 예의 주시하고 있던, 이 공장 기술자 겸 매니저 다임러는 이 내연 기관을 다름아닌 자동차에써 보기로 결심했다. 그럴 만한 이유가 있었다. 오토는 사실상 기술자인 다임러와 마이바흐 두 사람의 힘으로 내연 기관 발명에 성공했는데, 특허를 비롯한 모든 결실은 오토 혼자 독차지하고 말았다.

화가 난 두 사람은 곧 회사를 그만두고 나와 함께 내연 기관 장착 자동차를 만드는 회사를 설립했다. 화가 잔뜩 오른 사람은 그 독기로 꼭 일을 낸다. 월트 디즈니는 토끼 캐릭터인 오스왈드를 빼앗기고 나서 그 분노로 미키마우스를 만들어 내고, 윌리엄 쇼클리의 오만함에 질린 '8인의 배신자'는 세계적인 기업인 인텔을 창업한다. 초 영왕에게 아버지와 형을 잃은 오원은 30년간 독기를 품고서 결국 변방의 오나라를 패자로 만들고, 기어이 초 영왕의 시신을 무덤에서 끌어내어 쇠도리깨로 매질한다. 모욕을 감당하며 목숨을 부지한 월 왕 구천은 오 왕 부차의 심장에 칼을 꽂아 버렸다. 박정희와 차지철이 버린 사람인 김 재규는 총탄으로 분노를 갚았으며, 범수는 자기를 죽도록 패서 버린 위나라를 탈출해 진나라 승상이 된 다음에 조국에 대해 끔찍한 복수를 했다. 만나는 인연도 소중하지만 헤어지는 인연은 더 소중하다. 헤어지는 데 미숙하면 반드시 그 대가를 치른다는 교훈은 너무나 많이 널려 있다. 오토가 지금 그런 실수를 함으로써 셋이서 누릴 영광을 두 후배에게 빼앗기고 만다.

다임러[0615]와 마이바흐[0610], 두 사람은 오토[0430]를 도와 4행정 사이클 내연 기관을 만들어 낸 1876년으로부터 불과 9년 뒤인 1885년에 자동차용 가솔린 엔진 개발에 성공하고, 곧바로 2륜차에 적용해 시험 주행까지 마쳤다. 분노의 에너지로 결실을 맺는 데 9년밖에 걸리지 않았다.

이듬해인 1886년에는 4륜 마차에 1.5마력 가솔린 엔진을 장착해 시속 16킬로미터로 달린 기록을 세우고, 이어 실용적인 3륜 가솔린 자동차를 만들었다.

이런 생각을 한 사람은 그들만이 아니었다. 독일인인 카를 벤츠[0455]는 오토의 내연 기관 발명 1년 뒤인 1877년부터 내연 기관을 장착한 자동차 발명을 목표로 매진한 결과, 다임러보다 약간 늦게 내연 기관 자동차를 만들어 냈다.

두 사람은 불과 100킬로미터 정도의 거리에 떨어져 살았지만, 가솔린 자동차 발명에 성공할 때까지 서로에 대해 전혀 몰랐다고 한다. 다임러가 벤츠보다 약간 앞서 자동차를 만들었지만, 벤츠가 먼저 특허를 신청해 역사상 최초의 가솔린 자동차라는 기록은 벤츠의 몫으로 돌아갔다.

카를 벤츠 그리고 다임러와 마이바흐, 이들 세 사람은 이후에 경쟁적으로 자동차를 생산하기 시작했다. 폭발하는 듯한 소음을 잡는 문제도 어느 정도 해결되었다. 그 결과, 자동차는 가솔린 내연 기관이라는 날개를 달면서 급속도로 발전하기 시작했다.

물론 아직도 미비한 게 있다. 내연 기관이 태울 연료, 즉 가솔린이 얼마나 공급될 수 있느냐는 것이다. 이런 천시(天時)가 조화를 이룰 때에야 인연은 꽃을 활짝 피우기 때문이다. 벤츠와 다임러 이전 사람들이 아무리 좋은 내연 기관을 만들었다 해도 어차피 소용이 없었을 것이다. 우물에서 물 긷는 식으로는 그런 수요를 감당할 수가 없다. 그런데 이들은 그 중요한 천시를 얻었다. 누군가가 원유를 캐내는 기술을 제때 개발해 주었기 때문이다. 운이라면 이런 게 운이다.

세 사람이 만든 가솔린 내연 기관은 여러 사람들의 무수한 처방緣 위에 핀 꽃이다. 주변 기술이 대체로 마련되고, 가장 중요한 휘발유가 양산되기 시작한 게 바로 1859년 8월 27일의 일이다. 에드윈 드레이크[0315]라는 미국인에 의해서다.

이전에는 우물에서 물을 긷듯 저절로 퍼 올리는 석유만을 갖다 썼지만, 이때부터 인류는 풍부한 양의 석유를 땅에서 뽑아 쓸 수 있게 되었다. 하지만 드레이크는 그로써 만족했다. 원유를 퍼내는 데만 정신을 팔고 그 기술을 특허로 낼 생각을 하지 않았다. 인류 최초로 석유 시추 공법을 개발한 드레이크는 이 기술이 대단하다는 사실을 간과하고, 특허를 신청하지 않은 것이다. 아마도 그 자신은 우물을 파는 정도의, 흔하지만 약간 나은 기술일 뿐이라고 스스로 낮추어 보았는지 모른다. 그래서 그 자신은 역사적인 일을 해냈지만 금전적으로 크게 성공하지 못하고, 그나마 그의 공로를 인정한 국가가 연금을 주는 덕분에 고생하지 않고 여생을 보냈다.

어쨌든 시추 공법 이후에 특허조차 없는 값싼 기술이 널리 퍼지자 여기저기서 풍부한 석유가 생산되기 시작했다. 등유, 가솔린 등의 추출 기술이 차츰 개발되다가 이 시대에 이르러 실용적으로 쓰이기 시작한 것이다. 다임러와 벤츠에게는 이런 행운까지 맞아떨어진 것이다. 자동차의 마지막 승자인 벤츠와 다임러의 회사는 각각 경쟁 회사로서 발전하다가 세계 경제가 어려워지고 경쟁 회사들의 추격이 거세던 1926년에 다임러-벤츠로 합병돼, 지금까지 세계 최고의 자동차 회사로 군림하고 있다. 물론 독일의 자동차 산업 덕분에 2차 세계 대전이 발발했다는 엉뚱한 인연의 법칙을 논할 수도 있지만, 어쨌든 영국에서 시작된 자동차 산업은 이때부터 독일에서 활짝 열린다.

이 모든 배경에 증기 자동차를 말살한 영국과 미국의 정책이 깔려 있고, 이것이 독일인인 오토와 다임러, 마이바흐와 벤츠에게는 대단한 행운이었다. 국운이란 이처럼 정치인들의 무능으로부터 흘러나오는 것이다.

그럼 끝났는가?

아니다. 자동차에 관한 한 그 뒤에도 지속적인 발전과 개량이 이루어진다. 자동차는 내비게이션, 블랙박스 등 지금도 추가되는 기술이 있을 만큼 대단히 복잡한 발명품이다.

증기 기관에서 가솔린 기관으로 옮겨 온 뒤로 더 이상의 기술 발전은 없을 것인가. 이런 문제를 생각한 사람이 있었다. 거듭 말하지만 이 세상에 끝이란 없다. 변화만이 있을 뿐이다.

왜냐하면 이 당시의 열효율을 따져 보면 증기 기관은 10%, 가솔린 엔진은 20%에 불과했다. 연료는 엄청나게 먹고 효율은 적다. 그러므로 더 효율적인 '어떤 것'이라는 새로운 결실果을 꿈꾸는 사람이 있을 수밖에 없다. 효율 20%보다 더 나은 기관, 이것이 새로운 씨앗因이 되었는데, 이 인연을 본 사람은 역시 독일인인 루돌프 디젤[0615]이었다.

그는 다임러가 가솔린 자동차를 생산한 1886년으로부터 6년 뒤인

1892년, 별도의 점화 장치 없이 실린더로 공기를 압축해 연료를 폭발시키는 압축 착화 기관을 발명해 특허를 얻었다. 연료에 불을 붙이지 않고 강력한 압축만으로 연료를 스스로 폭발시키는, 엄청난 신기술이었다. 일단 이 기술을 실용화시키기만 하면 효율 면에서 획기적인 변화가 일어날 수 있게 되었다. 그래서 이 엔진의 이름까지 '디젤'이 되었다.

그는 압축 폭발 기술을 개발하고 나서 5년 뒤인 1897년, MAN사의 자금 지원을 받아 최초의 디젤 엔진 제작에 성공했다.

그는 대학 때에 증기 기관의 원리를 공부하면서 효율이 극히 낮다는 사실을 알고, 전혀 새로운 고효율 기관을 만들어야겠다는 목표를 잡았다고 한다. 이때 이미 열효율이 낮은 증기 기관을 씨앗으로 보고, 더 효율적인 어떤 기관이라는 목표 결실을 상상한 뒤에 개발을 위한 처방을 했던 것이다.

디젤의 초기 엔진은 높이가 2미터나 되었다. 경유는 휘발유보다 발화점이 높기 때문에 공기를 강력하게 압축해야만 했다. 그러자니 실린더를 크게 만들 수밖에 없었다. 폭발 위험도 컸다. 실제로 그는 시제품 작동 중 폭발 사고가 일어나 죽을 뻔하기도 했다. 하지만 그가 완성시킨 디젤 엔진은 열효율이 30%대로 올라섰다. 가솔린 엔진에 들어가는 양의 절반 정도인 연료를 가지고 같은 힘을 낼 수 있게 된 것이다. 경제적이었다. 그러면 성공한 것이다.

이 발명으로 그는 거부가 되었다. 하지만 이미 시장에 진출해 있던 증기 기관 및 가솔린 엔진 제조업자들의 모함과 협박이 잇따랐다. 기술적으로, 실용적으로 월등한 제품이 나왔음에도 불구하고 마케팅에서 번번이 막혔다. 그는 1913년에 도버 해협에서 피살이 의심되는 시체로 발견되었다.

## :: 하늘을 나는 비행기

여기서 인연의 법칙 중 중요한 점을 짚어야 한다. 남이 너무 부러워하지 않을 만큼만 앞서 나가야 한다.

좋은 기술임에도, 수많은 사람들을 이롭게 하는 것이라도 특정한 집단을 몰락시키거나 침체시키는 일은 반드시 저항을 받게 돼 있다. 이런 기술 분야만이 아니다. 이런 원리 때문에 뛰어난 의사가 나오면 다른 의사들이 싫어하고, 뛰어난 화가가 나오면 다른 화가들이 싫어하고, 뛰어난 영화배우가 나오면 다른 배우들이 싫어하는 것이다. 국민의 사랑을 받는 훌륭한 정치인이 나와도 그 때문에 권력과 자리를 빼앗긴 사람들은 어떻게든 들쑤셔댄다.

특별히 눈에 보이는 손해를 끼치지 않더라도 실질적인 타격을 가하고, 손실을 보게 만들기 때문이다. 이들은 시장을 독점하는 누군가의 공격으로 피해를 보았다고 믿는다. 그런 심리가 인터넷으로 표출되고, 전단지에 등장하여 타깃의 자살을 부르기도 한다.

오래전에 폐차 때까지 갈아 줄 필요가 없는 영구 엔진 오일이 나왔다고 떠들썩한 적이 있는데, 그것이 사실이든 거짓이든 그런 상황에서는 반드시 실패하게 돼 있다. 사실이라고 해도 그간의 엔진 오일 판매업자와 카센터 업자 등 손해를 볼 세력이 너무 많기 때문에, 유통 자체가 불가능해진다. 거짓이라면 더 말할 것도 없고.

그러므로 '불우한 천재'가 되지 않기 위해서는 자기 때문에 손해 볼 세력이 누군가 면밀히 살펴보고, 이 불만 세력을 무마할 만한 대안이 있는지 따뜻한 가슴으로 살펴야 한다. 안 그러면 도깨비방망이를 발명해도 쓸모가 없거나 엄청난 욕을 먹거나, 그 대상이 마침 엄청난 이권 세력이라면 목숨까지 위험해진다. 디젤이 무슨 잘못을 했다고 변사체로 발견된단 말인가. 하지만 너무 잘난 것도 그의 죄다. 그의 기술 때문에 얼마나 많은 회사들이 부도가 나고 재정이 파탄 나고 실업자가 양산될지, 디젤은 미처 거기까지는 생각해 보지 못한 것이다.

노무현[1040]의 죽음도 이렇게 해석하면 이상할 것도 없다. 아닌 건 아니라고 거침없이 말하는 '바보, 노무현' 때문에 얼마나 많은 사람들이 구태 정치인이 되고, 똥별이 되고, 정경 유착 기업인이 되고, 친일파가 되었던가 되새겨 보면 결론에 이르는 인연은 그렇게 치달을 수밖에 없었는지도 모른다.

자동차 발전 과정 중 실용화에 실패한 사람들을 보면 '배려'가 얼마나 중요한지, 얼마나 심각한 문제인지 알게 될 것이다. 진실이어도, 진심이어도 '나 때문에 망할 사람들'을 조심해야 하는 것이다. 굳이 디젤을 거론하지 않아도 가까이 황우석[0405]이란 사람이 있었잖은가. "수의사가 감히!" 하면서 누군가가 눈알을 부라렸다면 그날로 일은 끝난 것이다. 논리도 이유도 필요 없다. 그래서 배려가 필요하다. 아, 그렇다고 해방 정국의 혼란을 수습한답시고 친일파를 도로 그 자리에 앉히고, 그 권력을 지켜 주면서 정권의 앞잡이로 이용한 이승만[1120]은 그 반면교사일 뿐이다.

정답은 없다. 이미 자리를 잡고 있는 사람이라도 언제 어떤 변화가 일어날지 모른다는 사실을 믿고 늘 긴장하지 않으면 안 된다. 펜이나 볼펜이 나오면 붓은 기념품으로 전락하고, 자동차가 나오면 마차가 박물관으로 달려가고, 무선 전화가 나오면 유선 전화가 침체되고, 컬러 텔레비전이 나오면 흑백 텔레비전이 사라지고, 아이폰이 나오면 애니콜과 노키아가 사라지는 것이다. 여름이 오는데 봄을 잡고 있을 수 없고, 가을이 오는데 여름을 잡고 있을 수는 없다. 안 그러다가는 디젤을 죽여야만 목숨을 부지할 수 있는 증기 기관, 내연 기관의 업자 신세가 될지 모른다. 그런다고 디젤의 기술이 죽는 것도, 증기 기관을 지킬 수 있는 것도 아니다.

이제 자동차 기술은 대체로 완성이 되었다.

기차나 선박은 가솔린 엔진이나 디젤 엔진을 선택적으로 응용하기만 하면 그만이다. 그 밖의 기술, 예를 들자면 가솔린에 납을 섞어 노킹을 방지하는 기술 등이 꾸준히 개발되어 그때마다 개발자들에게 거부가 될 기회를 안겨 주었다. 물론 잘못된 처방緣을 붙여 망한 사람들도 부지기수지만, 자동차 산업에 손톱만큼 기여했다는 공로로 백만장자가 된 사람은 이루 다 헤아릴 수조차 없다.

이제 비행기로 넘어가 보자. 동력 엔진이 발명된 만큼 이를 이용해 하늘을 날 꿈을 꾸는 사람이 없을 수 없다. 누군가는, 정 없다면 미친 사람이라도 반드시 나타난다.

물론 꿈을 꾸는 사람은, 그가 제정신이든 미쳤든 이 내연 기관을 씨앗因으로 하늘을 나는 비행 물체, 즉 비행기를 결실果로 꿈꿀 것이다.

영국왕립연구소의 켈빈 경[0830]은 "공기보다 무거우면서 날 수 있는 기계란 불가능하다."라며 비행기의 발명 가능성 자체를 일축했다. 그는 찰스 다윈[0510]의 진화론에 대해서도 과거에 지구에는 고온 폭발 등 대규모 기상 변화가 있었던 만큼, 그때마다 그 충격으로 새로운 동물들이 생겨난 것이지 점진적 진화란 있을 수 없다며 부인하기도 했다. 하지만 그런 그도 자신의 분야인 해저 케이블에는 대단한 식견을 가져서 국제 통신에 큰 발전을 가져온 인물이다. 따라서 전공 외의 분야에 대해 함부로 말해서는 안 된다. 켈빈 같은 사람의 영향력 덕분에 영국이 비행기와 인연이 없었는지도 모른다. 이처럼 오만한 용기가 영국의 자동차 산업을 가로막기도 했으리라.

물론 이때에는 비행기라는 실체를 보지 못해서 그렇다 칠 수도 있지만, 실제로 비행기 발명이 이루어진 1903년으로부터 여러 해가 지난 1911년, 제1차 세계 대전 당시에도 이런 헛소리를 한 사람이 있다. 연합군 서부 전선 최일선에 근무 중이던 프랑스 육군 원수 페르디낭 포슈는 "비행기는 재미있는 장난감일 뿐 군사적 가치는 전혀 없다."라고 말했다. 이 예측이 틀렸음은 아이들조차 다 안다.

이처럼 증기 기관이라는 씨앗에 날개를 달아 하늘로 날리는 처방을 상상한다는 것은 대단히 어렵다. 하지만 누군가는 이 어려운 일을 해내고, 그런 사람이 세상을 이끌어 간다.

## :: 씨앗이 보이지 않으면 처방도 보이지 않는다

비행기를 새로운 결실果로 보려는 역사는 제임스 와트의 증기 기관 발명이 이루어진, 1769년으로 거슬러 올라가지 않을 수 없다. 이카루스의 전설이나, 임진왜란 때에 진주성에서 비차(飛車)를 만들어 띄워 30리를 날았다는 정평구(鄭平九)의 이야기 등은 비행기 역사에 포함될 수가 없다. 진실 여부를 떠나 승계되지 않는 기술은 딴 세상 이야기다. 안드로메다에서 천 년 전에 비행기를 발명했든 말든, 우리 시대에 계승되지 않는 기술은 거론할 가치가 없다.

결국 동력을 생산하는 증기 기관이 발명되고 나서야 비행기도 현실적으로 가능한 꿈이 될 수 있었다.

일단 비행기는 이 시대 사람들에게 전혀 새로운 목표果로 등장했다.

다만 비행기에는 자동차나 선박, 기차와는 다른 문제가 있었다. 비행기를 하늘로 솟구치게 할 정도의 출력이야 어떻게 내 본다고 하지만, 하늘에서 비행기가 날아다니는 원리는 아무도 알지 못했다. 말하자면 양력 같은 비행 원리를 잘 알지 못하고, 양력을 이용하는 법도 알지 못했다.

다만 그것이 무엇이든 증기 기관은 너무 무겁고, 비행 중 보일러를 때며 물을 끓일 수가 없다. 이런 이유로 비행기만은 증기 기관이 발명되고도 오래도록 빛을 보기가 어려웠다.

그럼에도 불구하고 하늘을 나는 인류의 꿈은 꺾이지 않았다. 첫 시도는 동력을 전혀 새로운 방식으로 사용하는 열기구였다. 몽골피에 형제(형0840, 동생1205)는 기체 역학을 연구하던 끝에 1782년 11월, 열기구를 띄우는 데 성공했다. 이 획기적인 발명으로 인류는 일단 하늘을 나는 데는 성공했다. 열기구는 매우 유용한 비행 수단으로 인정받았다.

이로써 비행기라는 결실果을 향한 씨앗因이 제대로 나타났다.

하지만 열기구는 자동차나 선박처럼, 혹은 기차처럼 마음대로 달릴 수가 없다. 열기구라는 이 결실보다 훨씬 더 간편한 비행체에 대한 꿈을 꾼 사람은 조지 케일리0560였다. 그는 증기 기관이 발명되고 84년 뒤이자 열기구가 발명되고 70여 년 뒤인 1853년, 최초로 사람이 끄는 글라이더를 제작했다. 이 글라이더에서 양력, 방향타, 날개 등에 대한 기초 비행 기술이 완성되었다. 그러나 사람이 탈 수는 없었다. 추진력이 부족해 실제로 띄우지는 못한 것이다.

케일리 다음으로는 오토 릴리엔탈0825이 나왔다. 그는 케일리가 글라이더를 만들기 이전부터 새를 관찰하면서 비행 기술을 연구했다. 케일리가 글라이더를 만들고 나서 24년 뒤인 1877년, 그는 새의 비행 기술을 본뜬 글라이더를 시험 제작했다. 그런 뒤에 1891년, 처음으로 사람이 탈 수 있는 글라이더를 개발하는 데 성공했다. 1893년에는 짧지만 비행에 성공했다.

이로써 비행 기술 문제가 해결되었다. 이제 동력만 갖다 붙이면 하늘을 오래도록 날 수 있는 비행체가 만들어질 수 있는 상황이 되었다. 어차피 증기 기관을 비행체에 달 수는 없는 만큼, 내연 기관이 실용화될 때까지 비행에 대한 꿈과 의지는 정지당할 수밖에 없다.

이 무렵은 가솔린을 쓰는 내연 기관이 실용화된 시기였다. 오토의 내연 기관 발명은 1876년으로, 이때부터 글라이더에 내연 기관을 장착하려는 시도가 이루어졌다.

릴리엔탈은 내연 기관이 발명되고 20년 뒤인 1896년, 글라이더에 가솔린 엔진을 장착하는 연구를 진행하던 중 실험 비행을 하다가 강풍에 휘말려 추락사했다. 그는 죽을 때까지 무려 2천 회나 되는 시험 비행을 함으로써 공기 역학에 관한, 매우 귀중한 정보를 얻어 낼 수 있었다. 그는 비록 부를 얻지는 못했지만 비행기 초기 역사에서 매우 중요한 역할을 했다. 시대를 너무 앞서 간 이런 '미친 사람들'이 인류를 미래로 추진시킨 것이다.

오토 릴리엔탈이 비행 연습 중 안타깝게 추락사하자 이에 자극을 받은, 또 다른 미친 사람들이 나타났다. 라이트 형제다. 이들은 릴리엔탈이 죽은 지 7년 만인 1903년 12월 17일, 최초로 가솔린 엔진을 장착한 동력 비행에 성공했다. 12초 동안 36미터를 난 것이다. 드디어 실용화의 길이 살짝, 아주 살짝 열렸다. 두 번째 비행에서는 59초 동안 243미터를 날았다.

1908년 들어 라이트 형제는 비행기를 만들어 미국 정부에 한 대를 판매하고, 이에 고무된 형제는 유럽으로 건너가 비행기 제조 회사를 설립했다.

이후에 자동차, 선박, 기차, 비행기는 1차 세계 대전과 2차 세계 대전을 거치면서 전쟁 도구로 더욱더 발전했다.

평소에는 일부 '미친 사람들'이 기술 개발에 진력하지만, 전쟁이 나면 사람이 미치는 게 아니라 국가가 미치기 때문에 더 엄청난 기술 혁신이 짧은 시간 안에 압축되어 이루어질 수 있다. 전쟁이 아니었다면 미사일, 원자탄이 어찌 나왔겠는가.

동력 기관을 둘러싼 엄청난 발명·발전을 지켜본 사람들은 수없이 많지만, 이를 씨앗因으로 보고 자신의 능력을 발휘해 처방緣을 이끌어 내고 결실果을 만들어 낸 인물들은 소수였다. 씨앗이 보이지 않으면 처방 역시 보이지 않는다. 하물며 결실이 어디 하늘에서 떨어지겠는가. 천시를 보고 지리를 살펴야 한다. 을사보호조약을 맺던 그해는 천시(天時)가 될 수 없고, 온 나라가 을씨년스럽던 대한제국은 지리(地利)가 될 수 없다.

# 11
# 농사꾼 뉴턴이 물리학자 뉴턴으로 빛나다

## :: 야광주는 어두워야 밝음을 알고,
## 송곳은 주머니에 들어야 날카로움을 안다

아이작 뉴턴은 미숙아면서 유복자로 태어났다. 생부는 동네에서 '거칠고 변변치 못한 사람'이라고 소문나 있었다. 그는 37세 노총각 시절에 겨우 이웃 농가의 딸(뉴턴의 생모)과 결혼하지만 몇 달 후에 사망한다. 글을 모르는 탓에 유언장에 서명 대신 엄지 도장을 찍었다고 한다. 그러니까 아버지를 잘못 만나 인생을 망쳤다고 주장하는 것이 얼마나 허망한 일인지 뉴턴의 아버지가 웅변하지 않는가. 생물학적으로 볼 때에 아버지의 존재는 그리 중요하지 않은 것 같다. 진시황의 아들인 호해는 아버지와 달리 우유부단하여 비명에 가고, 낭만적인 임금인 성종 이혈[0140]의 아들 연산군 이융[0855]은 아버지와 달리 폭력적이어서 즉흥적으로 사람을 죽이는 등 멋대로 굴다가 비참하게 죽고, 칭기즈 칸의 아들인 오고타이는 냉정하기가 얼음장 같았던 아버지와 달리 부드럽고 명랑하며 유머가 있었으며, 발명왕 에디슨의 아들인 토머스 주니어는 아버지 이름을 업고 가짜 건강 기계를 팔던 사기꾼이었다.

또 이오시프 스탈린은 신기료 장수이자 주정뱅이인 아버지에게 무지하게 얻어맞으며 자랐고, 아돌프 히틀러 역시 세무 공무원이자 주정꾼이자 학력이 거의 없던 아버지로부터 심한 폭력에 시달렸으며, 모택동은 아버지의 폭력에 시달리다 맞짱 한 번 뜨고는 가출해 버렸고, 농구 황제인 마이클 조던은 아버지로부터 시계 수리공이라도 되라는 핀잔을 듣고 자랐다. 물론 생물학적으로 어머니의 건강 상태나 임신 중 영양 상태, 지능 등은 어느 정도 관련이 있다고 알려져 있다. 그런데 아이작 뉴턴은 그런 어머니마저 그리 썩 좋은 인연으로 만난 것 같지는 않다.

유복자로 태어난 뉴턴이 세 살 나던 1645년, 어머니는 목사인 바나바 스미스와 재혼하기 위해 이 연약한 아들을 친정 어머니에게 맡겨 버렸다. 어린 시절의 뉴턴은 어머니를 빼앗아 가 버린 의붓아버지를 몹시 싫어했다고 한다. 뉴턴은 성장기의 죄악 목록에 '우리 어머니와 의붓아버지인 스미스를 집과 함께 불태워 없애 버린다고 위협했다'고 밝혔다. 열네 살이 안 된 소년의 저주치고는 독하지만, 이런 결기라도 있어야 뭐라도 하긴 하는 모양이다.

그런 중에 뉴턴의 저주에 걸렸는지 의붓아버지인 바나바 스미스 목사가 덜컥 죽었다. 그제야 어머니는 열네 살이 된 뉴턴을 친정에서 데려와 농사일을 시켰다.

하지만 어린 뉴턴은 호기심이 많고 기계를 다루는 솜씨가 남달라서 농부로 만족할 소년은 아니었다. 뉴턴은 다른 아이들로부터 언제나 놀림을 당하던 작고 허약한 아이였지만, 이웃 농장 일을 도와주라고 보내면 책을 읽고 싶은 생각에 가능한 한 실수를 자주 저질러, 어머니가 다시는 품앗이나 날품을 팔러 보내지 못하도록 잔머리를 굴렸다. 여가 시간에는 쥐 여러 마리가 힘을 모아 끄는 풍차, 물시계, 해시계 그리고 시골 사람들을 깜짝 놀라게 한 촛불을 단 연(鳶) 등을 만들면서 나름대로 시간 가는 줄 모르고 '쓸데없는(?) 연구'에 탐닉했다.

세상을 들썩거리게 할 천재 물리학자가 될 소년이지만, 가난한 농촌 마을에서는 이렇게 엉뚱한 발명이나 하면서 지낼 수밖에 도리가 없다. 뉴턴은 마을 학교에 다니던 시절에 성적은 좋았지만 늘 침울한 성격이었다. 혼자 생각에 잠기는 일이 많고, 쓸데없이 복잡한 모형을 만들며 시간을 보냈다. 학교 수업은 너무나 쉬워 관심조차 갖지 않았다. 그나마 수학에는 약간 관심을 보이는 듯했지만, 그것도 한 번 듣는 것으로 족하여 대부분 혼자 놀았다.

이때 아버지의 친척들 중에서 도시로 나가 약제사나 의사로 일하던 사람들이 뉴턴의 '특별한' 재능을 알아차리고는, 마을 근교에 있던 그랜섬의 학교에 입학시켜 주었다.

결국 이 학교 교장은 뉴턴이 그런 시골에 있어서는 안 되는 비범한 아이라는 걸 알아보고, 그를 케임브리지대 수학 교수인 아이작 배로[0650]에게 보였다. 아이작 배로는 아이작 뉴턴의 천재성을 대번에 알아보고 그를 런던으로 데려갔다. 뉴턴에게는 일생일대의 인연이 맺어진 것이다. 송곳은 주머니를 뚫고 나오며, 야광주는 한밤중에도 빛난다.

여기서 주목할 게 있다. 사람들은 흔히 우연한 기회가 찾아왔다고 말하는 경우가 많다. 다시 강조하지만, 이 세상에 우연한 기회란 없다. 인연의 법칙에서는 어떠한 예외도 있을 수 없다.

집안 친척들이 돈을 모아 뉴턴을 그랜섬의 학교에 보내 준 것은 우연일까?

아니다. 그는 농사짓기를 요구하는 어머니의 영향을 받으면서도 틈틈이 책을 읽고, 연구 활동을 했다. 공부도 잘하고 똑똑하고, 상상력이 뛰어나다는 걸 주변 사람들은 알았다. 특히 수학은 너무 쉬워 더 어려운 문제를 찾았지만, 교사들은 뉴턴이 만족할 만큼 '어려운 수학 문제'를 출제할 능력이 되지 못했다.

이러다 보니 뉴턴 자신이 씨앗[因]이 된 것이다. 스스로 씨앗이 된 이상 그 씨앗을 알아볼 사람이 빨리 나타나느냐, 늦게 나타나느냐의 문제만 남아 있을 뿐이다. 이런 재주를 갖고 있어도 알아보는 이가 없으면 시골에서 그럭저럭 살다가, 전쟁이라도 나면 전쟁터에 총 들고 나가 우왕좌왕하다 죽는 수도 있다.

뉴턴의 경우는 조금 달랐다. 유복자로 태어난 뉴턴을 불쌍히 여기던 친척들이 수학을 잘하는 이 아이를 시골 마을이 아닌, 조금 더 큰 도시로 나가 공부할 수 있는 여건을 마련해 준 것이다. 이것이 그간 뉴턴 자신이 만들어 온 씨앗에 달라붙은 처방이다.

그가 만일 더 이상 자신의 씨앗을 갈고 닦지 않았다면, 그래서 도박에 빠지거나 향락 지대를 기웃거렸다면 뉴턴의 인생은 그랜섬에서 끝났을지 모른다. 그러나 그는 그랜섬에서도 자신의 씨앗을 더 확실히 보여 주었다. 누구한테도 요구하지 않고 오로지 자기 자신의 공부에만 전념했지만, 그 씨앗을 알아본 교장은 그의 존재를 케임브리지대 수학 교수에게 알린 것이다. 교장과 케임브리지대 수학 교수 아이작 배로의 연이은 처방으로, 그는 마침내 자신의 재능을 마음껏 발휘할 수 있는 최적의 인연을 얻었다.

뉴턴은 1661년에 케임브리지대학의 트리니티 칼리지에 입학했다. 1664년에는 트리니티 칼리지의 장학생으로 뽑혔다.

이듬해에 학사 학위를 취득하고 나면 자신의 연구에 몰두할 예정이었지만, 마침 흑사병이 창궐하여 1665년에 대학이 문을 닫고 말았다. 아무리 천재라도 세상은 조금도, 절대로 봐주지 않는다. 전염병이 돌면 걸릴 수 있고, 전쟁이 나면 죽을 수 있다. 천재라고 해서 하늘이 아껴 주는 법이 없다. 하늘 앞에서는 바보나 천재나 장애인이나 병자나 똑같은 지위를 갖고 있다.

긴 휴교 기간에 그는 집으로 돌아가 홀어머니 곁에서 지냈다. 이제 어머니는 아들을 농사꾼으로 키우려던 옛날의 그 어머니가 아니었다. 어머니는 그의 아들을 케임브리지 대학생으로 인정하고, 그래서 뉴턴은 마음껏 연구와 공부에 전념할 수 있었다.

거기서 생활한 2년간을 "그때처럼 발명과 수학과 철학에 미쳐 있었던 적은 내 생애에 다시없었다."라고 할 만큼 그는 열정적으로 보냈다.

## :: 과학 혁명의 절정, 『프린키피아』

실제로 이때 뉴턴은 데카르트의 기하학을 응용해 초보적인 미적분학(Calculus)을 개발했다. 또한 뉴턴은 부분적인 형태로나마 중력의 법칙을 구상하고, 역학의 기본 법칙을 정식화했으며, 프리즘을 써서 빛의 속살을 자세히 들여다보았다. 그러나 그는 심혈을 기울여 논문을 썼지만, 자신의 발견을 오랫동안 발표하지 않았다. 그는 데이터를 손보고 또 손보았다. 완전히 확실한 것은 아니지만, 분명 감정상의 이유 때문이었다고 전한다. 그 이유에 대해서도 그는 오래도록 입을 열지 않았다고 한다(이에 대해 정신과 의사들은 그가 양극성 장애자였을 것으로 추정한다).

1667년에 페스트가 진정되자 런던으로 돌아간 뉴턴은 케임브리지 대학 트리니티 칼리지의 특별 연구원에 선출되고, 1669년에는 그의 재능을 처음 알아본 스승인 아이작 배로의 뒤를 이어 교수가 되었다. 대학에 입학한 지 8년 만에 교수가 된 것이다.

하지만 그에게는 아이작 배로 같은 좋은 인연만 있었던 게 아니라,

로버트 훅[1135]이라는 학문적 천적도 있었다. 그는 로버트 훅의 공격에 마음의 상처를 크게 입고, 학계와 연락을 끊은 채 연구에만 몰두하기도 했다.

그럼 이런 악연의 정체는 무엇일까?

이 역시 뉴턴이 스스로 만들어 낸 씨앗因에 대해 자연스럽게 반응緣한 사람일 뿐이다. 로버트 훅이 어느 날 갑자기 나타나 그를 괴롭힌 것이 아니라, 그의 학문적 태도가 그를 불러들인 것이다. 뉴턴은 지나치게 혁명적이고 파격적이었는데, 로버트 훅은 좀 더 치밀하고 확실한 이론을 원했다. 그러므로 로버트 훅이 없었더라도 그 비슷한 적은 또 나타났을 것이다.

감정이 매우 복잡하고 예민했던 뉴턴은 결국 로버트 훅을 피해 숨어서 몰래 연구를 했다. 그에게 트집 잡히지 않을, 확실하고 분명한 성과를 얻어야 했다. 이 자체도 또 하나의 씨앗이다. 그가 로버트 훅과 대립하여 뭔가 연구를 한다는 사실을 들은 누군가가 나타난 것이다.

1684년 뛰어난 천문학자이자 수학자인 에드먼드 핼리[0855]가 뉴턴을 찾아왔다. 그가 찾아온 것은 뉴턴이 로버트 훅을 반대하는 인물이기 때문이다. 이처럼 뚜렷한 적이 있다는 것은 엉뚱하게 다른 인연으로 작용할 때도 있다. 적의 적은 친구라는 말처럼 인간과 인간 사이에도 중력이 작용하기 때문이다.

이 무렵 뉴턴의 적인 로버트 훅은 역제곱 법칙(힘의 크기가 거리의 제곱에 반비례한다는 법칙)으로 행성 운동을 설명할 수 있다고 주장했지만, 그 이유를 과학적으로 설명하지는 못하고 있었다. 그런 것을 뉴턴은 실제로 미적분학을 써서 몇 년 전에 이미 해답을 알아냈지만, '재수 없는' 로버트 훅이 또 따지고 들까 봐 그게 귀찮아서 침묵을 지키고 있는 중이었다.

에드먼드 핼리는 마침내 그 해답은 행성이 타원 궤도로 운동하는 데 있었다는 뉴턴의 설명을 듣고 환호했다. 그제야 용기를 얻은 그는 로버트 훅에 맞서「운동에 관하여」라는 논문을 출간하고, 몇 년 뒤에는 더 완성된 작품인『자연 철학의 수학적 원리』(줄여서 프린키피아라고 한다)를 발표했다. 이 책에서 그는 방대한 관측 자료를 기초로 세 가지 운동 법칙과 중력의 법칙을 설명했다.

그 뒤, 1687년에 에드먼드 핼리에 의해 출간된『프린키피아』는 과학자로서 뉴턴 생애의 정점이자 과학 혁명의 절정을 뜻하는 위대한 승리였다. 또한 로버트 훅을 날려 버리는 쾌거를 이룬 것이다. 이 무렵, 조선에서는 숙종인 이순이 장희빈과 인현왕후 민씨 사이에서 왔다갔다하면서 조선조 최대의 붕당 간 정쟁을 만들고 있을 때다.

뉴턴처럼 자기 자신이 씨앗이 된다는 사실을 깨닫는다면, 스스로 노력해야 한다는 사실은 자명해진다. 내가 씨앗이 되거나 다른 씨앗을 보거나, 적어도 둘 중의 하나는 해야만 한다.

아이작 뉴턴은 페스트 창궐에 따른 휴교령도 적절한 처방으로 이용해 이 시기에 큰 성과를 얻고, 로버트 훅이라는 학문적 적을 만나 더 꼼꼼하고 철저하게 연구하는 열정을 보였다. 로버트 훅은 학문적으로는 악연이 아니라

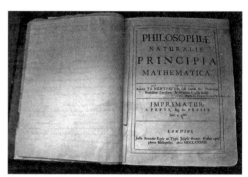

－ 자연 철학의 수학적 원리를 밝힌『프린키피아』 1687년 초판본. 뉴턴은 이 책을 일부러 라틴어로 썼는데, 읽고 이해하는 사람이 거의 없었다고 한다. 그의 대학 강의는 워낙 재미가 없어 텅 빈 강의실에서 강의하곤 했다. (사진 : 위키백과사전)

결과적인 선언이 될 수 있었다.

이처럼 적당한 라이벌은 학문적 열정을 자극하고, 더 심도 있게 연구하도록 도와주는 역할을 할 수 있다. 방연처럼 라이벌인 손빈의 발목 인대를 끊어 기어 다니게 하지 말고, 라이벌보다 앞서 나가도록 자기 자신을 채근해야 한다. 남을 아무리 밟아도 내 실력이 늘지 않으면 아무 소용이 없다.

### :: 생각이 미치지 않으면 아무것도 보이지 않는다

아이작 뉴턴을 가리켜 호사가들이 말한다.

뉴턴 같은 천재 물리학자는 몇 세기에 한 명 날까 말까 한 인물이라고.

그러나 인연의 법칙을 아는 사람은 이렇게 말해서는 안 된다.

뉴턴 같은 천재는 사실상 충분히, 엄청나게 많이 존재한다. 지구 인구 70억 명 중에 그 정도 두뇌는 수백만 명이 있다. 수학 잘하는 내 조카도 있고, 너무 수학을 잘해 일주일에 한 번씩 대학으로 가서 고등 수학을 배우고 오는 친구 아들도 있다. 친구의 아들은 수학 천재라서 도대체 어디까지 가능할지 부모도 모른다고 한다. 그뿐이랴. 아프리카에도 있고, 동남아시아에도 있고, 남미에도 있다. 다만 생각이 미치지 않다 보니 그 인물을 뉴턴으로 보지 못하고, 흔해 빠진 과부의 자식으로 여기다 보니 이런 인물들이 역사에 이름을 올리지 못하고 연기처럼 사라질 뿐이다.

그러므로 몇 세기에 한 명 날까 말까 하다고 말할 것이 아니라, 사람들이 그런 천재를 알아보는 데 몇 세기가 걸릴 뿐이라고 말해야 한다. '뉴턴'급 인물이 아프리카 정글에서 사냥 중에 뱀에 물려 죽었는지도 모르고, 코소보 내전에 휩쓸려 총에 맞아 죽었는지도 모르고, 중국의 궁벽한 농촌에서 화전을 일구고 있을지도 모른다. 뉴턴급 천재라는 알베르트 아인슈타인도 고등학교 교사로부터 사회에 나가 봐야 폐가 될 뿐이라는 악평을 들었다.

실제로 뉴턴보다 더 뛰어난 재능을 가졌다고 평가되던, 인도 출신 수학 천재인 스리니바사 라마누잔[1160]은 열다섯 살 때에 도서관에서 수준이 너무 높은 수학책을 빌려 가는 게 사서의 눈에 띄면서 주변에 재능이 알려지기는 했지만, 그뿐이었다. 집안이 너무 가난해서 입에 풀칠이라도 하려면 공부 대신 노동을 해야 했다. 덕분에 고등학교에서는 낙제했다. 더구나 라마누잔의 고국인 인도는 영국의 식민지일 뿐이었다. 일제 치하의 조선인들처럼, 식민지 백성들은 공부를 하는 게 아니라 '주인'인 제국을 위해 노동을 해야 하는 사람들이다.

그럼에도 불구하고 라마누잔은 마침내 1914년, 영국 수학자인 고드프리 하디[0110]에 의해 가까스로 발견되었다. 영국 식민지 시절이라 소문이 인도양을 건너 대서양을 거쳐 영국까지 날아갈 수 있었다. 하디는 라마누잔을 보고 위대한 수학자가 될 재목이라는 걸 금세 알았다. 왜 하디는 그의 천재성을 알아보았는데 다른 사람들은 그러지 못했을까. 특히 라마누잔의 가족들은 왜 그런 생각을 하지 못했을까. 그거야 라마누잔이 당시에 조선의 궁벽한 농촌 시골에서 소작인이나 머슴의 아들로 태어났어도 마찬가지였을 것이다. 이런 일은 어느 나라라고 할 것도 없이 수도 없이 많으니 그렇다 치자.

어찌됐든 라마누잔은 뉴턴처럼, 당시에 학문으로는 세계 최고라는 케임브리지대학에 갈 수 있었다. 그러나 너무 늦어 버렸다. 그는 이미 스물여덟 살이나 되어 있었다. 뉴턴보다 10년도 더 늦게야 발견된 것이다.

라마누잔은 불과 2년 뒤에 30세의 젊은 나이로 로열 소사이어티 회원이 되었다. 하지만 어려서 너무 먹지 못하고 고생을 너무 많이 했기 때문에, 1년 뒤인 서른한 살에 영양실조와 폐결핵을 이기지 못하고 인도로 귀국, 이듬해에 허망하게 죽고 말았다.

천재를 이런 식으로 죽여 놓고, 세상은 뉴턴 같은 천재는 몇 세기에 한 명 날까 말까 하다고 무책임하게 말한다. 기회를 줘 보지도 않고 무능하다고 비난하고, 일을 맡겨 보지도 않고 실적이 없다느니 경력이 부족하다느니 하고 무시한다. 생각을 약간만 돌려도, 마음의 눈으로 잘 들여다보기만 해도 이런 일은 일어나지 않는다.

사람들은 새로운 생각, 새로운 사람을 주저한다. 보고도 못 본 척한다. 경력은 무엇이냐, 출신지는 어디냐, 전공 따위는 묻지도 않고 어느 대학 출신이냐, 누구의 추천이냐, 여러 개의 잣대를 한꺼번에 갖다 들이대느라고 그 사람의 본질에 대해서는 묻지 못한다. 생텍쥐페리가 썼듯이, 그 사람의 집 화단에 제라늄이 피어 있는 건 상관도 하지 않는다. 우리나라에서 강원도나 충청도 출신이 대통령에 당선되는 것은 거의 불가능한 공식이 돼 버린 것처럼, 인도의 불가촉천민은 아무리 공부를 잘해도 주인이 시키는 노동에 종사해야 하는 것이 그곳의 공식이다. 세상은 이처럼 자유롭게 드나들어야 할 인연의 법칙이 자연스럽게 작용하지 못하도록 길을 틀어막고, 패거리로 장벽을 쌓고, 관행과 편견으로 울타리를 삼는다.

사람들은 인도의 가난한 뒷골목에서는 천재가 태어날 리 없다고 믿는다. 거기에서 어깨가 처진 채 힘없이 걸어 다니던, 어린 노동자인 라마누잔을 보고는 거의 아무 생각도 하지 않았을 것이다. 그의 스승인

하디는 "내가 수학계에 공헌한 것 중 가장 위대한 일은 라마누잔을 발견해 낸 것이다."라고 술회했다. 그러나 그런 눈은 오직 하디밖에 갖고 있지 않았다.

생각이 미치지 않으면 아무것도 보이지 않는다. 눈이 있어도 소용이 없다. 그가 가지고 있는 눈은 인류의 미래를 보는 눈이 아니라 과거와 현재만 보는, 동물의 눈일 뿐이다.

# 12
# 마이클 조던, 농구 황제로 등극

## ∷ 시계 수리공이나 청소부라도 되어라

우리 시대 한 시기에 농구 황제라고 불린 청년이 있다. 심지어 그를 가리켜 농구의 신이라고 부르는 사람도 있었다. 마이클 조던[0310]이다.

조던의 인생에 가장 큰 영향을 미치게 될, 그의 아버지 제임스 조던[1235]은 가난한 소작인의 아들이었다. 어릴 때에는 담배 농장에서 일하고, 자라서는 제너럴일렉트릭사에 들어가 굴착기(포클레인) 기사로 일하며 자식들을 먹여 살려야 했다. 열심히 그리고 성실하게 노력해서 회사의 굴착기 감독이 되었다.

그런 아버지의 눈에 어린 마이클 조던은 '농구의 황제'나 '농구의 신'이 되리라는 조짐은 전혀 보이지 않았다. 아니, 그의 머릿속에 농구 선수라는 그림 자체가 존재하지 않았다. 그가 걱정하는 것은 1960년대, 백인들로부터 천대받는 가난한 흑인 가족의 생존 문제였다. 조던은 아무것도 모르고 농구나 야구를 하기에 바빠 다른 놀이를 할 시간이 없었다.

"마이클은 내 자식 다섯 중 가장 게으른 아이였다. 시계 수리공이라도 되지 않는다면 아마도 굶어 죽을 것이라고 생각했다."

이 말은 아버지인 제임스 조던의 진심이었다. 당시에 흑인에게는 그런 작은 꿈밖에 허용되지 않았다. 흑인들이 권투나 농구 같은 스포츠에 한눈을 판 건 특별히 스포츠를 좋아해서가 아니라, 그것밖에 할 게 없기 때문이었다. 흑인들이 백인들의 그 무시무시한 편견을 깨기 위해 얼마나 희생했는지는 미국 역사가 웅변한다. 2차 세계 대전에 참전해 숱한 흑인들이 전사하고, 육이오 전쟁과 월남전에서도 흑인들은 무수히 죽어 갔다. 미국은 그 피의 대가로 흑인들의 참정권을 서서히 인정해 주었다. 흑백 차별은 20세기 말에 가서야 가까스로 풀렸지만, 아직도 백인 우월주의는 미국 사회 깊이 뿌리를 내리고 있다. 그러니 1963년생인 마이클 조던은 그저 차별받는 인종, 가난한 흑인 소년이었을 뿐이다.

은행의 말단 직원이던 어머니, 들로리스 조던은 한술 더 떴다.

"호텔 청소부 일이라도 얻어서 해라."

그도 그럴 것이 마이클 조던의 누나와 형들은 벌써부터 아르바이트를 하고 있었다. 큰형인 로니는 공부를 하면서 스쿨버스를 운전하고, 누나인 델로스와 여동생인 로스린은 하디스나 맥도날드 같은 가게에서 시급(時給)을 받으며 서빙을 했다. 셋째 형인 래리 역시 스쿨버스를 운전하면서 ROTC 생도 생활을 했다. 흑인은 미국 사회의 맨 밑바닥에서 일을 구해야만 하는 시절이었다.

자식들이 이렇게 아르바이트를 해야만 대가족이 겨우 먹고살 수 있던 환경에서, 가장인 아버지에게 농구공이나 들고 다니며 빈둥거리는 이 아들은 답답하게만 보였을 것이다. 그러니 시계 수리공이나 청소부라도 되면 하고 바라는 건 무리가 아니다. 마이클 조던도 마지못해 길거리에서 담배꽁초를 주워 몇 센트라도 벌었다.

하지만 자식은 결코 부모의 복제품이 아니다. 무한한 가능성을 열어 놓아야만 한다. 그래야 자식의 본래 면목이 보이는 법이다. KKK단이 흑인들을 잡아다 목을 매달지라도 꿈마저 매달지는 못한다.

## :: 시작은 끝이고, 끝은 시작이다

마이클 조던은 고등학교 2학년 때, 키가 작다고 농구팀에서 탈락했다. 그의 키인 178센티미터는 미국에서 농구 선수로 살아가기에는 턱없이 모자라는 키다. 낙담한 마이클 조던은 허망하게 꿈을 잃고 학교 공부도 소홀히 했다.

이때 그에게 살그머니 사랑의 인연이 찾아들었다. 아버지다. 마이클이 씨앗因이고 아버지가 처방緣이다. 월트 디즈니의 형인 로이처럼 가족의 사랑은 대체로 뜨겁다.

"마이클, 커서 뭐가 될래?"

"농구 선수가 되고 싶지만 키 때문에 탈락했잖아요."

여기서 아버지 제임스가 중요한 말을 던진다.

"시도하지도 않고 뭘 이룰 수 있을지 아는 사람은 아무도 없다. 너무 늦어서 하고 싶은 일을 못하는 경우는, 그런 건 없단다."

여기는 그냥 넘어갈 수 없는 대목이다. 이 세상 어떤 일이라도 너무 늦어서 안 되는 일이란 없다. 시작과 끝이라는 말은 가상 공간·가상 좌표에나 있는 말이요, 부분적이요 일시적인 말이다. 현실 공간·현실 좌표에서 시작은 끝이고, 끝은 시작이다. 태양이 비치고 별이 빛나는 한 끝이란 없다. 공즉시색이고 색즉시공이다. 시작하면 시작이고, 끝내면 끝이다.

마이클은 아버지에게 되물었다.

"농구 선수가 되는 길이 있다고요?"

"네가 정말 농구 선수가 되고 싶다면 길이 있고말고. 지금은 키 때문에 고등학교 팀에서 탈락했지만, 키가 더 자란다면 대학 농구부에는 들어갈 수 있지 않을까? 또 키가 만일 더 자라지 않는다면 농구 선수는 못하더라도 야구 선수는 될 수 있어. 야구 선수로서는 결코 작은 키가 아니니까."

흑인이라면 누구나 꿈꾸는 것이 스포츠 선수고, 조던 부자도 그런 꿈을 꾸고 있었다. 흑인이 꿀 수 있는 가장 화려한 꿈이 스포츠 선수이던 시절이다.

"마이클, 아버지는 네가 야구 선수가 되길 바라지만, 네가 정 농구 선수가 되고 싶다면 방법이 아주 없는 것도 아니다. 고등학교 농구부에 들어가지 못한 네가 기어이 농구 선수가 되려면 무슨 방법이 있지?"

"대학 농구부에라도 들어가는 거잖아요?"

"옳지. 그럼 대학에는 들어가야 되겠구나. 네가 요즘처럼 공부를 게을리 하다가 고등학교를 졸업하지 못하면 대학은 어떻게 가지? 대학에 가지 못하면 농구 선수의 꿈은 꿀 수도 없는데 말이야."

마이클 조던은 정신이 번쩍 들었다. 아버지의 충고가 인생의 큰 줄기를 틀어 놓았다. 마이클은 아버지의 충고를 커다란 처방으로 받아들이고, 농구 선수가 될지도 모르고 야구 선수가 될지도 모르는 자신의 씨앗을 키워 나가기 시작했다.

마이클 조던은 그때부터 열심히 공부를 시작했다. 마침내 노스캐롤라이나대학에 당당히 입학했다. 그 사이에 기적이 일어났다. 키가 20센티미터나 더 자라 198센티미터가 된 것이다. 그는 당당히 대학 농구부 선수로 뽑혔다. 그의 활약으로 노스캐롤라이나대학 농구팀은 전미 대학 우승팀이 되었다. 이 길에 들어선 이상 탄탄대로였다. 그는 앞만 보고 달렸다.

아버지인 제임스 조던이 반드시 좋은 인연이 되었던 것만은 아니다. 그는 마이클 조던에게 메이저 리그에서 뛰었더라면 더 좋았을 것이라는 말을 여러 번이나 했다. 농구 선수로 크게 성공했는데도 이 아버지는 이 꿈을 버리지 않았다.

그러던 1993년, 이 아버지가 어설픈 강도들에게 그만 피살되고 말았다. 충격을 받은 마이클은 즉각 농구 선수 은퇴 선언을 했다. 아버지가 평소에 들려주던 말 때문이었다. 하나는 시도하지 않고 포기하지 말라는 것, 또 하나는 메이저 리그에서 뛰는 아들을 보고 싶다는 것. 마이클 조던은 아버지를 추모하기 위해 수백만 달러의 연봉을 포기하고, 시카고 화이트삭스의 마이너 리그 야구 선수로 입단했다. 여기서 그는 3년이라는 시간을 낭비하고 말았다.

물론 3년을 낭비했다고 말할 수도 있고, 뜻있게 썼다고 말할 수도 있다. 성공도 실패도 다 인생이니까. 하지만 중요한 것은, 말 한 마디조차도 이처럼 뜻하지 않은 큰 변화果를 부르는 인연이 될 수 있다는 사실이다.

PART 4

# 선택의 순간,
# 순간의 선택

같은 인연이라도 약이 되고, 독이 되는 차이

# 13
## 공산주의를 꿈꾼 사람, 실천한 사람

### :: 공산주의는 단지 상상이자 픽션

공산주의를 발명한 사람은 카를 마르크스[0220]다. 철학자면서 경제학자, 사회 과학자이던 그는 영국에서 시작된 산업 혁명의 물결이 유럽으로 넘어오면서 수많은 노동자들이 힘들게 일하는 모습을 관찰했다. 급료는 먹고살기에 빠듯했다. 노동자란 소작인들이 새로 얻은 직업일 뿐 여전히 착취당하고 있었다. 대한민국에서는 1970년대 초에 14시간이나 되는 노동 시간을 12시간이나 10시간으로 줄여 달라며 전태일 씨가 분신했는데, 무려 150여 년 전의 유럽 노동 환경은 보나마나 이보다 더 혹독했을 것이다.

뭔가 옳지 않다는 걸 마르크스는 읽었다. 즉 산업 혁명 뒤에 발생한, 노동자들의 고통스런 삶이 씨앗(因)이 된 것이다. 그의 뜨거운 가슴이 노동 현실을 외면할 수 없었는지도 모른다.

마르크스는 1848년에 평생 친구인 프리드리히 엥겔스[0455]와 함께 어설픈 혁명에 나섰다가 실패한 뒤, 귀족과 자본가들에게 착취당하는 이 불쌍한 노동자들을 위해 기발한 아이디어를 생각해 냈다. 공산(共産)이다. 함께 생산하고 함께 이익을 배분하자는 일종의 탁상공론이다.

공장주, 즉 자본가나 자본가를 배후 조종하는 귀족들은 빠지고 노동자들끼리 함께 생산하고 함께 이익을 나누자는 그럴듯한 말인데, 노동자들이 어떻게 공장을 짓고 공장을 돌릴 자본을 마련할지는 빠져 있다. 그러니 시작은 빼앗는 것으로 나갈 수밖에 없었던 것이 공산주의의 맨얼굴이었다. 1946년에 북한에서 실시한 무상 몰수, 무상 분배가 바로 공산주의식 발상이다.

어쨌든 공산이야말로 고통으로 꽉 차 있는 이 세상을 바꿀 수 있는 기발한 아이디어라고 생각한 마르크스는, 곧 '공산당 선언'을 작성해 발표했다. 이때만 해도 마르크스는 이것이 단지 이론일 뿐 현실 세계에 적용되리라고는 상상하지도 못했다. 노동자들이 다 모여 힘을 합쳐도 공장을 지을 자본이 형성되지 못하기 때문이다. 마르크스는 꿈을 꾼 것이다.

그러다가 그는 1867년에 『자본론』 1권을 완성하고, 『자본론』 2권과 3권은 나머지 생애인 15년 동안에도 완성하지 못했다. 『자본론』 2권과 3권은 각각 1885년과 1894년에, 그의 친구인 엥겔스에 의해 겨우 출간되었다. 따라서 마르크스는 그의 공산주의 이론이 실제로 이루어지리라고는 상상도 하지 못했다.

그뿐이다. 공산주의는 단지 이론일 뿐이었다. 일종의 픽션이었다.

## :: 3인 3색 : 마르크스, 레닌 그리고 스탈린

이때 마르크스와 엥겔스의 공산주의 이론을 씨앗으로 보고 달라붙은 사람이 있었다. 블라디미르 레닌이었다. 그는 생각과 동시에 행동하는 사람이다. 러시아 왕조를 타도하려던 그에게 공산주의는 달콤한 수단으로 보였다.

레닌은 사실 마르크스[0220]의 공산주의 이론을 알기 전부터 이미 타고난 혁명가다. 1887년에 황제인 알렉산드르 3세의 암살 계획에 참여, 이때 처형된 맏형 알렉산드르 울리아노프의 영향으로 혁명에 뜻을 두기 시작했다. 형이 반란 주모자로 처형당한 탓에 카잔대학교 법학과에서 쫓겨나고, 이후에 가까스로 변호사 자격증을 얻는다. 그는 어차피 주류 변호사가 아니기 때문에 주로 농노나 노동자들의 변론에 나섰다. 그러면서 그는 농노와 노동자들의 참상을 매우 깊숙이 체험하게 된다. 그럴수록 형을 처형하고, 농노와 노동자들을 탄압하는 러시아 황실은 반드시 타도해야 할 원수로 생각했다.

공산주의든 뭐든 그런 건 상관없고 러시아 황실은 반드시 쳐부숴야만 하는 것이다. 심지어 그는 농노와 노동자들의 참혹한 생활상을 들여다보면서 신의 존재를 부정하고, '신을 믿는 자는 어리석다'는 확신을 가졌다. 당시에 러시아 황실은 교회와 결탁하여 농노와 노동자 등 민중을 억압했다. 일제가 교회와 사찰·지주 등을 이끌고 조선 민중을 탄압한 것과 같은 방식이고, 독재자들이 흔히 써먹는 수법이다. 이 때문에 레닌에 의해 뿌리를 내릴 공산주의는 당연히 교회를 배척하게 된다.

레닌은 이런 상황에서 마르크스의 공산주의를 만났다. 그는 공산주의가 강력한 혁명의 도구가 될 수 있다고 확신했다. 레닌의 할아버지는 농노였으며, 자신은 농노와 노동자들의 변호사 아닌가.

사실 우리가 체험한 공산주의는 마르크스식이 아니고 레닌식이다. 레닌은 공산주의란 이념이 없어도 기어이 혁명을 할 사람이었다. 다만 혁명을 하려면 군중을 설득 내지 선동해야 하는데, 당시의 러시아 황실은 난공불락이었다. 혁명에 목숨을 바칠 사람을 모으려면 뭔가 동기가 필요했다. 그는 결실果로서 러시아 황실을 끌어내리는 혁명을 원했다. 그러기 위해 공산주의는 더없이 좋은 처방緣이 되는 것이다.

농노와 노동자들에게 총이나 칼을 쥐어 주므로 공산주의는 얼마나 달콤한 이론이던가. 일제 치하에서 많은 독립 투사들이 공산주의에 경도된 이유도 레닌의 이 마음과 크게 다르지 않다. 일제를 물리치기 위해 수많은 소작인과 노동자들을 규합하려면 공산주의라는 달콤한 미끼가 필요했던 것이다.

레닌은 "우리끼리 생산하고 우리끼리 나눠 갖자."라고 속삭였다. 이 얼마나 달콤한가.

그가 비밀리에 농노와 노동자들을 만나 공산주의를 설명하자, 노동과 가난에 지친 사람들이 환호했다. 노동자들에게는 자본가들을 엎어 공장을 빼앗고 돈도 빼앗자고 했다. 농노들에게는 지주들을 몰아내고 그 땅을 빼앗아 나눠 갖자고 했다. 그런 다음에 똑같이 일하고 똑같이 나누자, 멋진 선동이다. 자본가가 거의 모든 과실을 다 챙겨 가고, 노동자는 굶어 죽지 않을 만큼의 급여밖에 받지 못할 때다.

필자가 태어나던 1958년, 해산한 어머니에게 쌀죽이라도 먹여야 한다며 숙부가 다른 마을로 일을 나갔는데, 닷새 동안 쉬지 않고 일해 받은 급료가 쌀 한 말이었다고 한다. 당연한 것으로 알고 민중은 그렇게 견디며 살았다. 전태일이 분신하면서 요구한 것이 겨우 14시간 노동을 2시간만이라도 줄여 달라는 것 아니었던가. 급료를 올려 달라는 것도 아니었는데 공장주는 물론 국가도 거들떠보지 않았다. 1970년대가 이 지경이었으니 19세기의 러시아 상황은 더 나빴을 것이다. 그런데 자본가와 지주가 독차지하던 과실까지 앞에 딱 모아 놓고 사람 수대로 갈라 먹자, 이 얼마나 멋진 세상인가. 그들은 기꺼이 혁명 전사가 되었다.

북한의 김일성이 30대 초반의 어린 나이에도 불구하고 금세 북한 지역의 권력을 장악한 것은, 레닌으로부터 면면히 내려온 혁명 기술을 즉시 써먹었기 때문이다. 그는 소련군을 앞세워 토지를 3정보 이상 소유한 지주들한테서 땅을 거저 빼앗았다. 그러고는 소작인들에게 거저 나눠 주었다. 무상 몰수, 무상 분배. 물론 무상으로 분배받은 소작인들은 소출의 30%를 국가에 내야 하기 때문에 결국 지주 대신 국가에 예속되는 결과가 되었지만, 당장은 내 논, 내 밭이 생겼으니 이들의 충성심이 어떠했겠는가. 조선 왕조 500년간 하지 못한 일, 일제 36년간 하지 못한 일을 김일성은 소련군을 앞세워 단 1년 만에 해치워 버렸으니 북한 주민들의 충성심은 하늘을 찔렀을 것이다.

레닌은 이처럼 황실을 엎어야만 자본가와 지주를 몰아낼 수 있고, 그런 다음에 공장과 토지를 나눠 갖자, 노동자 농민들이 다 같이 잘사는 세상을 만들자고 선동했다.

그는 열렬한 마르크스주의 선전자가 되어 체포와 유형을 거듭하다가 1900년에 국외로 망명했다. 공산주의 이론이 좋기는 하지만, 과연 지주나 공장주가 만만하게 빼앗기겠느냐는 우려가 너무 컸다. 물론 순순히 내놓을 자본가나 지주, 공장주는 없다. 도리어 지주와 공장주, 자본가들은 거액을 내서라도 황실 군대를 지원할 것이기 때문에 결코 만만한 일이 아니다. 돈이 있으면 도깨비라도 군사로 삼을 수 있잖은가.

그러니 북한에서 소련군이 한 것처럼 총칼을 들이대고 빼앗아야만 가능한 것이다. 일단 공산주의의 시작은 빼앗는 것부터 시작될 수밖에 없는 운명을 타고난 것이다.

레닌은 공산주의 사상이 널리 퍼질 때까지, 그래서 혁명의 기운이 무르익을 때까지 시절 인연을 더 기다렸다. 무려 17년을 더 기다렸다. 때라는 것은 이 정도는 묵어야 겨우 발효가 된다. 20년, 30년 묵어야 되는 일도 있다.

1917년, 2월 혁명 직후에 레닌은 독일이 제공한 봉인 열차(封印列車)로 귀국했다. 혼란을 틈타는 것은 혁명의 가장 중요한 전법이다. 2월 혁명은 단지 황실이 무너진 것일 뿐 공산주

– 이때만 해도 민중이 주인이 되는 시절이다. 레닌이 민중을 상대로 공산주의 혁명을 호소하고 있다.

의 혁명이 아니었다. 또 레닌은 이 혁명의 주인공도, 주변 인물도 아니었다. 그는 노동자와 농민들을 설득하고, 공산주의자들을 포섭하기 시작했다.

그해 11월 7일, 블라디미르 레닌은 마침내 무장 봉기로 과도 정부(過渡政府)를 전복하고, 이른바 프롤레타리아 독재를 표방하는 혁명 정권을 수립했다. 그냥 왕정을 무너뜨리는 혁명이 아니라 그는 공산주의 혁명을 한 것이다. 소련의 노동자, 농민들은 환호했다. 기꺼이 앞장서고, 기꺼이 공산주의자가 되었다.

레닌은 그 뒤로 1924년까지 최고 실권자로 군림한다.

하지만 인연의 법칙은 단 1분, 1초도 쉬지 않는다. 레닌이 성공시킨 공산주의 혁명국 소련을 새 인연의 씨앗으로 보는 또 다른 눈이 있

었다.

바로 이오시프 스탈린[0360]이다. 그는 1901년에 직업 혁명가가 되어 카프카스에서 지하 활동을 했다. 이후 10년간에 체포 7회, 유형 6회, 도망 5회의 고초를 겪었다. 공산주의는 기본적으로 혁명을 전제로 할 수밖에 없다. 자본과 공장, 기술이 없으니 어쨌든 빼앗아야만 공산주의를 할 수 있다. 적수공권(赤手空拳)의 혁명가들이 공산주의자가 되는 것은 너무나 당연하다.

그는 마르크스가 만들고 레닌이 완성한 공산주의 이념을 내세워 「마르크스주의와 민족 문제」라는 논문을 써 냈다. 이 논문으로 그는 1912년에 당 중앙 위원이 되고, 『러시아 뷰로』의 책임자로서 처음으로 '스탈린(강철 사나이)'이란 필명을 사용했다.

그러다가 1913년에 체포되어 시베리아로 유형을 갔다. 스탈린은 시베리아 유형 중 그곳에서 1917년에 2월 혁명을 맞은 후, 페트로그라드로 귀환했다. 그때는 이미 레닌의 공산주의 혁명이 끝난 뒤다. 와서 보니 공산주의에 관한 모든 권리는 레닌의 독차지가 되어 있는 상황이었다.

그렇지만 스탈린은 1924년, 제13차 당 대회 때에 레닌의 반대에도 불구하고 KGB를 이용하여 유임을 인정받았다. 레닌은 실어증까지 겹쳐 힘을 잃은 상태였다. 레닌은 이해에 결국 죽었다. 정보 동원력에 관한 한 레닌조차도 스탈린을 이기지 못한 것이다.

스탈린은 1936년에 이른바 '스탈린 헌법'을 제정, 3차에 걸친 대숙청을 감행하여 잇따른 '반혁명 재판'에서 G .E. 지노비예프[0745] 등 반대파뿐 아니라 당원·군인·관료 그리고 무고한 민중을 대대적으로 처형하거나 투옥, 제명했다.

그가 세운 소련은 레닌과 같은 공산주의 국가가 아니라 '스탈린식 일인 독재 국가'였다. 공산주의란 그저 정권을 차지하기 위해 불러낸 피 묻은 깃발일 뿐, 실제로 공산은 이루어져도 분배는 결코 똑같이 이루어지지 않았다.

스탈린은 1945년[09]에 대원수가 됨으로써 그 명성은 레닌을 능가하였다. 한편으로 동구(東歐) 여러 나라들에 대한 헤게모니를 잡고, 2차 대전 이후에 서방 국가들의 리더로 부상한 미국에 대항했다. 그러면서 냉전의 중심 인물이 되어 죽을 때까지 그 자리를 유지하면서, 반세기 동안 독재적으로 전(全) 소련을 통치했다.

스탈린에 이르러 마르크스의 공산주의 이론은 말할 수 없이 퇴색했다. 공산주의는 단지 정치권력 수단으로만 이용되었다. 더구나 공산주의는 독재 수단으로 이용될 뿐이었다. 노동자들은 산업 혁명기에는 자본가에 묶이다가 공산주의 혁명 뒤, 잠시 잠깐의 달콤한 시절을 보낸 뒤로는 여전히 독재자들의 '정치 노동자'로 묶이고 말았다.

그 뒤로 여러 나라에 공산주의가 보급되었지만, 언제나 유혈 쿠데타를 위한 수단이 되었을 뿐이다. 모택동이 그렇게 일어나 중국을 엎고, 피델 카스트로 역시 쿠바 정부를 전복하여 국민들을 가난 속으로 몰아넣었다. 모택동은 공산주의의 핵심인 국민을 노동자와 비노동자로 갈라 비노동자 수백만 명을 죽이고, 노동자 중 절대 다수인 농민 수천만 명을 굶어 죽게 했다.

결국 목표가 정권 전복이었을 뿐인, 이들 혁명가들이 입에 침이 마르도록 내세우던 공산주의는 반세기 만에 실패로 끝났다. 공산 국가는 또 하나의 자본가가 되어 노동자와 농민들을 착취하고, 노동자들은 여전히 고된 노동에 시달려야만 했다. 더구나 똑같이 일하고 똑같이 분배한다는 정신에 따라 일을 많이 하든 적게 하든 보상이 같아지자, 노동자와 농민들은 하향 평준화하여 서로 놀고 눈치 보며 게을러지기 시작했다. 생산성이 떨어지고 국가 경쟁력 역시 나날이 떨어져, 결국 공산권 전체가 가난에 시달리다 저절로 붕괴되고 말았다. 마르크스가 살아 돌아온다면, 지금의 소련과 중국을 가리켜 공산주의를 실천하는 나라라고는 말하지 않을 것이다.

# 14
# 역사가 만든 괴물, 아돌프 히틀러

### :: 도대체 이런 괴물이 어떻게 출현했나?

아돌프 히틀러[0120]라는 괴물果을 만들어 낸 씨앗因은 무엇이고, 괴물이 되도록 이끈 환경緣은 무엇일까? 누가 도대체 이런 괴물의 출현을 원했을까? 히틀러가 독일 국민을 미치게 했는가, 독일 국민이 히틀러를 미치게 했는가? 어느 쪽인가.

개인으로서 인간이란 본디 나약하기 짝이 없다. 고립된 인간은 우울증에 시달리고, 갈수록 총기를 잃는다. 역사상 최고의 천재라는 아이작 뉴턴은 로버트 훅이란, 또 다른 천재 과학자를 의식해 저작물 출판을 미루거나 연구 방향을 돌렸다. 뉴턴이 죽으면 좋겠다는 노골적인 글을 일기장에 남긴 로버트 훅이 죽고 난 뒤에 뉴턴은 그의 연구 업적을 짓밟고, 심지어 왕립학회 회장이었던 훅의 초상화를 없애기도 했다. 천재 발명가인 토머스 에디슨은 자신의 직원이자 역시 천재인 니콜라 테슬라와 평생 반목하여, 두 사람에게 공동 수여하기로 결정된 노벨상을 '공동'으로는 받기 싫다며 거부하기도 했다. 학문적으로는 절친한 동무였으나 정치적으로는 원수가 된 정몽주와 정도전이 생사를 겨룬 것도, 개인의 세계가 얼마나 옹졸하고 폭력적인지 웅변하는 사례다.

전국(戰國) 시대에 진(秦)나라의 명재상인 범수는 한때 위나라 정승부에 끌려가 죽도록 매를 맞고 변소에 버려졌던 사람이다. 역시 진(秦)나라 명재상인 백리해도 한때는 초나라의 노예로서 말과 소를 치다가, 염소 가죽 다섯 장에 팔려 간 사람이다. 아이작 뉴턴이 이웃집에 품 팔러 간 이야기나, 마이클 조던이 말라붙은 껌을 긁는 아르바이트를 했다는 식의 이야기는 너무나 많아서 다 적을 수도 없다.

하지만 이건 어디까지나 개인의 이야기다. 사람이 집단이 되면 전혀 다른 상황으로 돌변한다.

일단 집단화된 수백만, 수천만 국민은 단 한 사람에 의해서도 일사불란하게 움직이는 괴력을 보이기도 한다. 물론 수백만, 수천만 국민들이 자신들의 주권을 그에게 맡겼을 때만 가능하다. 주권을 맡긴 적이 없다 해도 개인은 저항하지 못한다. 저항을 하려고 해도 뭉쳐야만 가능한데, 독재자들은 사람들이 뭉치지 못하도록 계엄령이든 긴급 조치든 끊임없이 교란 작전을 편다.

따라서 아돌프 히틀러는 독일인들이, 독일이란 사회가 만들어 낸 괴물이다. 여기서 독일인이란 1차 세계 대전에 패한 나라의 국민으로, 전쟁 배상 비용을 대느라 허리가 휜 사람들이다. 당시의 독일이란 1차 세계 대전에 패한 뒤, 낙담하고 침울해 하고 무기력해진 사회를 말한다.

아돌프란 수줍은 청년因을 사악한 독재자이자 살인마果로 만든 환경緣은 어디서 왔으며, 누가 준 것인지 이제 하나하나 점검해 보자.

아돌프의 아버지인 알로이스 히틀러[0530]는 사생아로 태어나 시클그루버라는 어머니의 성을 사용하다가, 1876년에 히틀러로 성을 바꾸었다. 알로이스는 초등학교밖에 못 나왔지만, 구두닦이를 시작으로 닥치는 대로 열심히 노력한 끝에 오스트리아 재무부의 세관원이 되었다.

어머니인 클라라[0840]는 아들 둘과 딸 하나를 낳았으나 모두 일찍 죽어 버리고, 네 번째로 아돌프 히틀러를 낳았다. 클라라는 아돌프도 일찍 죽을까 봐 애지중지 키웠다. 아버지는 직장 일로 바쁜 데다, 집에 와서도 부업으로 벌을 치느라 아들인 아돌프와 가까이 지내지 못했다. 그러는 동안에 아돌프 히틀러는 어머니의 응석받이로 자라났다.

– 응석받이 시절의 아돌프

아돌프는 1895년 5월, 오스트리아 린츠 근처의 피슐람에 있는 초등학교에 입학하였다. 이 무렵에 열네 살 된 '이복 형' 알로이스 2세는 아버지의 등쌀에 못 이겨 가출하고 말았다. 아버지인 알로이스는 심한 꾸중이나 손찌검도 서슴지 않는 엄격한 아버지였다. 알로이스 2세는 가출한 뒤로 다시는 아버지를 찾지 않았다.

이 무렵에 아돌프 히틀러는 오스트리아의 린츠 일대 여기저기로 이사 다녔다. 아돌프는 근처에 있는 옛날 수도원 건물 근처에서 자주 놀았는데, 이 건물은 하켄크로이츠(卐)로 장식되어 있었다. 훗날에 히틀러는 이 하켄크로이츠로 나치스의 문장을 디자인했다. 하켄크로이츠를 본 사람은 불교의 만(卍) 자를 포함해 수도 없이 많지만, 그걸 이 괴기한 집단의 문장으로 쓴 사람은 어쨌거나 아돌프뿐이다. 이처럼 한번 경험한 것을 깊이 기억하는 것은 아돌프의 특징이다.

아돌프는 성가대원이 되었으며, 노래를 제법 열심히 불렀다. 그는 가톨릭 교회의 엄격한 의식에 흥미를 느꼈으며, 교회 의식을 흉내 내며 놀기도 했다. 그는 설교를 따라 하기도 했으며, 이때에는 잠시 성직자가 될 꿈을 갖기도 했다. 웅변 실력은 이때 스스로 학습한 듯하다.

한편으로는 이때 처음으로 비스마르크 전기 등 독일 민족주의 무용담을 접하고, 스스로 영웅이 되는 꿈을 꾸기도 했다. 이때의 교회 경험이, 나치스가 엄격한 의식을 자주 갖고 광적인 연설을 즐기는 것果으로 나타난 것이다.

아돌프는 아버지인 알로이스 히틀러와 충돌을 벌이는 일이 점차 잦아졌다.

초등학교 졸업 후, 알로이스 히틀러는 아돌프도 공무원이 되기를 바랐다. 그러나 아돌프는 그림에 재미를 붙이고 있었으므로, 장차 훌륭한 화가가 될 꿈에 흠뻑 젖어 있었다.

하지만 알로이스는 막무가내로 몰아붙여 아돌프를 실업 학교에 강제로 진학시켰다.

린츠의 실업 학교에 다니게 된 아돌프 히틀러는 학교 수업에 매우 불성실했다. 성적은 형편없었고, 거듭 낙제했다. 친구가 거의 없는 외톨이였고, 선생님의 강의도 듣는 둥 마는 둥 도무지 관심을 보이지 않았다.

그의 취미는 린츠 시내의 거대한 유적이나 오래된 건물을 구경하면서 아버지 몰래 스케치하는 일이었다. 다만 그는 독일 민족주의를 가르친 역사 수업에서 아주 깊은 감명을 받았다. 그가 지독한 민족주의자가 된 것도 이런 학습緣이 붙은 때문이었다.

## :: 바그너 오페라에 혼을 뺏기는 소년

한편 이 무렵에 아돌프 히틀러는 처음으로 빌헬름 리하르트 바그너[0925]의 오페라를 접했다. 기이한 신화 이야기와 엄청난 힘을 가진 신과 거인들의 장쾌한 이야기에 그는 혼을 빼앗겼다. 거기에 화려한 무대 연출과 멋들어진 음악마저 어우러져, 그는 이 오페라에서 큰 감동을 받았다. 나중에 대규모 군중 집회에 이런 분위기가 응용되었다. 아돌프에게는 하나하나의 경험이 그의 미래果를 만들어 내는 처방緣으로 작용했다.

1903년 1월 3일, 아버지인 알로이스가 65세의 나이로 숨을 거두었다. 막상 아버지가 사망하자, 가장 슬퍼한 사람은 당시에 13세이던 아돌프 히틀러였다. 장례식이 끝날 때까지 아돌프는 내내 울었다.

아버지가 사망한 뒤부터 아돌프 히틀러는 더욱 의욕을 잃었으며, 성적은 갈수록 나빠졌다. 그는 자취나 하숙을 하며 학교에 다녔는데 주말에는 어머니가 있는 집으로 돌아왔다. 그러다가 그는 기어이 린츠 학교에서 쫓겨나 스테이르라는 곳에 있는 작은 학교로 옮겨야 했다.

아돌프 히틀러는 병으로 1년간 쉬게 된 것을 계기로 16세 되던 해에 학교를 아주 그만두었다.

이 무렵에 병이 완쾌된 것을 기념하여 친구들과 술을 마시고 길에 누워 자던 아돌프는, 지나가던 한 아주머니가 깨워서야 겨우 일어났다. 이날 아돌프는 크게 느낀 바가 있어, 이후부터 죽을 때까지 술을 마시지 않았다. 한번 결심한 것은 반드시 실행하는 고집이 있었다. 이런 고집이 한번 맺어진 처방을 놓지 않고 죽을 때까지 쥐고 가는 집착으로 나타나게 된다.

이때부터 그는 학교에 갈 필요도 없고 아버지의 공무원 연금으로 생계 걱정도 없이, 또 어머니 덕분에 집안일 걱정도 없이 매일같이 늦잠을 자다 일어나곤 했다. 그러고는 옷부터 신사복으로 단장하고 저녁 무렵까지 거리를 산책하고, 밤늦게까지 책을 읽거나 마음껏 그림을 그리곤 했다. 가장 행복하고 자유로운 시기였다. 이때의 여유가 2차 대전이 한창일 때, 그가 측근들과 공연을 보고 예술품을 모으고 휴가를 즐기곤 하는 모습으로 나타난다.

이 시절에 그는 역사 서적을 많이 읽고, 바그너의 오페라와 게르만 민족 신화와 관련된 판타지류도 많이 읽었다. 그러는 사이에 그는 그림 그리는 재주 외에 아무런 현실적 능력 없이 막연한 환상과 허영, 꿈에 도취되기도 하였다. 그만큼 고민거리가 가장 적을 때였다.

아돌프 히틀러는 마치 구르는 눈덩이처럼 크고 작은 인생의 모든 경험을, 그것이 좋든 나쁘든 어쨌든 끌어안고 달렸다.

1907년 8월 1일에 어머니마저 암에 걸려 죽지만, 히틀러는 부모가 남긴 유산과 국가가 지급하는 고아 연금까지 받게 되어 생활에 큰 곤란을 겪지는 않았다. 그는 화가의 꿈을 이루기 위해 빈에 있는 미술 학교에 1907년과 1908년, 두 차례 응시했으나 모두 낙방했다.

그 후로 몇 년간 빈에서 생활하면서 여러 가지 책과 신문을 읽고, 역사·정치·민족 문제에 대해 두루 섭렵했다. 자유와 행복은 오래가지 않았다. 공무원이던 아버지의 연금이 중단되자 그는 고아 연금만으로는 살 수가 없어 엽서나 광고 그림을 그렸는데, 수입이 불안정해 거처를 자주 옮겨 다녀야만 했다.

결국 그는 날품팔이 노동을 해서 살아가야만 할 처지가 되었다. 머물 곳이 없어 공원 벤치나 대합실에 웅크리고 앉아 잠을 자기도 했다. 손 내밀 데 없는 외로운 시기였다.

스물다섯 살 때에 그가 친구에게 보낸 편지가 있다.


결국 입고 있던 마지막 겨울 외투를 전당포에 맡기고 넋을 잃은 채 나는 노숙자 수용소에 들어가고 말았다. 지난 2년 동안 우수와 가난이 내 애인이고, 끝없는 배고픔은 내 동반자였다. 나는 청년이라고 하는, 이토록 아름다운 단어를 한 번도 이해해 보거나 느껴본 적이 없었다. 그로부터 5년 후의 오늘, 온통 동상에 걸린 손과 발은 그 비참했던 날들이 나에게 남긴 기념이다.

아돌프가 생활고에 시달리고 불투명한 미래에 대한 불안감으로 노심초사할 때, 그런 중에도 그의 주변에는 잘사는 사람들이 있고, 성공한 사람들이 여전히 웃고 떠들며 행복하게 지냈다. 그들은 아돌프를 아랑곳하지 않고 마음껏 부와 권력을 누렸다. 배고프고 지친 아돌프의 눈에 피눈물을 흘리게 하는 주변 사람들의 인연이 마구 달려들던 시절이었다. 부러움의 상처는 당해 보지 않은 사람은 알 수가 없다.

이 청년은 머지않아 세상에 대한 증오심을 뭉치고 뭉쳐 결국 희대의 괴물, 아돌프 히틀러가 된다. 청년 시절의 히틀러를 보고 손가락질만 할 줄 알았지 따뜻한 말 한 마디 건네지 못한 독일인들(오스트리아 등), 그리고 그런 그의 앞을 무심코 지나쳐 간, 잘살고 부유한 유대인들이 모두 공범이라고 아돌프는 굳게 믿었다.

유대인들은 그들이 잘 먹고 잘 입고 신나게 떠들고 노래하고 춤추며 잘살고 있을 때, 이웃 사람들이 배가 고파 울고, 치료비가 없어 질병에 걸려도 단지 소리 내어 참을 뿐이라는 걸 외면했다. 그것은 신의 영역이고, 자신들과 상관없는 일이라고 생각했다.

그도 그럴 것이, 남의 돈 훔친 것도 아니고 열심히 일해서 번 돈을 쓰는데 남 신경 쓰면서 살 필요가 없다고 말할 수도 있다. 물론 유대인들이 법률적으로, 도덕적으로 잘못한 것은 없을지도 모른다. 히틀러의 재산을 강탈하거나, 벤치에서 배고파 잠이 든 그에게 발길질을 하거나 침을 뱉지도 않았다. 외면하고 지나갔을 뿐, 아니 엄숙하게만 지나갔어도 괜찮았을지 모르지만 그들은 자신들의 부와 명예를 즐기며, 방울이 딸랑거리는 나귀나 말을 타고 지나갔다. 아, 이런 것도 정녕 죄가 될 수 있는 것인가.

## :: 남이 부러워하도록 부유해도, 똑똑해도 죄다

빌 게이츠[0750]가 왜 350억 달러나 되는 돈을 사회에 기부하고, 워런 버핏[0640] 같은 거부가 왜 300억 달러나 되는 거액을 기부하겠는가. 빌 게이츠는 죽기 전에 1,000만 달러를 제외한 모든 재산을 사회에 기부할 것이라고 선언하기도 했다. 이런 기부 문화가 바로 미국 사회에서 부자들이 존경을 받는 이유 중 하나이기도 하다.

우리나라에서는 기부 문화가 발달하지 않아 끊임없는 노사 분규와 시민 단체의 고발이 뒤따른다. 마지못해 돈을 내놓다 보니 박수를 받을 기회를 놓치고 만다. 양도 사실을 숨기거나 교묘하게 재산을 대물림하다 들켜도 부끄러움을 모른다. 그들의 '영웅'이 죽어도 국민들은 결코 슬퍼하지 않는다.

김밥 팔아 마련한 돈을 임종 순간에 내놓고 떠나는 할머니는 박수와 존경을 받지만, 검찰 수사가 진행되는 중에 휠체어에 앉아 내놓은 1조나 8,000억은 아무 의미가 없다.

거부든 부자든 알아야 할 것이 있다. 남으로 하여금 나를 부럽게 하는 것 자체가 죄가 된다는 사실을. 거기서 이상한 처방緣이 따라붙어 범죄가 발생하고, 사람을 주눅 들게 하고, 비참하게 하고, 심지어 자살하도록 만들기도 한다. 상대적 박탈감을 느끼게 한 죄, 상대적 열등감을 느끼게 한 죄가 있다.

어느 날 한 부자가 감쪽같이 살해되었다. 범인이 될 만한 사람은 없었다. 원한 관계, 치정 관계도 없이 깨끗한 부자였다. 수사 결과 그의 집사가 살인범으로 지목되고, 그는 마침내 증거 앞에서 범행을 털어놓았다. 동기는 놀라웠다. 다른 집 집사보다 훨씬 더 많은 월급을 받은 그였지만, 대우도 충분히 받은 편이었지만, 그는 이 부자가 쓰는 씀씀이를 보고 상대적인 박탈감을 느꼈다. 딸이 가져가는 바캉스 경비는 이 집사의 회갑 잔치 비용보다 몇 배나 더 많았으며, 부자의 아내에게 건네는 결혼 기념일 선물은 집사가 받는 보너스의 열 배나 되었다. 집사의 월급이 10만 원 오를 때에 직원으로 들어온 아들의 월급은 두 배, 세 배로 오르고 직급도 덩달아 뛰었다. 집사는 아무리 노력해도, 죽을 힘을 다해 주인을 섬겨도 그는 집사일 뿐이라는 사실을 깨달았다. 그때부터 모인 증오가 마침내 어떤 계기를 만나자 불이 붙은 듯 폭발하여 살인까지 저질렀던 것이다. 아마도 애인에게 몇 천만 원이나 되는 현찰을 건네던 그날, 집사에게는 백만 원을 주면서 가족과 휴가를 잘 보내라고 덕담을 건넸는지도 모른다. 우리나라 재벌 자식들이 해마다 불려 가는 재산을 보면, 이 집사의 괴로움이 왜 생겼는지 알 수 있을 것이다.

권력자도 마찬가지다. 권력자의 말 한 마디에 자살하는 사람이 생겼다면 그 책임은 그 권력자가 져야 한다. 모르는 일이라고 잡아뗄 수가 없다. 내가 언제 죽으라고 했느냐고 강변해 봐야 소용없다. A의 말 때문에 B가 죽었다면 A는 B를 죽인 것이다. 총을 쏘고 칼을 써야만 살인이 아니다.

유대인들이 그랬다. 그들은 산업 혁명 시기에 주로 자본가로 활동했다. 프랑스에서 아무 죄가 없는 유대인 장교 드레퓌스를 간첩으로 몰아 전 국민이 광분한 것도, 그 이면에는 유대인들이 무수히 뿌려 놓은 악인, 악연이 있었다. 그들은 노동자들을 혹사시키고 저임금으로 노동력을 착취하며, 그들이 가진 넘치는 부로 가난한 사람들을 지치게 만들었다. 그들에게서 고리대금을 빌리고서 악을 쓰며 일했지만, 여전히 그들의 금융 노예 신세를 벗어날 길이 없었다. 평생 유대인에게 돈을 빌리고, 평생 유대인에게 빚을 갚다가 죽어 간 사람들이 허다했다.

그들은 의기양양 값비싼 옷을 입고 내연 기관을 단 자동차를 뿡뿡거리며 그들의 금융 소비자, 아니 금융 노예들이 우글거리는 도로를 내달렸다. 걸인이나 다름없는 노동자들이 일거리를 찾아 헤매거나 하루 먹을거리를 찾아 헤매는 지저분한 거리 한가운데를, 마치 황제의 거둥처럼 어깨를 뒤로 젖히면서 우아하게 지나갔다. 길을 가로지르는 노동자들의 걸음이 조금이라도 느리면 귀청이 터질 것 같은 경음기를 마구 울려댔다. 연체된 빚을 당장 갚으라던 아우성처럼.

청년 아돌프는 이런 유대인들을 많이 보았다. 그가 아버지의 공무원 유족 연금을 받고 고아 연금을 받아 비교적 윤택하게 살 때에는 보이지 않던 모습이었다. 날품팔이를 하면서, 배고프면서부터 또렷하게 보이기 시작한 것이다.

이렇게 함으로써 유대인들은 청년 히틀러에게 나쁜 인연을 심었다. 이런 걸 척을 진다고 한다. 척지는 것은 원한을 사는 것보다야 약하겠지만, 마음에 상처를 남기는 면에서는 다를 바가 없다. 유대인들이 히틀러를 외면한 값으로 얼마나 비싼 대가를 치렀는지는 역사가 웅변하고 있다. 아돌프 히틀러가 단지 나쁜 놈이라서 그랬다고 설명하기에는 너무나 끔찍한 일이었잖은가. 원래 나쁜 놈이라는 유전자가 따로 있는 게 아니라 나쁜 놈은 만들어지는 것이다. '나쁜 놈'이 될 가능성이라는 도화선因에 누군가가 자기도 모르게 불緣을 붙인 것이다.

## :: 나쁜 놈은 태어나는 게 아니라 만들어진다

1911년, 부모의 유산이 거의 남지 않았을 무렵에 운 좋게도 작은 기적이 일어났다. 자녀가 없는 숙모가 죽으면서 유산의 대부분을 물려준 것이다. 쪼개 쓰던 고아 연금은 여동생에게 다 주기로 양보했다. 그제야 한숨 돌린 그는 그간의 고생을 잊지 않고 술·담배·여자는 결코 가까이하지 않았다. 생활은 지극히 검소해졌다.

1913년 5월 26일에 히틀러는 입영 통지를 받고, 1914년 2월에 신체검사를 받았다. 부적격 판정을 받아 입대를 하지는 않았다. 그런데 이해 8월에 제1차 세계 대전이 발발했다. 그는 마땅히 직업을 가질 만한 것도 없고 희망도 없던 차에 자원 입대하기로 결심했다. 전시(戰時)라 지원만 하면 누구나 입대할 수 있었다.

그는 바이에른 보병 제16 예비 연대에 배치되고, 플랑드르 지방에서 주로 영국군과 싸웠다. 아돌프는 1914년과 1918년에 각각 2급과 1급 철십자 훈장을 받는데, 히틀러는 이것을 매우 자랑스럽게 여겨 만년까지 가슴에 달고 다녔다.

철십자 훈장에 빛나는 아돌프의 분전에도 불구하고, 1918년 11월에 독일이 전쟁에서 패배하자 그는 낙담했다. 군대 생활은 그에게 전우애를 가르쳤고, '참호의 사회주의'라고 불리는 공동생활을 체험하게 했으며, 목숨을 나누는 친구들을 사귀게 해 주었다. 그는 단순하고 행동 본위인 군대를 좋아했고, 황량하고 처연한 전선을 '제2의 고향'처럼 여기게 되었다. 패전에 따른 독일 군대의 해체, 유럽 내 독일 패권의 실추, 오스트리아–헝가리 제국에서 슬라브 민족들의 독립, 중유럽으로부터 독일의 후퇴, 독일과 오스트리아의 합병 금지 등은 아돌프 히틀러가 결코 용납할 수 없는 것들이었다. 전쟁 영웅이던 그는 독일의 11월 혁명과 베르사유 체제에 대한, 가장 격렬한 반대자가 되었다. 정치 문제에 대한 반대란 곧 정치 활동을 시작했다는 뜻이다.

아돌프 히틀러는 군대에서 공산주의자를 색출하는 위원회에서 일하던 중 보수적인 강습회에 우연히 참여했다.

1919년 6월에서 8월에 걸쳐 열린 이 강습회에서 히틀러는 보수 학자와 정치가의 강의를 듣고 토론과 연설 훈련을 받았는데, 이때 그는 상관으로부터 탁월한 연설 재능을 인정받았다. 그는 이후로도 정치·경제·역사 등 다방면의 강의를 들어 가며 지식을 넓혔다. 이제 그에게 연설이라는 재능까지 붙었다.

1919년 9월 12일, 날로 정치 성향을 띠어 가던 히틀러는 뮌헨에 있는 독일노동당 집회에 참석했다. 독일노동당은 반유대주의에 기반을 둔 반혁명 정당으로 사회주의 정책과 애국주의를 결합시킨 중간 계급 위주의 정강을 채택, 대자본과 귀족 특권 계급에 반대했다. 이 집회의 토론에 참여한 히틀러는 당 간부인 안톤 드렉슬러의 주목을 받고, 독일노동당 제7당 위원이 되었다.

당시에 거의 비밀리에 활동하던 독일노동당은 웅변을 잘하는 히틀러의 가세로 공공연한 대중 활동을 강화했다. 히틀러는 군 동료들을 입당시키고, 잇달아 공개 연설회를 개최하여 당세 확장에 노력했다. 그의 뛰어난 연설 솜씨도 당의 명성에 크게 일조했다. 또한 그는 연설 회장 앞에서 입장료를 받아 당 재정 확보에 기여했다. 1차 대전의 영웅이 연설가로 부각되기 시작한 것이다.

1920년 초에 히틀러는 우익 단체와 당의 연락을 담당하던 당 의장 하러를 축출하고, 그의 후원자인 안톤 드렉슬러[0830]를 당 총서기로 추대했으며, 자신은 선전 부장이 되었다. 이후에 당은 독일국가사회주의노동당, 즉 나치로 바꾸었다.

독일노동당의 집회가 세를 불려 나가자 당에 대한 반대도 격렬해졌으므로, 히틀러는 '집회 장소 방위반'(나중에 이것은 나치 돌격대로 발전함)을 설치하여 대회장에서 방해 행위를 하는 반대파를 폭력으로 축출했다.

히틀러는 초기 집회에서 유대인 배척을 강력히 주장하며, 패전 후 독일공화국의 나약함과 내부 분열 및 부패를 통렬하게 공격했다. 또한 독일의 강력한 국민 정부 수립을 주장하고, 베르사유 조약의 불합리성과 잔혹성, 비인도적인 면을 강조했다. 그는 1차 대전 패전에 따른 배상을 거부하자고 선동했다. 배상금 마련에 지친 독일인들은 그의 연설에 속이 다 시원하다고 느꼈다. 패전 국민들이 그간 뭉쳐 온 분노에 나치의 선동緣이 어우러져, 마침내 아돌프 히틀러라는 결실이 만들어지고 있었다.

1920년 3월에 군에서 제대한 히틀러는 나치 운동에 전념하며, 같은 해 여름에는 하켄크로츠로 당기를 만들었다. 그의 행동 하나하나는 반드시 씨앗因이 있고 처방緣이 있을 만큼, 철저한 자기 경험에서 나왔다.

히틀러는 1921년 7월 29일, 나치당의 임시 당 대회에서 드렉슬러 등 당 간부들에 대한 격렬한 투쟁을 전개하여 드렉슬러를 명예 회장으로 밀어내고, 자신이 당의 총서기가 되었다.

그는 정계와 재계의 유력자들과 교류하면서 자금을 조달하고, 패전에 따른 베르사유 조약을 반대하는 학생과 군부 관계자들의 열렬한 지지를 이끌어 냈다. 드렉슬러 파가 합법주의와 사회주의를 제창한 데 반해, 히틀러 파는 폭력주의와 군부·관료 집단에 접근해야 한다고 주장했다.

또한 이때부터 그는 당원들의 동지가 아니라 '우리의 지도자'로 불리게 되었다. 그리고 당 기관지를 찍어 선전 활동을 전개하고, 그의 주변에는 나중에 유명한 나치 지도자들이 된 알프레트 로젠베르크[0405], 루돌프 헤스[0620], 헤르만 괴링[0405], 율리우스 슈트라이허[0910] 등이 몰려들었다.

그는 군대에서 배운 제도와 규율을 경험因으로 삼고, 나치당을 처방緣으로 붙여 자신만의 행동 조직을 꾸려 나갔다.

## :: 독일에 던져진 불쏘시개, 『나의 투쟁』

1921년 이후부터 나치당의 당세는 급속히 확장되는데, 특히 바이에른의 군부와 경찰 그리고 왕당파가 나치를 보호했다. 그러나 같은 해 8월, 나치는 바이에른의 분리 독립을 주장하는 바이에른 동맹을 습격하여 집회를 폭력으로 해산시켰다.

1923년 1월에는 프랑스군이 루르 지방을 점령하였는데도 독일은 별로 저항하지 못하였다. 저항할 군대도 없었다. 국가가 무력해지자 물가는 심각할 만큼 치솟았다. 좌파에서 우파에 이르기까지 거의 모든 독일인이 패배주의에 빠져 매사에 소극적이었지만, 히틀러만은 사사건건 독일을 털어먹으려는 유럽을 격렬하게 비판하고, 그런 중에도 벼룩의 간을 빼먹듯 비싼 이자로 독일인들을 괴롭히는 유대인의 죄상을 폭로했으며, 무기력한 베를린 정부에 대한 날 선 비판에 주력했다.

1923년 11월 8일에 히틀러는 뮌헨에 있는 한 맥주홀에서 봉기를 일으켰다. 하지만 맥주홀 폭동은 실패로 끝나고, 그는 11월 11일에 은신처에서 체포되어 5년 형을 선고받고, 란츠베르크 감옥에 수감되었다.

막상 옥중 생활은 자유로워서, 방문객들과 담화도 하고 동지들과 식사도 하며, 마음대로 독서할 수도 있었다. 그는 감옥에서 반(半) 자서전 겸 나치 사상 해설서인 『나의 투쟁』을 정리하는 데 전념했다. 감방 동료가 된 오토 모리츠<sup>0805</sup>와 루돌프 헤스<sup>0620</sup>가 히틀러의 구술을 필기했다. 이때 그는 그가 앞으로 해야 할 일을 모두 정리했다. 히틀러의 씨앗因과 처방緣은 감옥에 있는 동안 모두 정리되어, 결실果의 실체가 책으로 만들어졌다.

이 시기는 우리나라가 일제에 강점되어 있던 때다. 많은 투사들이 감옥에 갇혀 악랄한 일제 경찰의 탄압을 받았다.

히틀러도 이 시기에 유럽의 식민지나 다름없는 독일 국민으로서 우리나라 독립 투사들이 느꼈던 분노를 그대로 느꼈다. 베르사유 조약에 따른 유럽의 착취가 너무 심해서 독일인들이 허리띠를 졸라매고도 버거웠다. 일제가 조선에서 쌀과 쇠붙이 등을 공출해 갔다지만, 유럽이 빼앗아 가는 것도 이에 못지않았다.

생각해 보라. 비록 프랑스군이나 영국군이 들어와 직접 통치를 하는 것은 아니지만, 독일은 유럽의 식민지나 다름없는 상태였다. 이때 독일인들이 히틀러를 어떻게 생각했겠는가. 그들의 눈에 히틀러는 위대한 민족 지도자였을 것이고, 독립 투사였을 것이다. 일제 치하에서 우리 국민들이 일본군을 초토화시킨 김좌진 장군<sup>0160</sup>에게 열광하고, 일본 총리인 이토 히로부미<sup>0150</sup>를 쏘아 죽인 안중근 의사<sup>0340</sup>의 거사에 몸을 떨며 반기던 그 마음을 떠올려 보자. 독립 선언문을 읽어 내려가던 한용운 스님[0350]의 음성을 떠올리며 히틀러의 강연을 상상해 보자.

히틀러는 매주 토요일 저녁, 감옥 내의 나치 동료들이 개최하는 공동 집회에서 이 책 내용을 조금씩 발표했다. 히틀러가 감옥에서 석방될 무렵에 『나의 투쟁』 상권은 거의 완성되어 1925년에 출판되고, 하권은 막스 아만의 도움을 받아 1927년에 발표되었다. 1930년에는 합본 판이 나오고, 1943년까지 총 984만 부가 판매되는 초베스트셀러가 되었다. 사실상 히틀러는 이때 전 독일의 우상으로 등장한 것이요, 실질적인 결실果이 맺어진 것이다. 돌이킬 수 없는 상황이었다. 법에 의해 몸은 비록 감옥에 묶여 있기는 했으나, 그는 이미 독일인의 염원을 한 몸에 안고 있었다. 유럽으로부터 독일을 해방시킬, 그래서 독일인들을 하나로 뭉칠 전략 전술은 확실히 책으로 정리되었다. 생각으로 두면 어떻게 파도를 칠지 알 수 없지만, 글로 정리하면 또렷해지고 확실해진다.

독립 투사들이 일제의 감옥에 갇혔을 때에 그랬듯이, 민주화 운동을 한 대학생들이 독재자의 감옥에 갇혔을 때에 그랬듯이 아돌프 히틀러는 '영광스러운 수감 생활 8개월' 만에 주먹을 치켜 올리며 출옥했다. 그는 즉시 당을 재건하고, 1926년 1월에 친위대를 설립하였으며, 같은 해 11월에는 돌격대 재건을 완료했다. 독일인들은 히틀러의 출옥을 환호했다.

이 무렵에 그는 이복 누이의 딸인 조카, 겔리 라우발[0825]을 깊이 사랑하였다. 이후 1931년 9월 18일에 겔리가 자살할 때까지 항상 행동을 같이했다. 겔리는 히틀러가 진정으로 사랑한 유일한 여성이었다. 이 역시 한번 정한 사람에게 마음을 주고 나면 절대 변하지 않는 그다

276

운 원칙이었다.

독일 국민의 열렬한 환호에 힘입은 나치당은 마침내 유럽의 허수아비나 다름없는 바이마르공화국을 격렬하게 비판했다. 애국 일본인들이 미 군정하의 일본 정부를 비판하듯, 애국 한국인들이 미 군정하의 이승만 정부를 비판하듯 아돌프 히틀러는 유럽이 시키는 대로 충직하게 엎드리는 바이마르공화국을 적대시하였고, 그럴수록 독일인들은 열광했다.

1930년 9월 14일, 총선 기간 중에 그의 저서『나의 투쟁』은 984만 부나 팔렸다. 그는 선거에서 600만 표 이상을 득표하면서 독일 제2당 당수로 급부상했다.

이 선거 직전 라이프치히 최고 법정에서는 군대에서 나치당 비밀 조직을 만들다 체포된 장교들이 군사 재판을 받았다. 9월 13일, 선거 하루 전날에 법정에 증인으로 출두한 히틀러는 "나치는 합법적으로 정권을 잡을 계획이므로 폭력이 필요 없습니다. 나치는 군부를 붕괴시킨다든가, 군부를 대신하려는 계획을 가지고 있지 않습니다. 그러나 나치가 국민의 지지를 얻어 정권을 잡는다면 합법적인 수단을 통하여 당이 옳다고 생각하는 방향으로 국가를 개조할 것이며, 11월 혁명(실패한 맥주홀 봉기)에 대한 복수를 할 것입니다."라고 당당히 주장하였다. 이에 군 간부와 독일 민족주의자들의 큰 호응을 얻었다.

이런 상황에서 나치당이 독일의 제2당이 되자, 독일 금융 자본가의 중심 인물인 샤흐트가 히틀러를 지지하면서 거액의 정치 자금을 내놓았다. 그는 베르사유 조약으로 옥죄는 유럽의 압제에서 독일을 해방시켜 줄 유일한 지도자로 아돌프 히틀러를 지목한 것이다. 독립군에 자금을 대어 주는 심정이었을 것이다. 이 돈이 장차 유럽을 초토화시킬 괴물의 양식이 될 줄은 꿈에도 몰랐다. 히틀러는 유럽에서 해방된 독일을 꿈꾼 것이 아니라 독일을 접수하고 싶었다. 그가 원하는 것은 혁명일 뿐이고, 베르사유 조약 따위는 명분일 뿐이었다. 혁명을 원하던 레닌과 스탈린이 공산주의를 수단으로 이용한 것과 다름이 없다.

이로써 히틀러는 어엿한 원내 당수로 부상하는 결실果을 이루는 데 성공했다. 이제 정치인 히틀러라는 새로운 씨앗을 그는 과연 어떤 처방으로 키워 나가는지 보자.

1930년 가을 이후, 히틀러의 대중적 인기와 연설 능력에 힘입어 나치당의 당세는 더욱더 신장되었다.

특히 1932년 1월 27일, 뒤셀도르프에서 열린 히틀러와 대자본가들의 회담은 나치와 독일 지배 세력이 결합하는 중대 사건이었다. 히틀러는 이해 3월 13일의 대통령 선거에 출마해 1차 투표에서 31.1%를 얻고, 4월 11일의 결선 투표에서 36.8%의 지지를 얻기는 했으나 막상 힌덴부르크[0745]에게는 패배했다. 아직 히틀러의 시대가 완전히 온 것은 아니었다.

같은 해 7월의 총선거에서 나치당은 37.4%의 득표를 했다. 히틀러는 대통령인 힌덴부르크에 의해 파펜 연립 내각의 부총리에 임명되었으나 이를 거절했다. 그는 이미 승승장구하는 강력한 야당을 이끌고 있기 때문에, 굳이 여당과 연합하여 일을 그르칠 이유가 없었다. 단지 시간이 약간 필요할 뿐이라는 걸 히틀러는 정확히 알고 있었다.

이해 11월의 총선거에서 나치당은 33.1%를 득표하여 당세가 다소 약화되었다. 그러나 독일을 이끄는 주도 세력들은 이미 마음으로 히틀러를 지지하고 있었으며, 대세는 누구도 막을 수 없었다. 1933년 1월, 그는 결국 독일 총리로 임명되었다.

1933년 2월에 그는 육군·해군 수뇌부와 회담하여 그들의 지지를 재확인하고, 이후에는 자본가들의 지지도 확보했다. 처방緣은 날이 갈수록 무르익었다. 군대가 이미 히틀러의 수중으로 들어오고, 주요 독일 자본가들 역시 그를 지지하고 있는 것이다. 누구도 그의 기세를 꺾을 수 있는 상황이 아니었다.

　또한 같은 해 2월 27일에는 국회 의사당 방화 사건(네덜란드 공산주의자의 소행으로 알려짐)을 이용해 공산당의 자유를 철저히 억압하고, 정적 집단에 대대적인 공권력을 행사했다.

　히틀러는 국민들이 원하는 것만 골라 강력히 집행했다. 승전국 프랑스 등 온 유럽이 독일을 바닥까지 빨아먹을 듯이 아귀처럼 달려들 때, 군부와 자본가를 앞세운 그는 강력하게 투쟁했다. 국민이 자존심을 원하면 자존심을 세워 주고, 국민이 투쟁을 원하면 앞장서서 싸워 주고, 국민이 유럽에 맞서기를 원하면 과감히 몸을 던졌다. 훈장을 받은 1차 대전 참전 용사 아돌프 히틀러, 승전국들의 착취에 지친 독일 국민들이 어찌 히틀러를 지지하지 않을 수 있었겠는가. 승전국들이 배상금이니 뭐니 하면서 돈과 물자를 빼내어 가고, 군대를 감시하고, 영토를 베어 먹을수록 히틀러는 더 큰 인기를 얻었다.

　역사가들은 이후에 벌어진 2차 대전의 참극이 프랑스 등 1차 대전 승전국들이 지나치게 의기양양 압박하고, 배상금을 너무 많이 뽑아 간 탓으로 해석하기도 한다. 우리 민족에게 더한 짓을 한 일본은 조선을 개발해 주고 계몽시켜 주었다고 자랑하는데, 유럽인들은 그런 철면피는 아니었다. 막상 2차 대전이 끝난 후, 유럽은 베르사유 조약 같은 무지막지한 탄압과 수탈이 아니라 독일을 재건하는 데 목표를 두었다. 덕분에 같은 시기에 더 악랄한 전쟁 범죄를 저지른 일본 역시 승전국인 미국으로부터 재건이라는 너그러운 처분을 받아, 오늘날까지도 죄의식을 갖지 못하고 있다.

## :: 독일인 43.9%가 히틀러를 부르다

1933년 3월 5일, 이러한 상황 속에 실시된 선거에서 나치당은 마침내 43.9%를 득표했다. 같은 해 7월, 히틀러는 보수파와 군부의 강력한 지지에 힘입어 반대파를 무자비하게 탄압하면서 일당 독재 체제를 확립했다. 반대파는 반민족 혹은 공산주의자라는 딱지를 붙이면 만사형통이었다.

일단 권력을 장악한 히틀러는 군부나 자본가, 대다수 양식 있는 독일인들이 바라던 그 히틀러에서 전혀 다른 히틀러로 살금살금 변신하기 시작했다.

그는 무엇보다 절대적인 독재권을 확립시켜 나갔다. 그러기 위해 자신이 만든 나치 돌격대 대장이자 군부의 불신임을 받고 있던 에른스트 룀[1155]을 체포하여, 1934년 6월 29일에 재판 없이 처형했다. 또한 슈트라서[0425]·슐라이허[0620] 등도 함께 죽였다. 나치 돌격대를 스스로 붕괴시킨 히틀러의 이 작전에 긴가민가하던 군부 일부 세력마저 히틀러를 열렬히 지지하기 시작했다. 그의 목표는 권력, 그러기 위해 그가 하지 못할 일은 아무것도 없었다. 이제 누구도 히틀러를 막을 수가 없었다.

히틀러는 자신이 어떤 씨앗인지 독일 국민들에게 다 보여 주지 않았다. 그가 어떤 씨앗(因)을 어떤 처방으로 길러 나가고 있는지 독일인들조차 알지 못했다. 그저 승전국인 프랑스, 영국 등으로부터 독일을 해방시켜 줄 영웅 정도로 인식할 뿐이었다. 독일이 패배주의에 빠져 있을 때, 마치 장기 불황에 빠져 모든 의욕을 잃어버린 패전국 일본 국민들에게, 항공모함과 가미카제로 미국을 공격하고 태평양 전선에서 돌풍을 일으켰던 그 일본, 그리하여 욱일승천하던 일본 제국주의 향수를 불 지피는 아베 신조처럼 그는 애국심을 이용한 것이었다. 그 애국심을 모아 무엇을 할 것인지 독일인들은 상상도 하지 못했다.

1934년 8월 2일, 히틀러의 유일한 걸림돌이던 힌덴부르크 대통령마저 죽자 그는 대통령제를 폐지해 버렸다. 그러고는 자신이 총통 겸 총서기로 취임했다. 누구도 불만이 없었다. 불만을 가져 봐야 쥐도 새도 모르게 제거될 뿐이었다.

이제 히틀러가 그토록 꿈꿔 오던 1차 목표인 독일 권력을 확실히, 강력히 장악한 것이다. 이제 이 결실을 새로운 씨앗으로 삼은 히틀러가 어떤 처방을 붙일 것인가가 문제다. 아무도 알아보지 못하던 그의 본색이 드러날 차례다.

히틀러의 지배 아래 독일은 준전시 경제 체제를 수립했다. 자급자족 정책 확립, 실업자 감소, 사회 보장 정책 실시, 특히 신분제에 따른 특권 폐지, 각종 구습 및 제도 폐지, 그리고 중하 계급 출신 청년들을 지배 기구로 충원시키는 등 국가 개조를 야심 차게 밀어붙였다. 그럴수록 히틀러에 대한 대중의 인기는 하늘 높은 줄 모르고 치솟았다. 히틀러가 나타나면 독일 국민은 열광했다. 무기력하던 패전 국가 독일을 이처럼 빠른 시간 안에 부흥시키기란, 히틀러가 아니면 불가능하다고들 했다. 그러나 이 정도가 히틀러가 바라던 목표果는 아니었다.

갈수록 그의 독재 정치는 강화되었고, 그럴수록 국민 생활은 획일화되었으며, 언론·집회의 자유를 비롯한 각종 자유가 사라졌고, 히틀러의 반대파는 아무도 모르게 강제 수용소에 수용되거나 비밀리에 살해되었다. 설사 이런 소문이 돌아도 국민들 대부분은 '히틀러를 반대하는 승전국 앞잡이들의 헛소리'라며 히틀러를 믿었다.

한편 히틀러는 외교 면에서도 눈부신 성공을 거두었다.

우선 1933년 10월에 국제 연맹에서 탈퇴했다. 그리고 1934년 1월에 폴란드와 불가침 조약을 맺어 외교적 고립에서 한발 벗어났다. 1935년 1월에는 프랑스가 멋대로 점령했던 자르 지방의 국민 투표에서 대승하여, 자르 지역 영유권을 회복했다. 또 같은 해에 히틀러는 베르사유 조약의 군사 제한 조항을 마음대로 해석하여, 그간 묶여 있던 징병제를 부활시켰다. 할 테면 해 보자는 배짱이었다. 이걸 일본 총리인 아베 신조가 배워 가지고 한국과 중국을 향해 큰소리쳐 가며 재무장에 나서고 있는 것이다.

6월에는 영국-독일 해군 협정을 체결하여 독일 해군을 증강했다(영국은 히틀러라는 인물因이 무슨 일緣을 벌이고 있는지 전혀 알지 못했다. 장차 끔찍한 2차 대전果으로 발전할 줄은 조금도 인지하지 못했다. 안 그러면 독일 해군 증강에 왜 협조했겠는가. 독일은 1차 대전 때에 영국 해군 때문에 졌다고 보고, 일단 협정을 맺어 놓고 몰래 전쟁을 준비했던 것이다. 이처럼 죽는 줄도 모르고 죽는 게 인연의 법칙이다).

1936년 3월에는 로카르노 조약을 파기하고 라인란트 지역의 재무장을 강행했다. 도둑질하고 깡패질을 하다 혼나긴 했으나, 하도 야단을 맞다 보니 그것에도 지쳐 결국 반격을 시작한 것이다.

이에 따라 독일 내에서는 반(反)히틀러 운동이 거의 힘을 잃어버렸다. 1938년 3월의 독일의 오스트리아 합병, 같은 해 9월의 체코슬로바키아에 관한 뮌헨 협정으로 그의 인기는 절정에 이르렀다. '불세출의 영웅', '일찍이 없던 위인'이 바로 아돌프 히틀러를 가리키는 당시 언론의 수사였다.

이러한 히틀러의 외교적 성공의 배후에는, 이탈리아를 비롯한 영국·프랑스 등의 복잡한 이해관계에 따른 지지 또는 묵인이 작용하고 있었다. 머지않아 피를 흘려 가며 싸워야 할 적들이 도리어 히틀러라는 씨앗을 기르는 처방으로 작용하고 있었던 것이다.

하긴 사람의 마음이란 누구도 알 수 없어서 종종 이런 실수를 하게 마련이다. 미국이 끝내 체포하여 재판에 회부한 사담 후세인[0120] 이라크 대통령도, 저 옛날 이란–이라크 전쟁 시절에는 미국의 든든한 동반자요 밀월 관계였다잖은가. 미국과 일본도 한때는 조선과 필리핀을 사이좋게 나눠 먹는 동반자였지만, 결국 태평양 전쟁으로 맞붙어 피차 엄청난 살육전을 벌였다. 그런데도 미국은 겨우 전범국인 일본이 중국을 물어뜯겠다고 날뛰니까, 그게 고마워서 흠흠 하며 어깨를 두드려 주는 것 아닌가.

히틀러는 그가 발견하는 권력의 모든 씨앗에 한결같은 처방을 붙여 나갔다. 정치·경제·군사·과학 등 다방면에 걸쳐 그는 일제히 씨를 뿌리고, 일제히 길러 나갔다.

1937년 11월 5일, 히틀러는 군부와 정부의 수뇌들을 모아 은밀히 전쟁 의지를 표명했다. 반대자는 별로 없었다. 전쟁하자는 아베 신조를 반대하는 정치인들이 별로 없는 것처럼, 독일인들은 1차 대전의 패배를 설욕하자는 꾐에 넘어가 버렸다.

1938년 2월 4일, 이들 가운데 전쟁을 주저하는 사람들을 전격적으로 파면한 히틀러는 자신이 국방 장관을 겸직하면서 군부를 더 확실히 장악했다.

여기서부터 히틀러는 자기 자신이 만든 씨앗을 잘못 읽고 말았다. 그가 일으켜 세운 독일이라는 씨앗에 전쟁이라는 처방을 붙이면, 전 유럽을 장악하는 초대형 결실果을 거둘 수 있으리라고 오판한 것이다.

독일이 대유럽 제국의 주인이 되는 무지막지한 꿈을 꾼 것이다. 그가 만일 전쟁을 일으키지만 않아도 독일은 부국강병 국가로서, 유럽에서 외교적인 주도권을 잡거나 중심 국가로 성장할 수도 있었다. 독일인들은 그렇게 행복하게 살 수도 있었다. 그런데 그는 불확실한 결실 果을 믿고 엉뚱한 인연을 붙여 버린 것이다.

1939년 9월 1일, 그는 독일 국민의 맨 꼭대기, 바로 그곳에 자신이 서 있다고 믿었다. 자신의 능력을 시험해 보고 싶었는지도 모른다. 그는 불시에 폴란드를 침공하였다. 처음에는 가까운 나라 한두 개만 시험적으로 칠 생각이었는지 모른다. 하지만 그가 만족하기에 폴란드는 그리 큰 나라가 아니었다.

이듬해인 1940년 5월, 자신감이 넘친 그는 기습적으로 프랑스에 쳐들어갔다. 베르사유 조약으로 고생한 독일군들은 신나게 전선을 짓쳐 달려갔다. 프랑스는 간단히 무너졌다. 통합 유럽의 지배자가 되는 날도 머지않은 듯했다.

그러나 1941년에는 히틀러가 너무 자신만만한 나머지 그만 실수를 저지르고 말았다. 그 정도에서 멈추었어도 그는 위대한 독일 지도자로 남았을지 모른다. 하지만 그는 전 유럽을 손에 넣고 싶었다. 그의 꿈은 독일인들이 총동원되어도 감당하기 어려운 것이었다. 그러자니 배후의 소련을 그냥 둘 수 없었다. 제정신을 가진 군 수뇌부는 소련만은 그냥 두자고 건의했지만, 아돌프 히틀러는 이미 조증(躁症)이 극에 달해 있었다. 뭔가 하지 않으면, 힘차게 뛰지 않으면 쓰러질 것만 같은 승리 도취증에 푹 빠져 있었다.

소련을 침공한 독일군 제6군단은 1942년 말, 눈보라와 강추위에 시달리던 중 스탈린그라드(지금의 볼고그라드)에서 포위되었다. 그때까지도 아돌프 히틀러는 승리 외에는 다른 말이 없는 줄 알고 기세가 등등했다. 그는 후퇴 금지령을 내렸다. 끝까지 싸워 소련군에게 이기라는 명령이었지만, 독일 제6군단 장병 22만 명은 죽거나 포로가 되거나 달아나거나 하던 끝에 완전히 괴멸되었다.

히틀러는 애초부터 유럽인들을 독일이라는 우산 아래 하나로 만들 생각이 전혀 없었다. 아마도 그는 전 유럽에 순수한 게르만 족을 퍼뜨릴 야심까지 가지고 있었는지도 모른다. 점령지에서마다 가혹한 정책을 펴서 민심을 완전히 이반시켜 놓았다. 포로는 수용소로 이송시키거나, 그것도 귀찮으면 현지에서 사살해 버렸다. 유대인은 죄가 있건 없건 보는 대로 잡아서 수용소에 가둬 놓고 강제 노동을 시키거나, 일거리가 없으면 가스실로 보내어 집단 살해했다. 그는 적들의 민심을 살 생각을 하지 않았다. 1차 세계 대전 패배 이후에 독일을 뜯어먹은 전 유럽에 대한, 철저한 복수만 있을 뿐이었다.

히틀러의 명령에 따라 독일군은 점령지 국민들에게서 무자비하게 수탈하고, 일절 자치를 허용하지 않았다. 프랑스인이든 네덜란드인이든 독일군에 협력하는 것 따위는 바라지도 않았다. 그럴수록 어차피 죽거나 압제에 시달릴 수밖에 없는 유럽인들은 전 유럽에 걸쳐 레지스탕스 운동을 격렬하게 전개하였다. 일본이 친일파를 앞장세워 조선인들끼리의 분열을 도모하고, 조선인 등을 징발해서 최전선의 총알받이나 전투 요원으로 써먹은 것과는 판이하게 다르다. 독일군은 처음부터 유럽인들과 타협할 생각조차 없었다.

이런 중에도 독일 내에서는 히틀러의 이민족 억압 및 착취 정책에 대한 비난은 거의 일어나지 않았을 뿐만 아니라, 오히려 독일의 주요 지배 계급은 전쟁 말기까지 히틀러의 전쟁 수행에 적극 협력했다. 수백만 명의 유대인을 참혹하게 살육해도 독일인들은 침묵했다. 베르사유 조약으로 너무 심한 고통을 겪었기 때문에 독일 전체가 유럽인들에 대한 증오심으로 가득 차 있었다. 일본이 넘치는 힘을 자랑하다가 제 풀에 겨워 원자탄을 두 발씩이나 맞고 무조건 항복한 것에 비하면, 독일군은 유럽인들에게 갚아야 할 원한과 증오심을 두 손에 꼭 쥔 채 전선에 나갔던 것이다.

히틀러는 모든 타협과 비난을 배척하고 최후까지 전쟁을 독려했으나 결국 패배하고, 1945년 4월 30일에 베를린의 총통 관저 지하에서 음독 자살했다(고 한다). 강화를 맺을 기회가 있었으나 거부하고, 항복할 기회가 있었으나 거부하고, 그는 마침내 쓰레기나 다름없는 시신이 될 때까지 연합군에 대항했다. 유럽과 유대인에 대한 증오심이 그와 독일군을 그렇게 만들었고, 1차 세계 대전 패배에 따른 대가가 너무 가혹했던 탓이기도 했다.

잘못된 처방은 반드시 악과(惡果)를 맺고, 이는 화(禍)로 돌아오게 돼 있다.

인연의 법칙으로 보자면 히틀러는 수많은 처방으로 만들어진 결실일 뿐이다. 전쟁 배상금을 갚느라 허리가 휜 패전국 독일인들의 분노, 1차 대전 패전으로 손발이 잘린 채 속을 부글부글 끓이던 군부, 비싼 이자를 받아먹으며 돈놀이하던 부유한 유대인들이 아돌프 히틀러를 기른 처방緣이었다.

이런 일은 얼마나 많은가. 대통령을 지켜야 할 차지철 경호실장이 안기부장 김재규를 약 올려 저도 죽고 대통령도 죽게 한 것, 이것이 인연의 법칙이다. 당구대 위에서만 공이 굴러다니는 게 아니라, 사람과 사람 사이에서도 인연의 공이 쓰리쿠션으로 굴러다닌다.

사담 후세인[0120]을 이라크의 영웅으로 만든 처방緣은 아이러니지만, 미국이 준 것이다. 김대중[1105]을 키워 준 이緣는 박정희[0555]와 김종필[0105]이고, 김영삼[0405]을 키워 준 이緣는 전두환[0705]과 노태우[0840]와 김종필이다. 이회창[1125]을 키워 준 이緣는 김영삼[0405]이고, 노무현[1040]을 키운 이緣는 김영삼과 김대중이다.

정도전에게 이성계를 붙여 준 사람은 정몽주인데, 정몽주는 이성계의 아들에게 맞아 죽었다. 이하응은 참한 며느리 민자영[1155]을 직접 뽑았지만, 그 며느리와 정권 투쟁을 벌이다 시아버지와 며느리가 동시에 몰락했다. 누가 누구를 탓하랴.

## 15
# 국가도 미치는가?

### :: 누명의 대명사, 알프레드 드레퓌스

드레퓌스[0745] 사건은 국가 권력의 횡포를 논할 때면 꼭 등장하는 희대의 사건이지만, 이 문제를 잘 들여다보면 이 역시 복잡한 인연의 법칙으로 전개되었다는 걸 알 수 있다. 주인공인 드레퓌스 자신은 도대체 왜 이런 악운이 자신에게 닥쳤는지, 무거운 무쇠 족쇄를 찬 채 독방에서 수없이 고민해 봐도 그 이유를 알지 못했을 것이다. 하지만 거기에도 씨앗이 뿌려지고, 자기도 모르는 처방이 붙는다.

알프레드 드레퓌스는 1859년 10월 10일에 독일 국경에 가까운 프랑스 변방, 알자스에서 태어났다. 그가 원한 것은 아니지만 그는 하필 유대인이 미움을 받던 시절에 그 유대인으로 태어나고, 아버지는 남들이 싫어할 만큼 부유한 방직 업자였다. 잘 먹고 잘사는 집안이었다. 그 당시의 유대인들이 그랬던 것처럼, 그의 아버지도 가난한 프랑스 처녀·총각들을 데려다 저임금으로 혹사시키며 방직 공장을 운영했을 것이다.

"혹사라니! 난 실업자들에게 일자리를 준 것뿐이야. 일자리 얻으려고 줄 서 있는 저 실업자들 안 보여?"

아버지 드레퓌스는 이렇게 변명했을 것이다. 노동자가 동의할 수 없는 적은 급료를 주었다면, 그것은 임금 착취다. 근로 계약은 쌍방이 만족해야 하는데, 1970년에 전태일은 하루 14시간 노동 시간을 10~12시간으로 줄여 달라는 요구가 관철되지 않자 '우리는 기계'가 아니라며 분신 자살했다. 그런데 19세기 중반의 프랑스 사회가, 특히 돈 밝히기로 유명한 유대인 사장이 그랬을 리 만무하다.

어쨌거나 이런 사정을 모르는 드레퓌스는 부유한 집안에서 남부럽지 않게 자랐다. 세상 사람들은 다 그렇게 행복한 줄 알았을 것이다.

그런데 그가 열한 살 되던 1870년, 보불 전쟁(프로이센–프랑스 전쟁)에서 프랑스가 패배하면서 그의 고향인 알자스는 독일 영토로 병합되고 말았다. 알퐁스 도데[1225]의 소설인 『마지막 수업』에 나오는 사건이다. 이때 그는 정치가 개인의 삶에 얼마나 큰 영향을 미치는지 깨닫고 군인이 되기로 결심했다.

드레퓌스는 말수가 적고 매우 성실하지만, 한편으로 재미가 없고 고지식한 성격이기도 했다. 그는 학교 생활과 군 생활에서 유대인이라는 이유로 여러 가지 차별과 모욕을 당했지만, 프랑스에 대한 사랑과 군에 대한 충성심으로 모든 어려움을 이겨 냈다. 너무나 '아름다운 세상'에서 행복하고 부유하게 자라 거짓말이 뭔지, 폭력이 뭔지, 음해와 모략이 뭔지 전혀 모르는 그는 마냥 사람들을 좋아하기만 했을 것이다. 사람 좋은 그는 마침내 프랑스군 참모 본부의 수습 참모로 등용되었다. 하지만 그가 '부유한 유대인'이라는 태생적인 이 씨앗[禍]은 바이러스처럼 그의 핏줄 깊숙이 잠복했다. 2차 대전 때에 아무 죄도 없이 단지 유대인이라는 이유로 죽어 간 수백만 명의 사람들처럼, 그 비극이 언제 닥칠지 모를 위험이 그림자처럼 그를 따라다녔다.

그가 31세가 된 1890년에 대위가 되고, '루시 아다마르'라는 유대인 여성과 결혼했다. 드레퓌스는 잘 인식하지 못했지만, 유대인은 유대인 끼리만 결혼하는 풍습도 일반 프랑스인들 눈에는 마땅치 않았다. 드레 퓌스는 프랑스인들이 유대인을 어떻게 여기는지 잘 느끼지 못했다.

## :: 부유한 유대인, 그게 당신들의 죄목이다

드레퓌스는 어쨌든 자식들을 낳고 행복하게 살았다. 하지만 그들이 아무리 행복해도 그들에게는 피할 수 없는 씨앗因, 즉 '부유한 유대인, 더구나 프랑스 장교'라는 위험을 품고 있어야만 했다.

부유한 유대인 출신인 프랑스군 대위 드레퓌스, 겉으로는 아무 문 제가 없어 보였다.

그러던 어느 날, 그는 간첩 혐의로 체포되어 구금되었다. 그로서는 전혀 예측하지 못한, 상상하지도 못한 날벼락이었다.

사정은 이러했다.

1894년 9월 어느 날, 프랑스군 정보국은 프랑스 주재 독일 대사관 의 우편함에서 편지 한 통을 훔쳐 냈다. 이 편지의 수취인은 독일 대사 관 무관, 발신인은 익명, 내용은 프랑스 육군 기밀 문서였다. 엄청난 사건이었다.

하지만 결론은 엉뚱하게 났다. 편지에 쓰인 글씨가 드레퓌스 대위 필체와 비슷하다는 것이었다. 그도 그럴 것이 이 사건을 수사한 사람 은 조세프 앙리[0610] 중령이고, 그는 바로 정보국에서 진범인 페르디낭 에스테라지[0760]와 함께 근무한 적이 있는 그의 친구였다.

드레퓌스는 영문을 알 수 없는 상황에서 1894년 12월, 군사 법정 에서 비밀 재판을 받았다. 간첩 혐의인 만큼 그는 종신형을 받았다. 군사 법정이었으므로 그가 간첩 혐의로 종신형을 선고받았다는 짤막한 보도만 있었을 뿐, 어떤 증거도 제시되지 않았다.

죄수 호송선에 오른 그는 1895년 3월 15일에 프랑스령 기아나 앞바다의, '악마의 섬'이라는 악명 높은 범죄자 수용소로 이감되었다.

세상에 이럴 수도 있는가. 이 억울하고도 엄청난 사건을 두고 프랑스에서는 전혀 다른 여론이 일었다. 프랑스 언론들은 드레퓌스의 종신형 선고를 대대적으로 환영했다. 특히 에두아르 드뤼몽[0420]이 편집자로 있던 신문 『리브르 파롤』은 드레퓌스를 불충스러운 프랑스 유대인의 상징으로 만들어 마음껏 조롱했다.

이 신문에 실린 드뤼몽의 글을 보자.

프랑스 대혁명으로 득을 본 이들은 오직 유대인뿐이다. 모든 것이 유대인에게서 시작하여 유대인에게서 끝을 맺는다. 이 땅의 주인이었던 우리가 단결된 이 소수 민족에 정복당하여, 이들에게 종속된 농노로 전락했다는 작금의 현실은 누구도 부정할 수 없다…. 그들이 지배하는 방대한 금융 시스템에 정복되어 우리 민족 전체가 수탈을 당하고 있는 것이다. 추측하기도 힘든 막대한 유대계 자산들, 성채들, 유대인이 소유한 저택들은 그들이 땀 흘려 노동하고 뭔가를 생산해서 모은 재산이 아니다. 그것은 모두 우리 민족에게 노예의 족쇄를 채워 강탈한 금은보화들 이외에 아무것도 아니다. 공개된 재산만 해도 30억 프랑에 달한다는 저 암셀 메이어 로스차일드[1110](이스라엘 독립 자금을 대고, 이후에 세계 정치의 유대인 트러스트를 조직한 로스차일드 가문의 시조) 가의 프랑스 일족도 우리나라에 처음 왔을 때에는 그만한 돈이 없었다. 빈손으로 왔던 그들은 뭔가를 발명해 내지도 않았고, 무슨 광산을 발견한 것도 아니며, 땅을 일구면서 노동한 것도 아니다. 결국 이들은 프랑스인들로부터 30억 프랑을 챙긴 셈이다. 유대인들의 막대한 부(富)라는 것은 타인의 노동을 착취하는, 동일한 수법을 통해 축적된다. 유대인들 덕택으로 과거에는 별 대수롭지 않은 것으로 여겨졌던 돈이, 오늘날 기독교인들의 세상에서 '모든 것'이 되어 버렸다. 대자본을 독점하고 있는 극소수는 그들의 의지대로 한 국가와 민족의 경제를 농단하고, 그들의 노동을 착취하며, 일하지 않고 벌어들인 불의(不意)한 이윤으로 황제들처럼 산다.

드뤼몽의 글에 드레퓌스 이야기는 한 마디도 없다. 오로지 유대인에 대한 비난뿐이고, 그래서 유대인인 드레퓌스는 유죄라는 뜻이다.

프랑스 독자들은 이러한 글에 무한한 신뢰를 보냈다. 그도 그럴 것이, 1888년에 수에즈 운하에 관련된 금융 부정 사건이 일어나 수많은 정치인·신문사·기업인들이 연루되어 회사가 파산하고, 관련자들은 자살하거나 도망가는 엄청난 사건이 일어났는데, 안타깝게도 운하 회사 운영진 중 유대인이 여러 명 끼어 있었다. 또한 워털루 전쟁에서 프랑스와 영국, 양쪽에 전쟁 비용을 대어 주고 이익을 챙긴 것도 그들이었다. 따라서 드뤼몽의 호소는 프랑스 국민들을 격동시킬 만한, 충분한 조건을 넉넉히 갖추고 있었다.

문제는 다른 것이다. 드뤼몽의 기고문은 드레퓌스에 대해서는 한마디 없이, 오로지 유대인 얘기로 가득 채웠다는 것이다. 도대체 무슨 사건인지조차 알 수 없게 만들었다. 이것이 언론의 맹점이다. 김대중을 비판해야지 김대중의 잘못을 들어 전라도 사람들을 비판할 이유가 없으며, 김종필을 비판해야지 김종필의 잘못을 들어 충청도 사람들을 비판할 이유가 없다. 사람을 사람으로 보지 않고 툭하면 노빠, 386, 수구 꼴통, 딴나라당이라면서 휙 가면을 씌워 버린다. 같은 가면을 쓴 사람들은 공장에서 찍어 낸 로봇인 줄 착각하게 유도한다. 드레퓌스 사건에 대해서는 단 한 줄도 안 들어간 글이지만, 이 기고문을 읽은 프랑스인들은 드레퓌스에 대한 종신형 선고를 대대적으로 환영했다. 이성을 가진 인간으로서 이럴 수는 없지만, 드레퓌스의 '아름다운 세상'은 그렇게 돌아간다.

드레퓌스로서는 참으로 이해할 수 없는 사건이었다. 자신을 잘 알지도 못하는 사람들이 "드레퓌스는 원래 파렴치범이었다.", "능지처참하라!", "단두대로 목을 잘라라!" 등 별의별 비난을 쏟아 내는 게 도무지 이해가 되지 않았다. 정작 드레퓌스의 변명은 들어 보려고도 하지 않았다. 아니, 묻지도 않았다. 온통 유대인을 잡아먹을 듯이 으르렁거리는 기사뿐이었다. 드레퓌스는 유대인의 다른 명칭일 뿐이었다.

살다 보면, 특히 후진국이나 공산국, 일제에서 해방되었지만 여전히 친일파들이 장악한 나라 등에서는 이렇게 갑작스런 사건을 종종 겪을 수 있다. 누구나 크고 작은 오해를 받을 수 있고, 혐의를 해명할 길이 없어 그냥 뒤집어쓸 수밖에 없는 경우도 있다. 그냥 독재자 마음대로 죄를 덮어씌우고, 판사는 사형을 선고하고, 그러자마자 기다렸다는 듯이 사형시킨 민청학련 사건이 일어난 게 1974년이니 19세기 중반의 프랑스에서 무엇을 기대하겠는가.

이런 경우에도 이 갑작스럽고 황당한 사건의 씨앗[因]이 무엇이었는지는 곰곰이 생각해 보아야만 한다. 그렇지 않으면 사건이 해결될 수가 없다.

드레퓌스도 물론 깊이깊이 생각해 보고 또 생각해 보았다. 그래도 알 길이 없었다. 자신이 왜, 무슨 이유로 간첩이 됐는지 도무지 상상이

가지 않았다. 물론 그것이 그의 한계였다. 사람들은 종종 자신의 삶을 너무 당연한 것으로 여기는 실수를 한다. 원래 부자였고 원래 행복했고 원래…, 이렇게 합리화한다.

그런 중에 미묘한 변화가 생겨났다. 군 정기 인사에 따라 1895년 7월 1일에 정보국 책임자로 조르주 피카르 중령0240이 부임하고, 그간 드레퓌스를 범인으로 만든 앙리 중령이 다른 곳으로 전출되었다.

피카르 중령은 드레퓌스와 군사 전술 학교 동창생으로 정의감과 책임감이 투철한 장교였다. 피카르도 처음에는 동창생인 드레퓌스가 악질 간첩이라 믿고 아무것도 의심하지 않은 채 일상 업무에 열중했다. 하지만 1896년 4월, 피카르 중령은 우연한 기회에 드레퓌스 사건 서류철을 정리하다가, 아무리 살펴봐도 유죄가 될 만한 증거가 하나도 없다는 걸 알고 깜짝 놀랐다. 더럭 의심이 생긴 그는 문제의 편지 필체를 다시 조사했다. 그러고 보니 편지를 쓴 주인공은 전에 정보국에 근무하다가 보병 대대장으로 전출 간 에스테라지0760 소령이라는 사실을 알아냈다.

여기서부터 문제가 복잡해지기 시작한다. 피카르는 결코 타협하거나 불의에 복종하지 않는 인물, 자신의 신념에 따라 그리고 확실한 대의명분에 따라 일을 일로만 대하는 인물이었다. 유대인이니 프랑스인이니 하는 분별이 그에게는 없었다.

피카르는 자신의 임무에 따라 이 사실을 상부에 보고했다. 진범은 에스테라지 소령이며, 드레퓌스에게는 혐의가 없다는 내용이었다. 보고를 받은 참모 본부의 앙리 중령은 피카르에게 이미 끝난 일을 들추지 말라며 경고하고, 쓸데없는 일에 나서면 재미없다고 협박했다. 그러고서 도리어 에스테라지와 짜고, 드레퓌스에 대한 증거를 뒤늦게나

마 조작해 두었다.

앙리의 오판이었다. 피카르는 결코 굴복하지 않았다. 그는 드레퓌스의 무죄를 증명하고, 진짜 간첩인 에스테라지를 처벌하기 위해 분연히 일어섰다. 드레퓌스의 아내인 루시와 그의 형인 마티외를 찾아가 이 사실을 알리고, 알 만한 주변 사람들에게 이런 사실을 알리기 시작했다. 마티외는 교묘한 언론 플레이로 이 사건의 자료를 공개하라고 촉구했다. 하지만 군부는 '간첩 증거물을 공개하면 독일과 전쟁이 일어날지도 모른다'며 일절 대응하지 않았다. 전쟁? 어디서 많이 들어 본 소리 아닌가.

프랑스 국민들은 그제야 뭔가가 있다는 걸 어렴풋이 짐작했다. 그래도 드레퓌스가 유대인이라는 사실이 바뀌는 건 아니다. 국민들 중 상당수는 그 유대인이 진범이기를 간절히 바랐다.

국론은 자연히 두 갈래로 갈라졌다. 드레퓌스는 틀림없는 범인일 것이라는 측과 무죄라는 측, 그러나 무죄라는 측의 목소리가 낮았다. 그만큼 유대인에 대한 증오심이 크고, 보불 전쟁 이후로 군부에 대한 기대가 컸다. 이들의 목소리, 즉 드레퓌스가 진범이라고 막연히 확신하는 세력은 공화제와 프랑스 혁명의 이념에 반대하는 왕정복고주의자와 옛 귀족, 드레퓌스를 감옥으로 보낸 군부, 반유대주의에 몰두한 과격 가톨릭주의자, 보수 정치인, 군국주의자 및 대부분의 보수 언론들이었다. 유신 시절의 민주화 운동 사건이 아닌데도 무늬가 이리도 비슷한지 모르겠다.

이들은 재심 반대의 깃발을 높이 쳐들고, 이미 종신형을 선고받은 드레퓌스를 절대 사면해서는 안 되며 더 엄중한 처벌을 가하라고, 말하자면 당장 사형시키라고 군중을 선동했다. 이들은 한술 더 떠 유대인의 음모를 경고하고, 국가 안보를 위해 군을 격려하자고 나섰다. 이들 대부분은 드레퓌스라는 개인을 처벌하는 게 아니라 유대인을 처벌한다는 사실에 환호했던 것이다.

## : : 씨앗은 기어이 싹을 틔운다

피카르 중령의 호소에 귀를 기울이는 사람이라고는 몇몇 지식인과 법률가, 공화주의자와 일부 진보 정치인과 소수의 신문들뿐이었다. 그러다가 구경만 하던 사회주의자와 노동자 계급이 정치 호기로 보고 뒤늦게 가담했다. 또 이 소식이 외신을 타면서 미국과 러시아, 유럽 등 세계의 지식인들도 드레퓌스 사건을 재조사해야 한다고 주장했다.

문제는 복잡해지기 시작했다. 이 사건을 처음 맡았던 앙리 중령은 자신에게 화가 미칠 것을 두려워하여, 몇 가지 새로운 문서들을 조작해 드레퓌스의 유죄를 확실히 했다. 새로운 책임자인 피카르가 군법 회의에 이 사건을 이첩했지만, 군법 회의는 에스테라지를 불러 몇 가지 형식적인 질문만 하고는 곧 만장일치로 무죄로 결정하여 풀어 주었다. 대신 1898년 1월 13일에 피카르 중령을 체포하고, 2월 26일에는 그를 해임시켜 더 이상 수사를 하지 못하도록 막았다. 국가도 이처럼 미칠 수 있고, 미친 국가의 폭력은 이처럼 무지막지한 것이다.

이러한 사실은 전 세계 신문에 대서특필되었다. 전 유럽의 신문들은 '이제 프랑스는 존재하지 않는다'고 애도했다. 프랑스인들이 유대인에 화가 나서 드레퓌스를 범인으로 몰아갔듯이, 영국이나 독일·미국 등 여러 주변국들은 프랑스라는 나라가 싫어서 또 반대 진영에 서는 일도 있었다.

한편 드레퓌스를 옹호해 온 정치인인 '호랑이', 조르주 클레망소[0145]는 이 신문들을 읽으면서 울음을 터뜨렸다. 자유와 지성의 나라, 프랑스는 전 세계의 조소를 한 몸에 받는 신세로 전락했다. 한 젊은 신문 기자는 "사기꾼들이 사기를 예찬하고, 협잡꾼들이 협잡의 기념비를 세웠다." 하고 개탄했다. 유신 시대와 군부 독재 시대에 대학가에 은밀히 뿌려지던 전단지 내용이 아니다.

1898년 2월 28일, 소설가인 에밀 졸라[1215]는 클레망소가 펴내는 『여명』지에 '나는 고발한다'라는 제목으로 공개 서한을 발표했다. 이 신문은 그날 저녁까지 20만 부가 팔렸다. 졸라는 군부가 드레퓌스 사건을 잘못 재판한 사실을 숨기고 있으며, 군부의 명령으로 진범인 에스테라지를 풀어 주었다고 고발했다.

미국 작가인 마크 트웨인[0755]도 『뉴욕 헤럴드』지를 통해 에밀 졸라를 지지했다.

나는 졸라를 향한 존경과 가없는 찬사에 사무쳐 있다. 저 군인과 성직자 같은 겁쟁이, 위선자, 아첨꾼들은 한 해에도 백만 명씩 태어난다. 그러나 잔 다르크나 졸라 같은 인물이 태어나는 데는 5세기가 걸린다.

하지만 에밀 졸라의 목소리는 여전히 소수였다. 도리어 그는 군법회의를 중상모략했다는 혐의로 기소되어, 1898년 2월 7일에 징역 1년형과 벌금 3,000프랑을 선고받았다. 진실을 주장하다 죽어 간 사람이 역사에 허다한데, 그나마 징역 1년은 가벼운 처벌이다.

그럴수록 프랑스의 반유대주의는 더욱 기승을 부렸다. 에밀 졸라를 죽이겠다는 협박이 쉬지 않고 들어오고, 유대인을 죽이거나 유대인 가게에 불을 지르는 사건들緣이 일어났다.

3월 5일에는 사건을 조작한 앙리와 진실을 밝히려는 피카르가 크게 싸움을 벌이기도 했다. 7월 13일에 군부는 '악질 선동 분자' 피카르를 또 체포했다.

사건이 이 지경으로 흘러가자 에밀 졸라는 하는 수 없이 조국인 프랑스를 버리고 영국으로 망명했다. 에밀 졸라가 불의에 굴복하자, 기세가 오른 프랑스인들은 엉뚱하게도 유대인 상점에 대한 불매 운동을 대대적으로 벌이기 시작했다. 이들이 처음부터 유대인에 대한 반감으로 이 사건을 대했음이 적나라하게 드러난 것이다. '드레퓌스 대위인지 중위인지 하는 놈'은 어찌되든 알 바가 아니었다.

비록 피카르가 투옥되고 에밀 졸라가 망명하면서 드레퓌스 무죄파들의 기세는 사뭇 수그러들었으나, 이 사건의 본질은 생생하게 살아있었다. 씨가 살아 있는데 덮는다는 게 무슨 의미가 있는가. 씨앗이 있는 한 기어이 싹이 트고 만다.

그간 드레퓌스를 비난하는 데 앞장서 온 『르 마탱』지가, 이 사건의 발단이 된 문서를 입수해 신문에 전격적으로 게재했다.

이 문서를 본 사람들 중 사건의 열쇠를 쥔 사람이 두 명 나타났다. 하나는 독일 무관인 슈바르츠코펜으로, 그는 바로 에스테라지의 독일 측 접선책이었다. 그는 그 필적이 바로 에스테라지의 것이라는 걸 알고 깜짝 놀랐다. 하지만 그는 독일을 위해 간첩질을 한 에스테라지를 보호하려고 침묵으로 일관했다. 당연하다.

또 한 사람, 에스테라지의 친구면서 증권 브로커로 일하던 사람이 드레퓌스의 형인 마티외를 찾아와, 명세서의 필적이 에스테라지의 것임이 틀림없다고 증언했다. 아마도 이 브로커는 에스테라지에게 사적인 유감이 있었을 것이다. 세상은 이처럼 복잡한 인연 관계로 물고 물리면서 돌아간다. 마티외는 증인이 생기자마자 즉시 에스테라지를 범인으로 고발했다.

1898년 8월 30일, 에스테라지가 범인이라는 여론이 비등해지자 도저히 진실을 뿌리칠 수 없다고 판단한 앙리 중령은 불명예를 감당하지 못한 채 자살하고 말았다. 그러자마자 에스테라지 역시 더 이상 버틸 수 없다는 사실을 알고 재빨리 영국으로 밀항해 버렸다. 그러고는 영국 땅에서 의기양양하게 진실을 밝혔다.

"나는 이중 첩자였습니다. 그래서 상부의 명령을 받고 독일의 기밀을 탐지하기 위해 독일 무관에게 접근했던 것입니다."

마침내 진범이 밝혀진 것이다. 1899년 6월 3일, 프랑스 고등 법원은 5년 전인 1894년 12월의 재판이 무효임을 선언하고 재심을 명령했다.

하지만 재심에서도 참모 본부 장교들은 계속 거짓 증언을 했고, 군사 법원은 명백히 무죄임이 드러난 드레퓌스에게 '정상 참작'이라는 같잖은 이유를 붙여 금고 10년의 유죄 판결을 내렸다. 무죄지만 유죄라는 우스꽝스런 판결이다. 이런 식으로 판결하는 사람들이 어디 프랑스에만 사는 게 아니니 늘 주변을 조심해야 한다. 민청학련 사건, 인혁당 사건은 드레퓌스보다 더하면 더하지 조금도 덜하지 않으니 말이다. 하긴 그런 판결문을 아무 생각 없이 받아 적는 언론도 있으니 아주 조심할 일이다.

## :: 범죄자는 드레퓌스가 아니라 프랑스였다

드레퓌스의 무죄를 주장하는 지식인들은 이 말도 안 되는 판결에 경악했다. 이때 영국에서 돌아와 있던 에밀 졸라는 다시 한 번 펜을 들었다. 그리고 펠릭스 포르 대통령[1205]에게 공개 서한을 보냈다. 그리고 강력한 비판문과 함께 전에 기고한 적이 있는, 용기 있는 신문인 『여명』지에 공개했다.

대통령 각하, 이 역겨운 드레퓌스 사건이 당신의 이름에 묻힌 오점을 보십시오. 이것은 진실과 정의를 파괴하는 최악의 오점입니다. 프랑스는 더럽혀졌고, 역사는 당신의 정권 아래서 이 같은 반사회적인 범죄가 저질러졌다고 기록할 것입니다.

이것이 정상 참작이란 말인가? 이것은 피고에 대한 정상 참작이 아니라 재판관들에 대한 정상 참작이라고 해야 할 것이다. 그들은 스스로를 위해 정상 참작을 한 것이다. 이 같은 결정은 그들이 규율과 양심 사이에서 타협을 했다는 고백 이외에 아무것도 아니다….
정의를 구현하려는 외침은 머지않아 온 세계를 뒤흔들 것이다. 내일이면 세계 각국의 시민들이 어안이 벙벙해져서 물을 것이다…. 프랑스는 어디에 있는가? 프랑스인들은 어떻게 되었는가? 그러면 훌륭한 병사 외에는 아무도 '내가 여기 있다'고 대답할 권리가 없을 것이다.

사실이었다. 전 세계의 프랑스 대사관 앞에는 항의 군중이 몰려들어 프랑스를 규탄했다. 그리로 이듬해에 파리에서 열리는 세계 박람회를 보이콧하자는 결의가 이루어졌다. 프랑스의 모든 것에 대한 보이콧 결의가 곳곳에서 채택되었다. '범죄자는 드레퓌스가 아니라 프랑스다'라는 사설들이 세계 언론을 장식했다.

프랑스는 여전히 반유대인파가 대세여서 큰 문제가 없었으나, 외국의 언론들은 갈수록 들끓었다. 특히 유대인들의 천국이 된 미국의 항의는 엄청났다.

프랑스에서는 진보 정치인들이 '정치적으로' 나서서 펠릭스 포르 대통령을 공격했다. 그래도 포르 대통령은 흔들리지 않았다.

이때 새로운 변화가 프랑스 정계에 일어났다. 에밀 졸라의 공개 서한이 실린 바로 그 달, 1899년 6월에 르네 발테크 루소⁰⁶⁵⁵가 이끄는 새로운 내각이 출범한 것이다. 그는 포르 대통령을 설득해 드레퓌스를 사면하여 이 사건을 끝낼 것을 요구하고, 포르는 그럴 마음이 전혀 없었지만 어쩔 수 없이 이를 받아들였다.

마침내 드레퓌스는 '악마의 섬'에서 불려 와 군법 회의 재심에 출석했다. 재판은 1899년 8월 7일부터 9월 9일까지 열렸다. 하지만 재판부는 또다시 그에게 유죄를 선고하고, 이어 1899년 9월 19일에 대통령의 권한으로 드레퓌스를 특별 사면하는 형식을 취했다. 아직도 유죄라니! 물론 놀랄 일은 아니다. 앞에 나온 민청학련 사건이나 인혁당 사건이나 무죄임이, 조작임이 명백히 드러난 2005년 이후에도 '그 사건은 이미 법적으로 결론이 났다'거나 '그 사건에는 두 개의 판결이 존재한다'는 이상한 태도를 보이는 사람들도 있다.

그때까지 '악마의 섬'에 갇혀 있느라 세상에서 무슨 일이 있었는지 모르는 드레퓌스는, 자유를 되찾았다는 기쁨에 아내인 루시⁰⁶를 포옹하였다. 무죄가 아닌 사면이지만, 외딴 섬 독방에 갇혀 지낸 경험이 있는 드레퓌스 자신은 이를 받아들일 수밖에 없었다.

하지만 끝난 것이 아니다. 프랑스의 양심, 에밀 졸라는 정말 크게 화를 냈다.

죄가 없는 사람을 사면한다니, 그런 일은 있을 수가 없다고 절규했다. 그런데 에밀 졸라[1215]는 더 이상 이 사건에 나서지 못하고 1902년 9월 30일, 석탄 난로를 켜 둔 채 잠을 자던 중 가스에 중독되어 사망하고 말았다. 대개 진실은 이런 식으로 죽는다. 결국 정의가 이긴다는 건 거짓말이다. 역사는 거짓이 진실을 이긴 사례가 무수히 많다.

에밀 졸라의 문우(文友)인 아나톨 프랑스[0420]는 장례식 조사에서 "에밀 졸라는 프랑스의 사회 정의, 공화국의 이념, 자유로운 정신을 질식시키기 위해 손잡은 모든 폭력과 억압 세력의 음모를 백일하에 드러냈다. 그의 웅변은 프랑스를 잠 깨웠다", "운명과 그의 용기가 그를 높은 곳으로 밀어 올려, 그로 하여금 한순간 인류의 양심이 되게 하였다."라고 했다.

누군가의 음모로 에밀 졸라가 죽었다는 소문이 나면서 사회는 또다시 들끓기 시작했다. 지식인들이 다시 나서고, 이번에는 그간 드레퓌스 유죄론을 펴던 언론들까지 반대로 들고일어났다. 그래야 죄를 씻기 때문이다. 일제 강점기에 열렬했던 친일 언론들이 열렬한 반공 언론으로 변신한 것처럼 그들도 그랬다. 공자가 말하기를, 소인들은 매우 부지런하다고 했다.

그제야 용기를 얻은 드레퓌스는 1904년 3월, 재심을 청구했다.

그리고 1906년에 최고 재판소로부터 무죄 선고를 받고, 그간 드레퓌스가 사면되었음에도 여전히 감옥에 갇혀 있던 '양심', 피카르 중령은 그제야 석방되었다. 의회는 드레퓌스 복권에 대한 의안을 통과시켰다.

같은 해 7월, 사관학교 연병장에서 프랑스 육군 소령으로 복귀하는 의식을 치른 드레퓌스는 레지옹 도뇌르 훈장을 수여받았다. 그는 무개차에 올라타고, 형인 마티외와 아들인 피엘을 양 옆에 세우고 연병장을 돌았다. 자발적으로 모여든 20만 인파가 일제히 모자를 벗어 들고 경의를 표했다.

드레퓌스는 다시 군에 복귀하며 소령으로 복무했다. 그 뒤에 예비역으로 있던 중 제1차 세계 대전 때에 소환되어 중령으로서 군수품 보급 부대를 지휘했으며, 전쟁이 끝나자 은퇴했다. 이 사건을 진실로 돌려놓은 정의의 인물 피카르는 장군이 되었으며, 3년간 클레망소 내각에서 일했다.

드레퓌스 사건은 이렇게 끝났지만, 역사의 진실과 거짓을 말할 때에 자주 인용되는 사건이다. 진실이 왜곡되는 걸 보면서도 거짓의 힘에 짓눌려, 또는 집단 광기에 휘둘려 말하지 못할 때가 있다. 이럴 때에 우리는 이 사건을 기억해야 할 것이다. 이 사건에도 인연의 법칙이 분명히 얽혀 있다는 사실을.

그리고 또 하나, 막대한 부를 쥐고 있던 유대인들이 과연 드레퓌스 사건의 와중에 손을 놓고만 있었을까 하는 점이다. 그들은 정권을 탄생시키고 전쟁을 유발하는 어마어마한 자본가들이요 권력가들이었는데, 이 사건을 보고만 있었을 리가 없다. 에밀 졸라가 갑작스럽게 죽은 일, 르네 발테크 루소 내각의 등장 등에서 유대인의 처방緣이 작용했을 가능성은 얼마든지 있다. 또 미국 언론을 얼마나 흔들었을지도 감안해야 한다. 당시의 미국은 유대인들이 장악한 나라였다고 한다.

드레퓌스 사건 때에 유대인에 대한 프랑스인들의 증오 문제가 깨끗이 해결됐더라면, 훗날 유대인 대학살이라는 홀로코스트는 일어나지 않았을지도 모른다.

국가란 양극성 정서 장애, 즉 조울증 환자와 비슷한지 모른다. 멀쩡하다가도 어느 순간에 홱 돌아 버리면 국가 전체가 미쳐 날뛴다. 그런 때에 4·3 사건도 일어나고 양민 학살 사건도 일어난다. 홀로코스트도, 731부대 인체 실험도, 일본군의 위안부도 다 '미친 국가'가 시킨 짓이다.

# 16
# 씨앗을 보고 처방해 나가는 길

:: **인연을 찾아내는 법칙**

지금까지 사람들이 인연이 되는 씨앗을 보고 처방해 나가는 과정을 실제로 보았다. 이제 마무리를 할 차례다.

독일 장교인 에르빈 로멜<sup>0355</sup>은 나치를 이끄는 아돌프 히틀러<sup>0120</sup>를 자신의 처방緣으로 보고 제 발로 찾아갔다. 그 결과, 그는 1938년에 친위 대장이 되고, 1942년에는 원수로 승진했다.

하지만 이런 상황에서도 처방은 계속 찾아야 한다. 시간이 흐르고 공간이 있는 한 변화는 쉬지 않고 일어나며, 인연 또한 계속 움직이는 것이다. 누구도 절대로 혼자 살 수는 없다. 혼자 있도록 내버려두지도 않는다. 그러므로 자신이 찾지 않으면, 주변에서 원하지 않는 처방을 갖다 철썩 붙여 버릴 수도 있다. 그러면 인생도 끌려간다. 한번 끌려가기 시작하면 주도적으로 되돌려 놓기가 쉽지 않다.

로멜도 새로운 처방이 필요하다는 것을 인식했다. 그는 전선에 있으면서 연합군을 상대로 승리할 수 없다고 판단하고, 그래서 역발상으로 히틀러를 제거하려는 뜻밖의 목표因을 세운 뒤, 그를 죽이려는 암살 쿠데타緣을 시도했다. 하지만 그는 도리어 체포되고 1944년 10월 14일에 처형되었다. 만일 히틀러를 죽이려던 그의 시도가 성공했다면 2차 대전의 양상은 달라졌을지도 모른다. 또 그가 히틀러를 죽이려 하지 않았더라도 어차피 1년 뒤쯤 전범으로 기소되어 처형됐을 운명이다.

하지만 모든 사람이 다 로멜처럼 귀를 기울이고 상황을 파악하는 건 아니다. 체 게바라[0430] 같은 인물은 타고난 혁명가였다. 어느 시대를 살든, 어느 위치에 있든 평생 저항하고 개혁해야만 하는 사명을 띠고 태어난 인물이다. 따지는 눈으로 보면 세상은 얼마나 부조리한가. 또 인생이라는 건 얼마나 부조리한가.

세상은 바라보는 사람의 마음에 따라 반응한다. 아름답기도 하고 지저분하기도 하고, 역동적이기도 하고 무기력하기도 하다. 인간의 역사는 자랑스럽기도 하고 창피하기도 하다. 애국자가 쓴 한국사는 자랑스러운 내용으로 가득 차지만, 친일파가 쓴 한국사는 부끄러운 일로 넘친다. 세상이나 역사가 진실로 그런 게 아니라 사람의 마음이 이리저리 움직인다.

체 게바라 같은 인물은 자신이 속한 집단이나 사회의 모순점을 정확히 짚어 내고, 이 모순을 극복하는 것을 목표로 삼는 경우가 많다. 그는 아르헨티나 출신이지만 쿠바의 피델 카스트로[0240]와 함께 1959년 2월에 쿠데타를 성공시켰다. 거기서 쿠바의 중앙은행장과 산업부 장관을 역임했으나, 그는 한가로이 공무원 생활을 즐길 여유를 갖지 못한 인물이었다. 물론 아르헨티나 출신인 그가 쿠바에서 카스트로를 제치고 대통령이 될 가능성은 없었다. 그가 할 수 있는 일은 카스트로가 대통령으로 있는 쿠바에서 각종 공직을 두루 맡아 가며 여생을 보내는 것이었다. 그는 그럴 수 없었다.

체 게바라는 1965년에 모든 관직을 버리고, 달랑 편지 한 장만 남겨 놓고 쿠바를 떠나 버렸다. 그러고는 아프리카 콩고의 해방 전쟁과 남미 볼리비아의 게릴라 활동을 주도했다. 그러다가 1967년에 볼리비아 정부군과 교전 중에 사살되었다.

그는 비록 아르헨티나에서 태어났지만 쿠바에서 출세하고 볼리비아에서 죽었다. 볼리비아에서 죽지 않았더라도 그는 언젠가 어느 전선에선가 죽거나, 살았더라면 계속 싸웠을 것이다. 지금까지 살아 있었더라면 알 카에다가 되었을지도 모른다.

체 게바라가 보는 인연의 씨앗因은 언제나 혁명이고, 처방緣은 전술 전략이었다. 씨앗因은 보는 만큼 보이는 법이고, 처방緣은 원하는 만큼 구해지는 법이다. 전쟁을 원하면 전쟁이 일어나고, 평화를 원하면 평화가 온다. 지금 이 순간에 '내'가 진정으로 원하는 것이 무엇인가 마음을 비쳐 보아야 한다. 우리 모두가 성직자가 되거나, 우리 모두가 정치인이 되거나, 우리 모두가 군인이 될 수는 없다. 마음이 비치는 대로 인연이 일어날 것이고, 그 길로 우리는 걸어가게 될 것이다.

체 게바라와 비슷한 인물로 헬렌 켈러[0430]가 있다. 두 사람은 바이오 코드가 같다. 그는 태어나면서부터 귀가 들리지 않고 눈이 보이지 않는 장애인이었다. 이런 사실만 보면, 이 같은 인물에게 체 게바라와 같은 열정이 숨어 있으리라고 보기는 어렵다.

하지만 헬렌 켈러는 끝내 이 장애를 극복하여 말하는 법을 익히고 글을 써 냈다. 그러면서부터 본래 성격을 드러내어 급진적 사회주의자로서 열렬하게 활동하며, 미국중앙정보국의 요시찰 인물이 되기도 했다.

이처럼 인연의 법칙은 누구에게나 다 똑같이 적용되는 것은 아니다. 사람마다 다르고, 그때그때마다 달라질 수 있다. 여기에는 분명한 법칙이 있는데, 이 법칙이란 사실 자기 자신을 가장 정확히 읽으면 저절로 보이는 것이다.

이렇게 생각해 보자. 만일 미하일 고르바초프[0710]가 아닌 다른 인물이 소련 공산당 서기장을 맡고 있었더라면, 과연 소련이 해체될 수 있었을까? 이런 가상의 질문에 명백히 답할 수 있다. 즉 다른 사람이었다면 고르바초프처럼 하지는 않았을 것이라는 점이다.

예를 들어 발명왕 토머스 에디슨[0710]의 경우, 왜 전화기를 발명하지 않았을까. 실력이 없는 게 아니라 전화가 필요하지 않았기 때문이다. 그는 자신이 없어서 불편하다고 생각하는 것만 발명했다. 그렇기 때문에 전화는 그의 씨앗因이 되지 못했다.

대신에 똑같은 바이오코드인 알렉산더 그레이엄 벨[0710]은 농아 학교 운영자로서 장애인들의 통신에 관심을 갖고 있었다. 그에게는 전화기 같은 의사 소통용 도구가 절실했다. 음성 생리학 교수이던 그는 전기 기술자를 고용하고 전문가의 자문을 구해 전화를 만들어 냈다. 벨에게는 전화가 씨앗因으로 다가왔지만 에디슨에게는 그렇지 못했다. 에디슨은 벨이 전화기를 발명한 뒤, 라이벌 회사의 요청을 받고 단 며칠 만에 훨씬 더 성능이 우수한 전화기를 만들어 낼 만큼 천재적인 발명가였다. 그는 전화기를 만들 실력이 충분히 넘치도록 있었지만, 단지 씨앗因으로 여기지 않았을 뿐이다.

토머스 에디슨[0710]은 전화기만 씨앗으로 보지 않은 게 아니다. 그 자신이 1880년에 발명한 축음기에 대해서도 상업적인 가치가 없을 것이라며 별 신경을 쓰지 않았다. 하지만 제품은 스스로 날개 돋친 듯이 팔려 나갔다. 또 자신이 발명한 직류만 옳다고 생각하여, 제자인 테슬라가 발명한 교류는 거들떠보지 않다가 망신당하기도 했다. 진공관의 원리가 되어 나중에 반도체로 세상을 바꿀, 컴퓨터의 기초 원리도 그가 가장 먼저 발견했다. 그가 발명한 전구를 실험하면서 우연히 발견한 에디슨 효과가, 그 하찮은 물리 현상이 오늘날 컴퓨터 세상을 만들어 낼 줄 상상하지도 못했다.

생각이 미쳐야 씨앗도 있고 처방도 있다. 이런 의미를 에디슨, 벨과 같은 바이오코드를 가진 사람들[0710]을 통해 더 살펴보자.

스티브 잡스[0710]는 조립식으로 나온 알테어 컴퓨터를 보고, 소비자들이 매뉴얼을 보며 조립해야 하는 불편을 해소할 아이디어를 생각해 냈다. 조립식 컴퓨터인 알테어를 씨앗因으로 보고, 거기에 전기만 연결하면 돌아가는 완제품 컴퓨터果를 상상한 다음, 일일이 납땜을 하고 사과 심벌을 만들고 애플이라는 상호를 붙이는 등 여러 가지 처방緣을 생각해 낸 것이다. 그러기 위해 그는 스티브 워즈니악[0240]이란 선배 기술자를 2차 처방緣으로 삼아, 마침내 조립 완제품 컴퓨터인 애플을 개발하는 데 성공했다. 사실 성공이란 말이 어울리지 않을 만큼 그것은 쉬운 편에 속하는, 단순한 아이디어였다.

이때 무일푼이던 스티브 잡스는 이 컴퓨터를 들고 당시에 대기업에 속하던 아타리사와 휼렛패커드사를 찾아갔다. 만일 이들이 관심을 갖는다면 스티브 잡스는 적당한 로열티만 받거나, 그들 회사에 취직해 이 부문의 책임자가 되고 싶었을 뿐이다. 그럼에도 불구하고 두 회사는 조립된 완제품 컴퓨터를 거들떠보지 않았다. 물론 애들이 만든 거라 실물은 대단히 조악한 편이었다. 잡스와 워즈니악은 할 수 없이 이 제품을 들고 다니며 직접 팔았고, 이에 고무되어 애플사를 창업했다.

다만 스티브 잡스가 처음 애플 컴퓨터를 만든 동기가 알테어 컴퓨터의 불편함을 해소하려는 것에서 출발한 것처럼, 그는 끝없이 애플 컴퓨터의 불편함을 해소하려는 데 주력했다. 그러다 보니 그는 일반 소비자의 욕구보다 훨씬 더 멀리, 너무 깊이 갔다. 그의 제품들은 이후에 너무 뛰어난 성능을 가진 나머지 소비자가 따라오지 못한다. 그래서 그는 그가 만든 애플사에서 쫓겨나기까지 했다. 어떤 것을 보는 눈도 중요하지만, 너무 빨리 보고 실상보다 너무 큰 처방을 내리는 것도 문제가 있다. 허망한 처방은 허망한 결과를 부른다.

20세기 후반의 세상을 뒤바꾼 컴퓨터는 변화가 컸던 만큼 씨앗囚을 보는 시각도 매우 다양했다. 씨앗을 정확히 보고 거기에 맞는 처방을 찾아 성공한 사람도 있지만, 그 반대의 경우도 많은 것이다.

컴퓨터의 미래를 잘못 본 사람들은 유독 많은데, 그중에는 컴퓨터의 출현으로 행운을 거머쥔 빌 게이츠[0750]도 끼어 있다. 그 역시 메모리를 주의 깊게 살펴보지 않아서 1981년에 "640kb면 누구에게나 충분합니다."라고 말한 적이 있다. 요즘처럼 수백 기가를 넘어 테라 단위까지 쓰고, 클라우드까지 쓴다는 건 상상도 하지 못했던 듯하다. 이런 상상력에 머물렀던 빌은 동갑내기 경쟁자인 스티브 잡스가 아이폰, 아이패드로 모바일 혁명을 일으키자 조용히 무대에서 내려왔다.

새뮤얼 월턴[0615]의 경우도 그렇다. 그는 할인 소매점 시스템을 기획하고 이 아이디어를 팔려고 노력했지만, 사 주는 데가 없었다. 확신을 가진 그는 직접 처방을 냈다. 스스로 가게를 차린 것이다. 물론 월턴은 이후에도 끝없는 변화와 혁신을 통해, 자기가 차린 가게인 월마트를 세계 5위 그룹으로 성장시켰다. 그가 아니었다면 그의 할인 소매점 아이디어는 무용지물이 됐을지도 모른다. 월마트 이후부터 대량 구매를 통해 구매 단가를 떨어뜨리고, 그렇게 낮은 가격으로 대량 공급하는 시스템이 우후죽순으로 생겨나면서 기존 판매업계는 엄청난 지각

변동을 입었다.

자신의 인생에서 씨앗因을 보지 못하는 것은 그 피해가 자신에게 국한된다. 심지어 피해인 줄도 모른 채 살아갈 수 있다. 그저 운이 없을 뿐이라고 자위한다.

하지만 부부나 형제나 부자지간에도 상대의 가능성因을 잘못 읽으면 큰 실수를 하기 쉽다. 특히 부모나 교사들이 자식이나 학생의 미래因를 잘 보지 못하는 사례는 부지기수다. 토머스 에디슨을 초등학교 1학년 때에 퇴학시켜 버린 교사가 있고, 알베르트 아인슈타인[0315]에게 미래가 전혀 없는 고등학생이라고 비아냥거린 교사도 있었다. 몰락 왕손인 이하응[0405]을 보고 궁(窮)도령이라며 손가락질하던 안동 김씨 세도가들은 불과 몇 년 만에 그의 손에 줄줄이 숙청당해야 했다.

이처럼 자신과 관계가 있는 인물의 본성因을 보는 눈은 매우 인색하고, 터무니없이 얕보려는 경향이 있다. 심지어 자식을 보는 눈도 그렇다. 아버지인 요한 밥티스트 슈트라우스[1215] 자신은 보잘것없는 제본장이에서 세계적인 음악가로 성장했다. 그 자신이 내면에 숨어 있는 음악적 재능因을 열심히 개발緣해 세계적인 음악가果로 성장했는데, 막상 그의 장남인 요한 슈트라우스[0950]가 음악을 하려고 하자 이를 막고 대신 경영학 공부를 시켰다. 졸업 후에는 은행 회계원으로 취직시켰다. 그런데도 아들이 거듭 음악을 하려 하자 법원에 소송을 걸어 직업을 바꾸지 못하도록 방해하기도 했다.

하지만 이 장남은 몰래 음악 공부를 계속하여 아버지의 명성을 훨씬 뛰어넘는, 위대한 음악가로 성장했다. 덮으면 덮을수록 씨앗은 더 잘 자란다.

존 로지 베어드[1240]가 1925년 12월 18일에 텔레비전을 발명했을 때, 이 소식을 들은 하버드대학의 체스터 도스 교수는 "어두컴컴한 실내에서 계속 보아야 하기 때문에 텔레비전은 결코 대중 사이로 파고들지 못할 것이다."라고 주장했다. 하지만 그는 잘못 보았다. 텔레비전은 흐릿한 흑백에서 밝은 자연색으로 발전하면서, 오늘날 가장 중요한 대중 매체가 되었다.

전화의 경우도 그렇다. 당시 새뮤얼 모스[1120]의 전신 기술이 개발된 뒤에 전신 사업 분야를 독점하고 있던 대기업, 웨스턴유니언은 전화기를 발명한 벨[0710]이 찾아와 사업화를 문의했지만, '통신 수단으로 고려할 가치가 없을 뿐 아니라 우리에게 아무 소용도 없는 물건'이라며 거절했다.

웨스턴유니언의 이런 시각은 막상 그의 회사에서 일하고 있던 엘리샤 그레이[0735]가 벨보다 훨씬 더 전에 발명해 놓은 전화기를 거들떠보지 않아, 특허 등록조차 놓치도록 만들기도 했다. 기술이 변하면 세상이 변한다는 걸 이들은 무시한 것이다. 뻔히 존재하는 새로운 인연의 씨앗을 놓치는, 가장 큰 이유는 '세상은 오늘 이 순간 그대로 영원하리라'고 믿는 오만과 착각 때문이다. 1분, 1초도 같은 세상은 없다. 이것이 진리다.

오늘날 페덱스(FEDEX)는 익일 배송 서비스 분야에서 매우 뛰어난 업적을 자랑하고 있지만, 이 시스템을 고안해 낸 프레드 스미스[0840]는 담당 교수로부터 망신을 당한 적이 있다. 스미스는 사업화를 하기 전에 논문으로 익일 배송 시스템을 써서 제출했는데, 경영학 교수는 "C학점 이상 받으려면 실현 가능성이 있어야 한다."라며 학점을 주지 않았다. 나이키 시스템을 폄하한 교수나 다름없다. 교수는 교수일 뿐 현장에서는 손님일 뿐이다.

이처럼 교수나 교사들이 제자들을 제대로 보지 못하는 경우는 너무나 허다하다. 특히 교수나 교사처럼 어떤 위치에서 튼튼히 자리를 잡은 사람들일수록, 특히 새로운 씨앗因을 보려는 노력을 잘 하지 않는 경우가 많다. 변화를 인식하지 못하는 것이다. 그래서 보수가 된다. 사기에 가장 잘 걸려드는 사람들이 교사·군인·공무원이라는 우스개가 있지만, 보수적인 직업을 가진 사람들일수록 변화에 적응하는 능력이 점점 떨어져 퇴직할 무렵에는 정점에 이르기 때문이다.

예를 들어, 미국 특허청의 찰스 H. 듀얼[1020]이라는 사람은 "발명할 만한 것들은 이미 다 발명되었다."라고 말했는데, 이게 1999년도 아니고 100년도 더 전인 1899년의 일이다. 토머스 에디슨이 죽기도 전의 일이요, 반도체가 발명되기 한참 전의 일이니 이 얼마나 황당한 발언인가.

그 뒤로 얼마나 많은 발명이 이루어졌는지 안다면, 그는 너무나 부끄러워 무덤에서도 엎드려 있어야만 할 것이다. 로버트 고더드[0530]가 액체 연료로 추진되는 로켓을 발명했을 때, 『뉴욕 타임스』는 1920년 1월 12일자 기사에서 "고더드는 작용·반작용의 법칙도 모르는 것 같다. 그는 요즘 고등학교에서도 가르치는, 그런 기본적인 지식조차 모르는가?"라며 악평을 해댔다.

그러나 고더드가 고등학교 졸업식에서 대표로 연설한 내용을 들어보면 전혀 다른 인물임을 알 수 있다.

"과학 시간에 배웠던 것처럼, 우리는 무엇이 불가능한지 확실히 말할 수 있을 정도로 똑똑하지 않다. 우리는 한 개인의 한계를 알 수가 없기 때문에 그가 확실하게 할 수 있는 것이 무엇인지, 확실하게 할 수 없는 것이 무엇인지 말하기 힘들다. 따라서 우리가 성실하게 노력하기 전까지는 그 누구도 우리가 얼마나 많은 돈과 명예를 얻고, 얼마나 훌륭한 사람이 될지 예측할 수 없다는 사실을 반드시 기억해야만 한다. 또한 모든 과학은 한때 우리와 별로 다르지 않은 상태에 있었으며, 종종 어제의 꿈이 오늘의 희망이 되고 내일의 현실이 되어 왔다는 사실에서 우리는 용기를 내야만 한다."

그럼에도 불구하고 1929년에 더 향상된 액체 연료 추진 로켓을 발사하자, 지역 신문들은 엉뚱한 기사를 내보냈다.

달 로켓은 실패해서 공중에서 폭발했다. 로켓의 잔해가 곳곳에 떨어졌다.

결국 경찰과 소방대가 출동하는 등 한바탕 소란이 일었다. 고더드는 자신이 목표한 고도까지 로켓을 쏘아 올리는 데 성공했지만, 이 로켓이 낙하하면서 파편을 내자 개념 자체를 모르던 신문 기자들이 제 눈에 보이는 대로 오보를 낸 것이다. 이 기사들 덕분에 매사추세츠 주정부는 로켓 실험을 금지시켜 버렸다. 덕분에 로버트 고더드는 오늘날과 똑같은 방식의 로켓을 발명했지만, 죽을 때까지 가치를 인정받지 못했다.

대신에 독일이 관심을 가져, 베르너 폰 브라운[1215]이 이를 응용해 V2 로켓을 만들어 영국 런던을 향해 발사한다. 미국이 로켓 분야에서 독일보다 뒤지고, 소련에 진 이유가 바로 그런 무지 때문이었다. 영국 정부가 자동차 산업을 고사시켰듯이, 미국 정부와 언론은 로켓 산업의 발목을 잡아 나중에야 브라운을 데려오고 고더드의 특허권을 사들이는 등 뒤늦게 야단법석을 떨어야 했다. 고더드를 고등학생만도 못한 인물이라고 깔아뭉갠『뉴욕 타임스』는 아폴로 11호가 달에 착륙하기 하루 전인 1969년 7월 17일, '뉴욕타임스는 작용·반작용의 법칙을 잘못 해석한 잘못을 후회한다'는 사설을 올려 로버트 고더드에게 사과했다.

하기야 로버트 고더드가 연구에 참고한 헤르만 오베르트[0630]의「행성 공간으로의 로켓」은 원래 박사 학위 청구 논문이었지만, 싸늘하게 거절당한 것이다. 아무리 세상이 거부하더라도 자기 자신까지 거부해서는 안 된다. 오베르트처럼 출판을 해야만 빛이 날 수도 있는 것이다.

저 유명한 존 레논[0450]이 비틀스를 결성하여, 그들의 노래와 연주를 녹음한 걸 가지고 데카레코드사에 간 적이 있다. 하지만 레코드사는 "음향이나 기타 치는 소리나 마음에 드는 게 하나도 없다."라며 거절했다. 그들은 자신들을 찾아온 엄청난 행운을 너무 쉽게 걷어차 버렸다. 그러면서도 회사를 망하게 해 줄 신인 가수들을 찾아다니느라 애쓰고, 돈도 썼을 것이다.

1950년대 초반에 젊은 앨비스 프레슬리[1005] 역시 목소리가 좋지 않다는 이유로 복음 성가 그룹에서 거절당했으니까, 이런 일은 한두 번이 아니고 지금도 계속되고 있을 것이다. 그림 못 그린다고 해고당한 월트 디즈니, 수학 못한다고 혼난 아인슈타인 등 이 세상에는 주제도 모르고 남을 함부로 평하는 사람들이 너무나 많다. 이런 악평이나 무시를 극복할 수 있어야 기다리는 인연이 찾아온다. 그러니 어쭙잖은 주변 사람들에게 함부로 묻지도 말고, 조언을 구할 필요도 없다. 멀리 있는 전문가에게 묻고, 이해관계가 없는 곳에서 뭐든 도모하는 편이

낫다. 마호메트도 고향에서는 인정을 받지 못해 길을 떠나고, 예수도 고향 사람들한테서 사형을 당했다.

무성 영화가 한창일 때, 유성 영화 기술이 나오자 그 유명한 워너브라더스의 해리 워너[0560]는 "굳이 배우의 목소리를 듣고 싶어하는 사람이 어디 있다고 그래?" 하면서 유성 영화 제작을 거부하고 무성 영화만 고집했다. 이것은 마치 컬러 사진을 거부하고 흑백 사진만 예술이라고 고집하고, 손으로 원고를 써야 글이지 타자기나 컴퓨터를 쓰면 글도 아니라고 주장하는 것과 다를 바 없다. 길은 정해져 있는 것이 아니다. 가면 길이고, 가야 길이다. 월트 디즈니는 무성 영화 시절에 미키마우스를 만들면서, 자신이 부는 휘파람 소리를 더빙하여 관객들을 환호시켰다.

1968년에 스위스 과학자가 전자시계를 발명했을 때, 시계업자들은 태엽시계의 고정 관념에서 벗어나지 못한 채 이 전자 기술을 활용하는 걸 거절했다. 하지만 전자시계를 긍정적으로 바라본, 저 멀고 먼 동양의 일본 업체들은 기꺼이 그 기술을 받아들였다. 결국 일본 업체들은 전 세계 시계 시장의 65% 매출과 80~90%의 이익을 차지하던 스위스 시계 산업을, 매출과 순이익 모두 20% 이하로 떨어뜨렸다.

이처럼 변화를 눈치 채거나 대비하지 못하면 알지도 못하는 사이에 손해를 보고, 큰 위기에 빠져들 수가 있다. 내 것이라고 언제까지나 내 것이 될 수 없으며, 남의 것이라고 언제까지나 남의 것이 아니다. 몸뚱이조차 죽으면 한 줌 재가 되는데, 하물며 보이지도 않는 기술이며 능력 따위로 교만을 떨 수는 없다. 도둑은 따로 있는 게 아니다.

한 치 앞이라도 인연을 보고, 이 인연의 미래를 전망하고 예측하는 일이란 매우 힘들다. 다만 이해하고 받아들이려는 열정이 있으면 흐릿하게라도 인연이 보이지만, 열정이 없으면 간단한 인연조차 까맣게 보이지 않는다. 하물며 한 시간 뒤, 하루 뒤, 한 달 뒤에 무슨 일이 일어날지 어떻게 보겠는가.

지금 이 순간에도 신문이나 텔레비전의 뉴스 혹은 주장을 보면 뻔한 의도因조차 일부러 가리려 애쓰고, 이미 드러난 씨앗因도 밟아 싹을 죽이려는 시도緣가 심심찮게 일어난다. 그런 중에도 씨앗은 싹을 틔우고 자라고, 꽃을 피우고 열매를 맺는다. 시간이 흐르는 한 누구도 새로운 씨앗의 출현을 막아 낼 수 없다.

우린 끝없이 씨앗을 찾아야 하고, 처방을 상상해야 한다. 씨앗을 찾되 먼저 자기 자신에게서 찾고, 가족에게서 찾고, 눈앞에서 자주 만나고 부대끼며 살아가야 할 가까운 사람들에게서 찾아보는 훈련을 하는 게 좋다. 굳이 멀리 가야만 좋은 씨앗이 있는 건 아니다. 씨앗은 의외로 우리 주변에 아주 가까이 있지만, 사람들은 당연히 없을 것으로 믿는다. 이렇게 잘못된 믿음이 종종 좋은 기회와 인연을 놓치게 만든다.

남송 시대의 어느 비구니가 쓴 시를 읽어 보자.

온종일 봄을 찾아다녔지만 봄을 보지 못하고(盡日尋春不見春)
아득한 좁은 길로 언덕 위 구름 있는 곳까지 두루 헤맨 끝에(芒鞋踏遍隴頭雲)
돌아와 마침 매화나무 밑을 지나노라니(歸來適過梅花下)
봄은 가지 머리에 벌써 와 있은 지 오래였구나(春在枝頭已十分)

물론 각각의 씨앗에 맞는 처방을 하려면 긴 시간이 필요할지도 모르고, 누군가의 도움이 절실할지도 모른다. 처방을 붙이려는 노력은 씨앗을 보는 눈이 형성된 다음, 강한 믿음으로 노력하고 기다리면 대부분 이루어질 수 있다. 제록스 복사기를 발명한 체스터 칼슨은 20년 이상 끈질기게 처방을 찾은 끝에 마침내 대성공을 이루었으며, 그 자신만 성공한 게 아니라 그의 발명을 씨앗因으로 봐 주고 거기에 자그마한 힘緣이라도 붙여 준 사람들은 모두 부자가 되게 만들어 주었다. 씨앗을 보는 눈을 갖는 것은 그래서 더 중요하다.

좋은 씨앗因이라면 잘 품고만 있어도 언젠가는 부화하고, 기어이 파란 창공으로 날아오를 수 있다. 아버지와 형이 초나라 왕에게 처형당한 뒤, 복수라는 씨앗을 품은 오원은 30여 년 만에 오나라 군대를 이끌고 돌아가 초나라를 통쾌하게 깨부쉈다. 그는 복수라는 씨앗에 가장 효율적인 처방緣으로 오나라가 다시 태어날 수 있을 것이라 보고, 약소국인 오나라에 들어가 차근차근 힘을 길러서 마침내 뜻을 이룰 수 있었던 것이다.

결코 서둘러서는 안 된다. 인류로 태어난 사람 중 알프레드 노벨[0550]만큼 자신의 이름을 품위 있게 남긴 사람도 드물 것이다. 지구가 존재하는 한 그의 이름은 해마다 뉴스를 장식할 것이며, 그의 이름으로 물리·화학·생리 의학, 문학·평화·경제 분야에서 황금 메달과 145만 달러의 상금이 수여된다. 그는 유산의 94%를 스웨덴과학아카데미에 내놓았는데, 당시에 440만 달러였다. 그 이자만으로 해마다 성대한 잔치를 한다. 이보다 더 부자로 산 사람은 부지기수지만, 부자 가운데 노벨만큼 자신의 이름을 빛낸 사람도 드물다.

노벨이라고 특출한 사람은 아니다. 아스카니오 소브레로[0850]가 니트로글리세린을 합성한 것은 1847년의 일이다. 이 폭발물은 산업 현장

318

에 매우 유용하게 쓰였지만, 시도 때도 없이 폭발하는 바람에 너무 많은 사람들이 사고로 죽었다. 사용 금지령이 떨어지기도 했다. 깃털만 대어도 폭발하고, 햇볕에 내놓기만 해도 폭발했다. 그래서 그는 발명가인 아버지 임마뉴엘 노벨[0915]과 함께 니트로글리세린이 쉽게 폭발하지 않는 방법에 대해 연구하였다. 온 가족이 이 연구에 뛰어들었다가 공장이 폭발하고, 동생인 에밀 노벨[03]이 죽기도 한다. 그렇다고 좌절해서도, 급히 서둘러서도 안 된다. 소브레로의 니트로글리세린을 합성한 이후, 무려 19년 동안 아무도 그것을 해내지 못했기 때문이다. 이처럼 19년은 걸려야 세기적인 역사가 이루어지는 것이다. 노벨이라고 대단한 창의력이나 영감이 있어서, 어느 날 갑자기 규조토에 니트로글리세린을 섞어야겠다고 생각한 건 아니다. 알코올, 톱밥 등 뭐든 섞으면 니트로글리세린의 폭발력이 줄지 않을까 하고 단순히 상상했을 뿐이다. 그러다 액체 니트로글리세린 병을 운반할 때에 쓰는 규조토를 보고는 거기에 니트로글리세린을 방울방울 떨어뜨려 보았다. 규조토는 단세포 생물인 규조류가 뭉쳐진 흙으로 내화·단열·완충에 좋아, 니트로글리세린을 운반할 때에 온도 증가를 막고 충격을 흡수하는 용도로 쓰였다. 알프레드는 깜짝 놀랐다. 규조토는 무게의 다섯 배나 되는 니트로글리세린을 흡수했다. 그러고 나니 높은 데서 떨어뜨려도, 망치로 두들겨도 폭발하지 않았다. 이것이 다이너마이트다. 토머스 에디슨이 전구 필라멘트를 만들기 위해 이것저것 아무것이나 닥치는 대로 태우다가, 마침 연구소에 있던 일본산 대나무 부채를 태워 실험을 하다가 마침내 안정적인 필라멘트를 발명, 거부가 된 것과 무엇이 다른가. 동생인 에밀이 폭발 사고로 죽을 정도면 다 포기하고 물러설 것 같지만, 알프레드는 그럴수록 더 열심히 연구하여 동생이 죽은 지 2년 만에, 소브레로가 니트로글리세린을 합성한 지 19년 만에 마침내 다이너마이트를 발명했다.

시간이 흐르는 세상이라면 반드시 인연이 흐른다. 그 많은 인연 중에는 나를 살리는 인연도 있고, 나를 힘들게 하는 인연도 있다. 무엇을 선택할 것인지 분별하는 지혜는 가져야 한다. 그런 다음에는 끈기가 무기다. 좋은 인에 알맞은 연을 붙여 놓고 기다리다 보면 결국 꽃이 핀다.

## :: 생각하는 대로 이루어지고, 생각하는 만큼 이루어진다

어느 날 도마뱀 한 마리가 하늘을 날고 싶어했다. 먹이를 잡기 위해서나 적의 공격을 피하기 위해 나무에 자주 올라가야만 하는데, 그러자니 한 나무에서 다른 나무로 자유로이 옮겨 다니고 싶었다. 하지만 이 도마뱀에게는 날개가 없었다.

이 도마뱀과 그 후손들은 다른 동물에게 잡아먹히면서, 나무에서 떨어지면서 옆구리에 날개가 돋아나는 꿈을 대를 이어 끝없이 꾸었다.

그러던 어느 날 소원이 이루어졌다. 마침내 익막(翼膜)이라는 날개가 돋아난 것이다. 덕분에 꿈을 꾸어 온 도마뱀은 이 나무에서 저 나무로 날아다닐 수 있게 되었다.

이들이 날도마뱀이다. 날개를 꿈꾼 도마뱀에게만 날개가 생기고, 꿈을 꾸지 않은 도마뱀은 여전히 땅바닥을 기어 다녀야만 하는 것이다.

메마른 사막에 나무 한 그루가 서 있었다. 비가 오지 않아서 광합성 작용을 해낼 수분이 모자랐다. 아니, 광합성 작용은커녕 햇빛 때문에 있는 수분마저 빼앗기게 되어 기본 생명 활동을 유지하기도 힘들었다. 뜨거운 햇빛 아래에서 살아남으려면 광합성 작용을 줄여야 한다. 그러기 위해서는 나뭇잎을 작게 만들어 햇빛이 닿는 면적을 줄여야 했다.

오직 살아남기 위해 이 나무는 진심으로 기도하고 원했다. 그래서 마침내 잎을 가시처럼 작게 만드는 데 성공했다. 그러고도 줄기를 크게 만들어 거기에 수분을 비축하고, 가시를 통해 생존에 필요한 최소한의 광합성을 하면서 탈수(脫水)를 막아 낼 수 있었다. 이 식물을 가리켜 선인장이라고 한다.

뜨거운 사막에서 선인장이 되지 못한 다른 나무들은 아마도 말라죽었을 것이다. 꿈을 꾸면 살고, 꿈이 없으면 살길도 없어진다.

육지에서 먹을거리를 구할 수 없게 되자, 거구(巨軀)인 이 짐승은 바다로 들어가 물고기를 실컷 잡아먹고 싶었다. 그러나 지느러미가 없어 헤엄을 잘 칠 수 없었다.

이 짐승은 지느러미가 자신의 몸에 돋아나기를 염원했다. 그랬더니 정말 지느러미가 생겼고, 이 짐승은 바다에 들어가 풍부한 먹이를 실컷 먹고 살았다.

이 짐승이 바로 포유동물로서 바다에 사는 고래다. 하지만 고래가 바다에 들어갈 때에 육지에 남은 대형 동물들은 대부분 멸종했다.

지평선에 나타난 사람이 적인가 아군인가 구분하는 능력은 고대 몽골인들의 생존과 직결되는 문제였다. 말을 타고 바라본 지평선은 대략 이십여 리 거리인데, 만일 이 지평선에 적이 나타났을 때에 즉시 달아나면 살 수 있지만, 거기서 조금만 머뭇거려도 목숨을 잃게 된다.

살아남기 위해 지평선을 뚫어져라 경계하는 동안 몽골인들의 시력은 5.0까지 올라갔다. 마음의 눈이 열리자 몸이 뒤따른 것이다. 간절한 마음이 실제로 변화를 일으킨 것이다.

이에 비해 산이 많아 먼데까지 볼 필요가 없는, 그래서 그러한 마음을 내지 않은 한국인들은 시력이 아무리 좋아도 2.0 이상은 나오지 않는다.

변화를 두려워하는 종은 자연 상태에서 도태된다. 아메리카 인디언들은 1492년, 크리스토퍼 콜럼버스[0650]가 나타날 때까지 원시적이지만 나름대로 재미나고 행복하고 편안하게 살았다. 하지만 옆 대륙에 살던 사람들이 들이닥치자 무려 수천만 명이 차례로 죽고, 그들의 제국은 연기처럼 사라지고 말았다. 지금 살아남은 인디언들은 생활 보호 대상자로 겨우 살아가고 있다. 관광객의 구경거리일 뿐이다.

이들이 왜 죽었을까? 1차 원인은 정복자들이 보균하고 있던 병균 때문이었다. 난생처음 걸려 본 질병에 전멸당하다시피 한 것이다. 외부 충격이나 변화에 대한 내성이 없었던 것이다. 변화하지 않을 때에는 이렇게 혹독한 재앙을 피할 길이 없다.

대원군이 쇄국한다며 대문을 닫아걸었지만, 대문을 닫는다고 과연 안전해지는가. 달려드는 매를 보고 눈을 감는 꿩하고 다를 것이 없다. 결국 민족사를 통해 가장 큰 치욕을 당했다. 적이 두렵다면 총궐기하여 대항해야 한다. 그래야 질 때에 지더라도 살아남은 사람들이 그런 독립 정신을 갖고 재기를 도모할 수 있다.

먹이 사슬에 걸린 도마뱀, 건조한 사막에서 살아야만 하는 식물인 선인장, 육지에서는 더 이상 먹을거리를 구할 수 없는 대형 동물 고래는 먼 옛날이야기가 아니다. 할렘 가에서 길바닥에 버려진 껌을 긁는 흑인 소년, 신기료장수이자 주정꾼인 아버지로부터 무자비하게 구타당하며 몰래 교회 학교에 다니면서 공부한 그루지야 소년, 눈도 보이지 않고 귀도 들리지 않고 말도 할 수 없는 3중 장애를 안고 태어난 아이, 열차에서 신문을 팔다가 차장에게 따귀를 맞아 청력을 잃은 아이, 직장을 구하지 못해 공원 벤치에서 잠을 자다 마침내 노숙자 수용소로 들어간 젊은이…. 이런 역경에 놓인 사람들은 수없이 많다.

그러나 이런 사람들도 꿈을 꾸기만 하면 인생이 바뀔 수 있다. 도마뱀이 날개를 달고, 선인장이 잎 대신 가시를 만들고, 고래가 바다로 들어간 것처럼 언제나 길은 열린다. 흑인 소년은 마이클 조던이 되고, 그루지야 소년은 스탈린이 되고, 장애아는 헬렌 켈러가 되고, 신문 파는 아이는 에디슨이 되고, 노숙자는 히틀러가 되었다. 목표가 무엇이든 생각하는 대로 이루어진다.

이 글을 읽으면서 불가능한 꿈이라도 꾸어 가능하게 만들자.


빌 게이츠, 스티브 잡스, 월트 디즈니, 나이키 창업자인 빌 바우어만, 인텔을 창업한 앤드루 그로브 같은 거부들은 다른 사람들이 보지 못하는 인연을 본 사람들이다.

아사 캔들러에게 코카콜라를 헐값에 넘기고 무일푼으로 죽은 약사 펨버턴, 빌 게이츠에게 DOS를 팔아 버린 뒤에 빌의 직원이 된 팀 패터슨, 장차 인텔을 창업할 앤드루 그로브 등을 쫓아내고 뒤늦게 땅을 친 반도체 발명가 윌리엄 쇼클리, 스티브 잡스에게 아이디어만 주고 역사에서 사라진 최초의 PC 개발자 에드워드 로버트, IBM이 먼저 기회를 주었지만 단호히 거부하고 대타로 나선 빌 게이츠를 세계 최고의 거부로 만들어 주고 사라진 게리 킬달 등은 마땅히 인연을 만날 수 있는 최적의 위치에 가장 가까이 있었지만, 결국 보지 못했을 뿐이다. 인간은 보이는 만큼 보고, 들리는 만큼 듣고, 알 수 있는 만큼 생각한다.

구하라, 그러면 너희에게 주실 것이요. 찾으라, 그러면 찾아낼 것이요. 문을 두드리라, 그러면 너희에게 열릴 것이니. 구하는 이마다 받을 것이요, 찾는 이는 찾아낼 것이요, 두드리는 이에게는 열릴 것이니라.(누가복음 11장 9~10절)

328

스리니바사 라마누잔(Srinivsa Aiyangar Rmnujan) 1160
스티브 워즈니악(Steve Wozniak) 0240
스티브 잡스(Steven Paul Jobs) 0710
스티브 프리폰테인(Steve Prefontaine) 0205
스티븐 호킹(Stephen William Hawking) 0505
아나톨 프랑스(Anatole France) 0420
아돌프 히틀러(Adolf Hitler) 0120
아사 캔들러(Asa Candler) 1160
아스카니오 소브레로(Ascanio Sobrero) 0850
아이삭 리바츠(Issac Rivaz) 0860
아이작 뉴턴(Sir. Isaac Newton) 0660
아이작 배로(Isaac Barrow) 0650
안중근(安重根) 0340
안토니오 메우치(Antonio Meucci) 0420
안톤 드렉슬러(Anton Drexler) 0830
알레산드로 볼타(Alessandro Volta) 0110
알렉산더 그레이엄 벨(Alexander Graham Bell) 0710
알렉산더 멜빌 벨(Alexander Melville Bell) 0310
알렉산더 새뮤얼슨(Alexander Samuelson) 10
알로이스 히틀러(Alois Hitler) 0530
알베르트 아인슈타인(Albert Einstein) 0315
알퐁스 도데(Alphonse Daudet) 1225
알퐁스 보 드 로샤(Alphonse Beau De Rochas) 1120
알프레드 노벨(Alfred Bernhard Nobel) 0550

알프레트 로젠베르크(Alfred Rosenberg) **0405**

암셸 메이어 로스차일드(Amschel Mayer Rothschild) **1210**

앙드레 미슐랭(Andre Michelin) **1205**

애니 설리번(Anne Sullivan) **0220**

앤드루 그로브(Andrew Grove) **1240**

앨비스 프레슬리(Elvis Presley) **1005**

양승택(梁承澤) **0355**

어니스트 우드러프(Ernest Woodruff) **1125**

어브 아이웍스(Ub lwerks) **0115**

어윈 제이콥스(Irwin M. Jacobs) **0950**

에두아르 드뤼몽(Edouard Drumont) **0420**

에드먼드 핼리(Edmond Halley) **0855**

에드워드 로렌츠(Edward N. Lorenz) **0525**

에드워드 로버츠(Edward Roberts) **0545**

에드윈 드레이크(Edwin Laurentine Drake) **0315**

에르네스트 솔베이(Ernest Solvay) **1120**

에르빈 로멜(Erwin Johannes Eugen Rommel) **0355**

에른스트 룀(Ernst Julius Röhm) **1155**

에밀 노벨(Emil Oskar Nobel) **03**

에밀 졸라(Émile François Zola) **1215**

에티엔 르누아르(Etienne Lenoir) **0505**

엘리샤 그레이(Elisha Gray) **0735**

엘리샤 오티스(Elisha Graves Otis) **0735**

연산군 이융(燕山君 李㦕) **0855**